Frank Littek

Storytelling in der PR

Frank Littek

Storytelling in der PR

Wie Sie die Macht der Geschichten für Ihre Pressearbeit nutzen

Bibliografische Information der Deutschen Nationalbibliothek
Die Deutsche Nationalbibliothek verzeichnet diese Publikation in der
Deutschen Nationalbibliografie; detaillierte bibliografische Daten sind im Internet über
<http://dnb.d-nb.de> abrufbar.

1. Auflage 2011

Alle Rechte vorbehalten
© VS Verlag für Sozialwissenschaften | Springer Fachmedien Wiesbaden GmbH 2011

Lektorat: Barbara Emig-Roller | Eva Brechtel-Wahl

VS Verlag für Sozialwissenschaften ist eine Marke von Springer Fachmedien.
Springer Fachmedien ist Teil der Fachverlagsgruppe Springer Science+Business Media.
www.vs-verlag.de

Das Werk einschließlich aller seiner Teile ist urheberrechtlich geschützt. Jede Verwertung außerhalb der engen Grenzen des Urheberrechtsgesetzes ist ohne Zustimmung des Verlags unzulässig und strafbar. Das gilt insbesondere für Vervielfältigungen, Übersetzungen, Mikroverfilmungen und die Einspeicherung und Verarbeitung in elektronischen Systemen.

Die Wiedergabe von Gebrauchsnamen, Handelsnamen, Warenbezeichnungen usw. in diesem Werk berechtigt auch ohne besondere Kennzeichnung nicht zu der Annahme, dass solche Namen im Sinne der Warenzeichen- und Markenschutz-Gesetzgebung als frei zu betrachten wären und daher von jedermann benutzt werden dürften.

Umschlaggestaltung: KünkelLopka Medienentwicklung, Heidelberg
Druck und buchbinderische Verarbeitung: Ten Brink, Meppel
Gedruckt auf säurefreiem und chlorfrei gebleichtem Papier
Printed in the Netherlands

ISBN 978-3-531-17624-6

Inhalt

Überall Geschichten: Storytelling und PR 7

Am Anfang war das Wort: Geschichten und kein Ende 11

Fertige Muster im Gehirn: Warum Geschichten faszinieren 13

Klassiker: PR-Arbeit als Infotainment 17
    Basiswissen: Pressemitteilungen und gute „Schreibe" 20
    Zugaben: von Zitaten, Abbindern und guten Überschriften 30
    Qual der Wahl: Wie Sie Pressemitteilungen versenden 33
    Die Details müssen stimmen: der Anwenderbericht 38
    Unterhaltung und Infos im Doppelpack: Feature und Reportage 49
    Stimmungsmache: das Anfeaturen 58
    Immer im Gespräch: das Interview 63

Möglichkeiten und Grenzen:
klassische PR-Arbeit und ihre Wirkung 85

Das Steuer in der Hand: Storytelling in der Pressearbeit 91

Von Fakten, Geschichten und Bildern 93

Große und kleine Geschichten: zur Struktur des Storytelling 99

Auf den Plot kommt es an: die Struktur von guten Geschichten 107
    Definition: Was eine spannende Geschichte ist 109
    Der Konflikt: Kraftstoff für gute Geschichten 119
    Handlung: Alles hat seine Bedeutung 121
    Von Punkt zu Punkt: das Drei-Akt-Modell 132
    Der Monomythos: die Heldenreise 137
    Das unbekannte Land 147
    Helden und Herolde: Geschichten und Charaktere 148

Zurück zu den Wurzeln: So finden Sie
die große Geschichte Ihres Unternehmens 153

Tagesgeschäft: die Ableitung von kleinen Geschichten 163

Storytelling in der Praxis 167

Königsdisziplin: Storytelling in der Krise 201

Liste der verwendeten Zitate 227
Literatur zum Thema Storytelling 229
Glossar wichtiger Storytelling-Begriffe 231

Überall Geschichten: Storytelling und PR

31. Januar 2000: Über dem pazifischen Ozean kämpft die Crew des Fluges 261 der Alaska Airlines um ihr Leben. Die Maschine kommt aus Mexiko und ist auf dem Weg nach Seattle in den USA. Die Trimmungsvorrichtung der Höhenflosse am Heck der McDonnell Douglas MD-83 ist defekt und das Flugzeug nur noch mit Mühe auf Höhe zu halten. Eine Zeitlang glauben die Piloten, noch eine Notlandung durchführen zu können. Dann aber verschwindet die Maschine von den Radarschirmen. Flug 261 stürzt ab, 88 Menschen sterben.

Am 1. Februar klingelt beim Autor dieses Buches das Telefon. Am anderen Ende der Leitung ist die für den Luftverkehr zuständige Redakteurin einer führenden überregionalen Tageszeitung. Das Blatt hat ein ausgesprochen seriöses Image, vergleichbar dem der Frankfurter Allgemeinen Zeitung. Die Redakteurin wendet sich an den Autor, weil dieser sich seit Jahren einen Namen als Fachjournalist für Luftfahrtsicherheit gemacht hat. Sie fragt an, ob der Autor nicht einen Artikel über den gerade geschehenen Flugzeugabsturz über dem Pazifik schreiben will. Es entwickelt sich folgender Dialog:

Redakteurin: „Ich habe schon immer ein ungutes Gefühl gehabt, wenn ich in diese kleinen Propellermaschinen gestiegen bin. Mir wäre es wichtig, wenn Sie in Ihrem Bericht aufzeigen, wie unsicher diese Flugzeuge sind."
Autor: „An dem Absturz war kein Propellerflugzeug beteiligt."
Redakteurin: „Wie bitte?"
Autor: „Abgestürzt ist eine McDonnell Douglas MD-83. Das ist ein Verkehrsflugzeug mit zwei Düsentriebwerken. Das Flugzeug hat keinen Propeller."
Redakteurin: „Es hat 88 Tote gegeben. Das ist doch ein kleines Flugzeug gewesen?"
Autor: „Die MD-83 ist ein vergleichsweise kleines Verkehrsflugzeug. Etwa so wie die kleinen Versionen der Boeing 737, die auch in Deutschland viel zu sehen ist."
Redakteurin: „Darum geht es mir. Ich denke, dass diese kleinen Flugzeuge unsicherer sind als die großen und dass diese Tatsache von den Verantwortlichen in Behörden und Fluggesellschaften vertuscht wird. Das würde ich gerne in der Geschichte herausgearbeitet sehen. Wenn Sie das können, wäre das gut."

Autor: „Es gibt verschiedene Statistiken, die belegen, dass kleine Düsenverkehrsflugzeuge nicht unsicherer sind als große Modelle. Die Sicherheit hängt von ganz anderen ..."
Redakteurin: „Ich glaube, so kommen wir nicht weiter ..."

Wenige Sekunden später endet das Gespräch. Es hinterlässt einen unschönen Beigeschmack – und wirft ein Licht auf den journalistischen Alltag in Deutschland. Werden Artikel für Zeitungen und Zeitschriften verfasst, Beiträge für Rundfunk oder Fernsehen produziert, haben der oder die Autoren häufig bereits vor dem Schreiben und – was noch bedeutsamer ist – vor der Recherche ein Bild von dem im Kopf, was der Artikel als späteren Inhalt einmal enthalten soll. Schon die Recherche gestaltet sich dann so selektiv, dass der spätere Artikel nur noch die gewünschte Richtung annehmen kann. Aus der Verbreitung und Weitergabe von Informationen – eigentlich eine der Hauptaufgaben des Journalismus – wird Entertainment. Aus Fakten werden Geschichten. Das ist nicht immer so. Noch immer gibt es zahllose Redakteure, die „in die Welt hinausgehen, schauen was sie dort vorfinden und diese Informationen dann so, wie sie sind, an ihre Leser weitergeben", ganz so, wie es Generationen von Volontären in ihrer Ausbildung gelernt haben. Noch immer gibt es zahllose Redakteure, die sich um Objektivität bemühen, die tagtäglich darum ringen und ihre persönlichen Wertungen und Meinungen nur in die journalistischen Artikeln einbringen, in denen diese ausdrücklich gewünscht sind. In einem Kommentar beispielsweise. Allzu oft aber werden statt Informationen zu vermitteln Geschichten erzählt. Die Grenzen sind dabei fließend. Es gibt in den Medien kein ausschließliches Schwarz und Weiß, Gut und Böse. Der Redakteur, der gerade eben noch vorbildlich neutral über die jüngste Stadtratssitzung berichtet, hat Stunden später sofort eine Geschichte im Kopf, wenn ihn ein Leser anruft und über Missstände bei der Müllabfuhr berichtet. Dabei sind sich die so Agierenden meist gar nicht ihrer unsauberen Vorgehensweise bewusst. Das liegt auch und vor allem an der Kraft von Geschichten. Wer als Mitarbeiter einer Pressestelle einen Journalisten über eine Neuigkeit, über neue wirtschaftliche Zahlen oder technische Erkenntnisse informiert, hat die Frage aus der Redaktion schon häufig gehört: „Und was ist die Geschichte hinter den Zahlen?"

Die Meldung über Umsatz und Gewinn eines Unternehmens, die Zuwächse in vier Sparten und der gleichzeitige Rückgang in Sparte fünf sind eine Sache. Etwas ganz anderes ist es, wenn der Journalist erfährt, dass der Gewinn in Sparte fünf deshalb zurückgegangen ist, weil das Unternehmen in diesem Bereich große Beträge in Umweltschutz und Nachhaltigkeit investieren musste und diese Maßnahmen von der Tochter des Firmengründers bei ihrem Eintritt in die Geschäftsleitung auf den Weg gebracht wurden.

Es macht einfach „Klick" im Kopf des Lesers, wenn sich aus Informationen eine Geschichte formt. Das ist kein Zufall. Denn das menschliche Gehirn funktioniert schlicht so, dass es Informationen in Form von Geschichten strukturiert. Wir können also gar nicht anders, als immer wieder in Form von Geschichten zu denken. Geschichten sind das wirksamste Mittel, wenn es darum geht, Informationen zu vermitteln. Eine wichtige Regeln bei der Gestaltung von Medien lautet: Ein Bild sagt mehr als tausend Worte." Das ist richtig. Nicht minder wichtig ist aber eine zweite Regel, die besagt: „Noch mehr als ein Bild bewirkt eine gute Geschichte – denn sie erzeugt Bildern in den Herzen der Menschen." Erreichen den Leser Fakten und reine Informationen, formen sich in seinem Kopf daraus Geschichten. Das ist menschlich. Und da in den Redaktionen ebenfalls Menschen sitzen, werden hier häufig schon die Geschichten vorformuliert. Aus diesem Grund können auch Zeitschriften, Zeitungen, das Fernsehen und alle anderen Medien gar nicht anders, als uns Informationen immer wieder in Form von Geschichten zu präsentieren. Wer Public Relations betreibt oder auch einfach nur diese Entwicklung in den Medien aufmerksam verfolgt, kann darüber lamentieren, sich beschweren und beklagen. Der andere Weg besteht darin, die tatsächlichen Gegebenheiten sachlich anzuerkennen, sie zu analysieren und für sich das Beste daraus zu machen. Und das ist eine ganze Menge. Damit eröffnen sich Ihrer PR-Arbeit plötzlich ganz neue Möglichkeiten, die es ohne diesen Prozess nicht gegeben hätte. Das ist der Weg, den dieses Buch vorschlägt. Beschreiten Sie ihn, erlernen Sie ein Instrumentarium, mit dem Sie Ihre Public Relations erstmals in einem bisher nicht gekannten Maße steuern können. Konsequent zu Ende gedacht ermöglicht dieser Weg Ihnen darüber hinaus einen völlig neuen Zugang zur eigenen Corporate Identity. Tauchen Sie jetzt ein in die Welt der Geschichten und erfahren Sie, warum und wie Geschichten so effektiv funktionieren und wie Sie dieses Wissen für sich nutzbar machen.

Am Anfang war das Wort:
Geschichten und kein Ende

3. November 1992: In Dubai am persisch/arabischen Golf ist es trotz der Jahreszeit immer noch heiß. Das Thermometer zeigt 30 Grad Celsius im Schatten. Im Außenbereich des Freihafens Jebel Ali hat sich eine Journalistengruppe aus Deutschland versammelt. Die junge Frau, die die Gruppe an diesem Tag durch den Hafen und die Docks führt, macht Public Relations für das Promotion Board des arabischen Emirates. Sie hat keinen leichten Job. An diesem Tag wird er ihr besonders schwer fallen. Bisher hat sie alles gut gemacht. Seit Tagen führt die junge Frau die Journalisten nun schon durch das Emirat, öffnet ihnen Türen, vermittelt Gesprächspartner und arrangiert, was ihr möglich ist. Die Gruppe hat bereits ein Aluminiumwerk besichtigt, konnte sich zwischen den Arbeitern aus Indien und Pakistan frei bewegen und ist mit dem Hubschrauber geflogen. Die Teilnehmer sind auf eigene Faust durch die Wüste bis zur Grenze des Oman gefahren, haben einen Tag am Strand verbracht und die Seeleute besucht, die im Stadthafen von Dubai mit den zahlreichen kleinen Dhaus einen regelmäßigen Frachtverkehr in den Iran abwickeln. Die PR-Beraterin hat den Journalisten gerade den Ablauf des geplanten Tages erläutert, als sich der Redakteur eines führenden deutschen Wirtschaftsmagazins zu Wort meldet. Warum man ihm die Arbeiter im Hafen vorenthalte, warum er nicht mit den Menschen reden dürfen, will er wissen. Die PR-Frau, eine Österreicherin, die jahrelang für eine große PR-Agentur aus den USA gearbeitet hat, ist überrascht. Sie verweist auf den engen Zeitplan, die vielen interessanten Objekte im Hafen und darauf, dass die Gruppe bereits viele Gelegenheiten hatte, mit Arbeitern zu sprechen. Jetzt wird der Redakteur energisch und gibt sich empört. Er habe die Reise mitgemacht, weil man ihm versprochen habe, dass er sich objektiv erkundigen könne. Ob das Promotion Board es nötig habe, ihm Fakten zu verheimlichen. Der Hafen würde ihn nicht interessieren. Er wolle mit Arbeitern sprechen. Seine Gründe erläutert er den Kollegen: Er vermutet, dass die Arbeiter, die aus Indien oder Pakistan kommen, in Dubai menschenunwürdig leben und behandelt werden. Die engagierte PR-Frau macht es möglich, dass sein Wunsch erfüllt wird. Wenig später stolziert die Gruppe deutscher Journalisten durch eine Lagerhalle und die Redakteure sprechen wahllos – oft genug mit gebrochenem Englisch – Lagerarbeiter

und Staplerfahrer an und fragen nach deren Erfahrungen in Dubai. Antworten wie „wonderful", „nice" und „much money" hallen durch die Halle. Kein Zweifel: Die Arbeiter sind zufrieden. Sie werden im modernen Dubai sauber und komfortabel untergebracht, fliegen regelmäßig in die Heimat nach Karachi oder Mumbai und verdienen immense Summen im Vergleich zu ihren Heimatorten, in denen ganze Großfamilien von ihrem Einkommen aus Dubai leben. Für den deutschen Wirtschaftsredakteur sind das aber eher schlechte Nachrichten. Kollegen vertraut er an, dass er überzeugt davon sei, in Dubai „eine riesige Sauerei" aufzudecken. Gibt ihm ein Arbeiter seine Zufriedenheit mit dem Emirat zu verstehen, bricht er sofort das Gespräch ab und hastet mit geradezu missionarischem Eifer weiter, um auch schon den nächsten Mann aus Pakistan anzusprechen. Am Ende sieht man ihn dann in ein intensives Gespräch mit einem Lagerarbeiter vertieft. Ganz offensichtlich ist es ihm gelungen, endlich die gewünschten Zitate zu bekommen. Eine Geschichte entsteht – und wird sich schon bald als Aufmacher in der Zeitschrift, die der Redakteur vertritt, wiederfinden.

Nicht nur aufgrund des Ortes, an dem diese Form der Recherche stattfindet, fühlt sich so mancher Betrachter an die Märchen aus tausendundeiner Nacht erinnert. Geschichten faszinieren und begleiten Menschen, seit es Menschen gibt. Die Märchen aus tausendundeiner Nacht, die aus dem persischen Raum nach Arabien kamen und zuvor möglicherweise in Indien entstanden, sind nur ein Beispiel für Geschichten, die Menschen sich schon vor zahllosen Jahrhunderten erzählten. Das Erzählen von Geschichten ist weit älter als die Entwicklung der Schrift. Geschichten gab es schon immer und überall dort, wo es Menschen gab. Sie scheinen zum Menschsein geradezu dazu zu gehören. Geschichten wurden – wie wir relativ sicher annehmen dürfen – schon erzählt, als Menschen in den frühen Phasen der Steinzeit am Feuer zusammensaßen. Völker, die noch nie in Kontakt mit der Zivilisation gekommen sind und auf dem Stand der Steinzeit leben, erzählen Geschichten, haben einen Fundus an Überlieferungen, den Mythen, die seit Urzeiten weitergegeben werden. Solche Mythen gibt es bei allen Völkern – ausnahmslos.

Auch wenn Geschichten schon in grauer Vorzeit erzählt wurden, ist die wissenschaftliche Auseinandersetzung damit vergleichsweise neu. Und dabei kam es im 20. Jahrhundert zu wesentlichen Erkenntnissen: Heldenmythen aller Völker haben, bei aller Verschiedenheit, eine identische Grundstruktur. Wer diese kennt, kann aber nicht nur besser Geschichten analysieren. Er kann auch besser Geschichten erzählen.

Fertige Muster im Gehirn:
Warum Geschichten faszinieren

Januar 2006: In der Antarktis stoßen ein japanischer Walfänger und ein Schiff von Greenpeace zusammen. Sprecher der Umweltorganisation geben bekannt, das japanische Schiff habe die „Arctic Sunrise" bei einer regelwidrigen Kursänderung gerammt. Entsprechende Berichte verbreiten sich blitzschnell in den Medien. Greenpeace engagiert sich seit Jahren gegen den Walfang und hat darüber große Popularität in der Öffentlichkeit erlangt. Wenn die Greenpeace-Aktivisten teilweise mit Schlauchbooten für die Wale kämpfen, um diese vor den großen Walfangschiffen zu schützen, vermitteln die entsprechenden Bilder nicht nur Informationen und Fakten. Sie erzählen den Menschen gleichzeitig auch eine Geschichte. Es ist die Geschichte des Kampfes einer kleinen, engagierten Gruppe von Menschen gegen übermächtige Walkämpfer. Es ist eine moderne Version der Geschichte des Kampfes Davids gegen Goliath. Der Zusammenstoß der Schiffe in der Antarktis ist ein weiteres kleines Kapitel in dieser sehr viel größeren Geschichte – und ein besonders gelungenes Beispiel für Storytelling.

Warum fühlt sich der Mensch so angesprochen von Geschichten? Woher kommt die Faszination für spannende Erzählungen, der sich der Mensch der Antike ganz offensichtlich genauso wenig entziehen konnte wie es der Mensch in der Gegenwart kann? Zeitlebens hat sich der US-amerikanische Mythenforscher Joseph Campbell mit diesen Fragen beschäftigt. Er kam zu geradezu bahnbrechenden Erkenntnissen. Bei seiner Arbeit verglich und analysierte Campbell einen großen Teil des schier unerschöpflichen Fundus an Mythen, die Menschen sich überall auf der Welt erzählen. Dabei wurde Campbell zu einem Kenner von Mythen, wie es wohl keinen zweiten auf der Welt gab und vielleicht jemals geben wird. Liest man die Bücher von Campbell, strotzen diese nur so von bunten und lebendigen Geschichten aus allen Regionen der Welt. Weit wichtiger aber ist noch etwas anderes: Campbell fand heraus, dass Heldengeschichten weltweit eine weitgehend identische Struktur aufweisen. Die Ausschmückungen und Details der Geschichten unterscheiden sich deutlich, je nach dem, ob sie in Sibirien oder Südamerika erzählt werden. Die grundsätzliche Struktur, die den Geschichten auf so weit entfernten Kontinenten zugrunde liegen, ist aber universell. Sie tritt in allen

Zeiten, in jeder Kultur in Erscheinung. Campbell bezeichnete diese Grundstruktur als Monomythos. Er arbeitete weiter die Bestandteile heraus, aus denen sich der Monomythos zusammensetzt. Die Ergebnisse seiner Arbeit sind natürlich nicht nur von großer wissenschaftlicher Bedeutung, sondern auch für jeden, der Geschichten schreibt, von beträchtlichem Interesse. Mit dem Wissen über den Monomythos haben Sie ein wichtiges Werkzeug, um Geschichten zu analysieren – und zu schreiben. Für jeden, der Storytelling macht, ist das entsprechende Know how unentbehrliches Handwerkszeug. Im späteren Verkauf dieses Buches werden Sie den Monomythos noch ausführlich kennenlernen.

Bei seiner Arbeit zeigte Campbell, dass die Grundstruktur von Geschichten auch identisch ist, wenn die Völker, die diese Geschichten erschaffen haben, nachweislich in der Geschichte niemals Kontakt miteinander hatten. Campbells Erkenntnisse waren ein wichtiger Hinweis darauf, dass sich das Grundmuster des Monomythos im Menschen selbst, in seiner Psyche, befinden muss.

Diese Überlegungen liefen parallel zur Arbeit des Schweizer Psychologen Carl Gustav Jung, der seine Archetypen ganz ähnlich beschrieb. Jung hatte herausgefunden, dass es in den Träumen und Mythen der Völker Charaktere gibt, die beständig wiederkehren. Diese Grundcharaktere bezeichnete er als Archetypen. Solche Figuren, wie es sie in allen Mythen rund um den Globus gibt, sind zum Beispiel der Held, der Mentor oder Trickster. Auch mit diesen Figuren – die für das Storytelling von großer Bedeutung sind – werden Sie im folgenden Verlauf des Buches noch ausführlich Bekanntschaft machen. Jung zog aus seinen Erkenntnissen den Schluss, dass Träume genauso wie Mythen aus einer tieferen Quelle gespeist werden, zu der jeder Mensch Zugang hat. Er bezeichnete diese Quelle als kollektives Unterbewusstsein der Menschheit.

Vieles spricht dafür, dass Menschen aber nicht nur Geschichten, die sie am Lagerfeuer erzählen oder als Autor schreiben, nach den inneren Regeln des Monomythos entwickeln. Es scheint so zu sein, dass Menschen auch ihrem Leben Sinn und Bedeutung geben, in dem sie Erlebnisse ihres Alltag in Form von Geschichten und Erzählungen strukturieren, auf diese Weise vor sich selbst betrachten und so auch an andere weitergeben. Erzählungen, die Menschen wiedergeben, sind damit nicht das reine Produkt einer wie auch immer gearteten Vergangenheit, auf die eine Person zurückblickt, sondern das Ergebnis eines selektiven Prozesses, bei dem der Erzähler ausgewählte Ereignisse der Vergangenheit miteinander verknüpft und in eine von ihm ausgewählte Beziehung zueinander setzt, wobei andere Teile der erlebten Vergangenheit weggelassen werden. Mit diesem Ansatz arbeitet die Narrative Psychologie. Dabei handelt es sich um einen Ansatz innerhalb der Psychologie. Therapeuten, die insbesondere mit Geschichten ihrer Patienten arbeiten sind zum Beispiel Michael White oder Paul Rebillot. In dem Buch „Landkarten der narrativen Therapie" schreibt Michael White: „Menschen in Therapie erzählen Geschichten ... Dabei verknüpfen sie die Ereignisse aus ihrem Leben zu Sequenzen, die sich allmählich an einem Thema oder Plot entfalten ... Gleichzeitig bringen Menschen in Therapie in den Geschichten agierende Figuren und Protagonisten ins Spiel und lassen den Therapeuten an ihren Gedanken über die Identität dieser Figuren oder Protagonisten ... teilhaben."

Die Arbeiten von Campbell, Jung und das Wirken der Narrativen Psychologie deuten darauf hin, dass die Art und Weise, wie Menschen Geschichten entwickeln und erzählen, im Menschen selbst angelegt ist. Damit verbunden ist das Empfinden für eine gute Geschichte genauso wie für eine Geschichte, die als nicht so spannend empfunden wird. Menschen erleben eine Geschichte eher als bereichernd und spannend, wenn sie zentrale Elemente und Strukturen des Monomythos beinhaltet. Dazu kommen natürlich persönliche Vorlieben des jeweiligen Lesern und seine aktuelle Situation. Ein 60-jähriger Intellektueller wird naturgemäß Schwierigkeiten haben, eine Teenie-Liebesgeschichte attraktiv zu finden – obwohl es teilweise schon überraschend ist, in welchem Maße Bestseller wie die Biss-Bände oder die Harry-Potter-Romane von allen Altersgruppen verschlungen werden. Dass das menschliche Gehirn Wirklichkeit in Form von Geschichten strukturiert und diese einem Grundmuster folgen und immer wiederkehrende grundlegende Basiselemente verwenden, darf als sicher gelten. Nur spekuliert werden kann natürlich darüber, warum das Gehirn auf diese Weise arbeitet. Hilfreich ist es dabei, sich zunächst einmal klarzumachen, welchen Zweck das Gehirn des Menschen erfüllt. Es ist in erster Linie ein Organ, das dem Überleben des Menschen dient – und nicht dem Erkenntnisgewinn. Um in einer Welt zu überleben, die mit knappen Ressourcen ausgestattet ist und die dem Individuum wie auch der biologischen Art häufig feindlich entgegentritt, ist Effektivität gefragt. Das Gehirn muss schnell arbeiten und reagieren und soll dabei möglichst wenig Energie verbrauchen, will ein Individuum in rauer Umgebung erfolgreich agieren und überleben. Die Informationsflut, der nicht nur der moderne Mensch, sondern schon der Mensch in Urzeiten ausgesetzt war, ist gigantisch. Um trotz dieser Datenmengen effektiv handeln zu können und gleichzeitig die wirklich wichtigen Daten wahrzunehmen, ist es extrem wichtig, diese Flut von Informationen zu filtern und zu bewerten, möglichst schnell die wichtigen von unwichtigen Daten zu trennen und sich auf die jeweils wesentlichen Informationen zu beschränken. Geschichten können dabei ein zentrales Hilfsmittel sein, mit dem das menschliche Hirn diese Aufgabe leistet. Mit der Hilfe von

Geschichten lassen sich komplexeste Datenmengen auf das Wesentliche verdichten – und daraus schnell Entscheidungen ableiten. Geschichten bilden Muster und Strukturen, mit deren Hilfe schnell und effektiv Informationen verarbeitet werden können. Hält man sich die Elemente des Monomythos vor Augen wird deutlich, dass dieses System, genau wie die Erkenntnisse von Jung hinsichtlich der Archetypen, geradezu ideal geeignet ist, um diese Aufgabe zu lösen. Es liefert feststehende Elemente und Strukturen und ist dabei gleichzeitig aber nahezu unbegrenzt flexibel, lässt sich wandeln und jederzeit an alle möglichen Veränderungen und Gegebenheiten anpassen.

Auch wenn es im Menschen angelegt zu sein scheint, sein Erleben in Form von Geschichten zu erzählen und zu strukturieren, ist er natürlich unabhängig davon in der Lage, logisch und rational zu denken. Beide Arten des Denkens, das narrative und das logisch-wissenschaftliche liefern einen Zugang zur Welt und sind notwendig, um die Welt verstehen zu können und in ihr zu handeln. Beide Denkweisen bilden kein Entweder-oder, sondern ergänzen sich. Sie stehen auch nicht für sich allein, sondern werden täglich im menschlichen Denken miteinander verknüpft. Gerade hinsichtlich dieser Aspekte stehen Hirnforschung und Psychologie noch am Anfang. Im Alltag dienen Geschichten aber nicht nur dazu, eigene Erlebnisse und die eigene Geschichte zu strukturieren und begegnen Lesern und Zuschauern in Filmen, Erzählungen und Büchern. Im Alltag setzt auch die Werbung die Wirkung von Geschichten und Elementen daraus höchstwirksam ein. Ein wichtiges Elemente des Monomythos, das Sie noch genauer kennenlernen werden, ist der Ruf zum Abenteuer, den der Held meist im Anfangsverlauf einer Geschichte hört. Der Therapeut Paul Rebillot klagt in diesem Zusammenhang in seinem Buch „Die Heldenreise":

> „Ein Held, ob im Mythos oder in der heutigen Welt, ist jemand, der einen Ruf hört und ihm folgt. Das ist in der heutigen Zeit schwierig geworden, da wir durch die Werbung beständig Pseudo-Rufe empfangen: Tue dies, mach das anders, kaufe jenes oder gehe dorthin ... Werbung in Fernsehen, Zeitschriften und auf Reklametafeln sendet ständig solche falschen Rufe aus. Dieses ständige Drücken unserer ‚Ruftaste' macht es uns schwer, den wirklichen Ruf zu erkennen, wenn er kommt."

Klassiker: PR-Arbeit als Infotainment

12. Juli 2000: Auf dem Flughafen Wien macht ein Airbus A310 eine Bruchlandung. Der Unfall während der Reisesaison im Sommer erschreckt und verunsichert zahlreiche Urlauber in Deutschland. Die betroffene Fluggesellschaft, Hapag-Lloyd, gilt für Deutschlands Pauschalreisende bisher geradezu als Prototyp einer sicheren, solide geführten Airline. Der Maschine geht bei ihrem Flug von Chania auf Kreta ins niedersächsische Hannover schlicht der Kraftstoff aus. Hintergrund: An der Maschine lässt sich das Fahrwerk nicht einziehen, wodurch sich der Kerosinverbrauch während des Fluges deutlich erhöht. Während Fachleute noch über den Ablauf der Ereignisse den Kopf schütteln und rätseln, wie der Unfall passieren konnte, sind die Medien einer Lösung (scheinbar) schon sehr viel näher. Sie mutmaßen über einen enormen Kostendruck im Unternehmen. Könnte ein rigider Sparkurs zu Abstrichen bei der Sicherheit und damit zur Bruchlandung geführt haben? Eine Geschichte entsteht. Dabei sahen die Fakten ganz anders aus. Tatsächlich hatten, wie sich später herausstellte, die Piloten Fehler bei der Ermittlung des Kraftstoffverbrauches gemacht und sich dabei allzu sehr auf die Angaben des Flight Management Systems (FMS) verlassen, das aber den Mehrverbrauch durch das ausgefahrene Fahrwerk nicht berücksichtigte. Ein für das Unternehmen äußerst ärgerlicher Fehler. Tatsächlich investierte Hapag-Lloyd in dieser Zeit mehr als die meisten anderen europäischen Airlines in die Sicherheit und verhielt sich ganz und gar nicht wie ein Unternehmen, das die Sicherheit durch Sparmaßnahmen gefährdet. Die Bemühungen des Unternehmens um die Sicherheit wurden 1998 von der Pilotenvereinigung Cockpit ausgezeichnet. Hapag-Lloyd schulte die Piloten weit öfter, als es die gesetzlichen Vorschriften vorsahen, im Simulator. Bei der Einführung des äußerst wichtigen Kollisionswarngerätes TCAS gehörte Hapag-Lloyd in Deutschland zu den führenden Airlines, ebenso bei der Installation eines verbesserten Bodenannäherungs-Warnsystems EGPWS. Und bei der Entwicklung eines neuen FOQA-Sicherheitssystems leistete das Unternehmen gar europaweit Pionierarbeit. Maßnahmen, die viel Geld kosteten. Maßnahmen aber auch, die den meisten Redakteuren nicht bekannt waren, als die Geschichte vom Kostendruck entstand. Es ist ein Beispiel für die Macht der Geschichten und für negatives Storytelling, das selbst ein solches Unternehmen trotz der nachweisbaren

Leistungen hinsichtlich der Sicherheit plötzlich in den Verdacht geriet, durch Sparmaßnahmen die Sicherheit seiner Passagiere zu gefährden.

In den klassischen Public Relations wird das Erzählen von Geschichten eher als Randbereich der eigentlichen Arbeit verstanden. Eine Geschichte ist ein besonderes Instrument der PR-Arbeit, das durchaus einmal zum Einsatz kommen kann. Aber niemand käme auf die Idee, dass auch normale Pressemitteilungen oder ein Geschäftsbericht eine Geschichte erzählen können – und das häufig auch tun. In der klassischen PR-Arbeit wird eine Geschichte zum Beispiel dann geschrieben, wenn ein Mitarbeiter Jubiläum feiert und in der Mitarbeiterzeitschrift ein längerer Beitrag über seine Erlebnisse im Unternehmen erscheint. Ansonsten scheint das Verfassen von Geschichten nicht zum klassischen Umfang der Arbeit zu gehören. Dafür übermittelt klassische PR Informationen und Fakten über das Unternehmen an die jeweiligen Zielgruppen der Öffentlichkeit. Ein solches Vorgehen lässt sich gut als Infotainment beschreiben. In einem Unternehmen gibt es eine bestimmte Neuigkeit – neue wirtschaftliche Zahlen, eine neue Produktionsmethode, ein neues Produkt, neue Forschungsergebnisse – und die PR-Abteilung informiert darüber. Darüber hinaus funktioniert die Kommunikation natürlich auch anders herum: Vertreter der Öffentlichkeit – in aller Regel ein oder mehrere Journalisten – möchten etwas über das Unternehmen wissen, sie benötigen eine Stellungnahme oder auch nur Fotos, und die PR-Abteilung bedient diese Anfragen. Dabei gibt es die verschiedensten Zielgruppen. Die wichtigste sind sicher in vielen Fällen die Medien wie Zeitungen, Zeitschriften, Rundfunksender und TV-Stationen und damit Redakteure und freie Journalisten. Weitere Zielgruppen bilden zum Beispiel die Mitarbeiter des Unternehmens, Kunden, Investoren oder Anwohner. Um die unterschiedlichen Zielgruppen optimal mit Informationen zu versorgen stehen der PR-Abteilung eine ganze Reihe von PR-Instrumenten zur Verfügung. Ihr Einsatz sollte gut überlegt und immer individuell auf die einzelnen Zielgruppen und deren Bedürfnisse ausgerichtet werden. Hierbei gibt es keine Pauschallösung. Jedes Unternehmen ist unterschiedlich und bewegt sich in einem anderen Kommunikationsumfeld. Entsprechend individuell wird der Einsatz der PR-Instrumente erfolgen. Für die Planung der PR-Maßnahmen ist eine sorgfältige Konzeption nötig. Hierin werden Zielgruppen und die PR-Instrumente, mit denen diese angesprochen werden sollen, genauso festgelegt wie der zeitliche Rahmen, die langfristigen und kurzfristigen Ziele und wie diese am besten zu erreichen sind. Eine Schlüsselrolle in der Unternehmenskommunikation spielen die PR-Instrumente. Das wichtigste PR-Instrument ist die Pressemitteilung. Mit einer Pressemitteilung informieren Sie Journalisten über einen neuen Sachverhalt in Ihrem Unternehmen.

Diese Formulierung zeigt auch schon auf, wann Sie eine Pressemitteilung an Redaktionen versenden. Dann, wenn eine Neuigkeit in Ihrem Unternehmen vorliegt. Die Bandbreite dafür ist beträchtlich. Anlässe für den Versand einer Pressemitteilung sind zum Beispiel:

- neue wirtschaftliche Zahlen im Unternehmen
- Umstrukturierungen
- Wechsel in der Geschäftsführung
- Erfindungen
- Neue Produktionsverfahren
- Verkauf von Unternehmensteilen
- Erwerb von Unternehmen oder Unternehmensteilen
- Bedeutende Preise, Zertifizierungen
- Kurioses, Witziges
- Rekorde
- Interne Umstrukturierungen, die für die Öffentlichkeit relevant sind und vieles mehr.

Bei vielen Anlässen ist ein gutes Gespür für das Thema und dessen Neuigkeitswert gefragt. Als sich vor Jahren die Zertifizierung nach ISO 9000 durchsetzte, war der Abschluss eines entsprechenden Verfahrens für ein Unternehmen ganz klar eine Pressemitteilung an die Fachpresse – weniger an Tageszeitungen – wert. In den dortigen Redaktionen wurden Meldungen über ISO-9000-Zertifizierungen auch gern abgedruckt. Zunächst jedenfalls. Nach einer gewissen Zeit setzte dann geradezu eine Inflation an ISO-9000-Pressemitteilungen ein. Viele Redakteure waren von entsprechenden Nachrichten nur noch genervt und nahmen diese nur noch in Ausnahmefällen im Blatt mit. Wobei die Ausnahmefälle meist darin bestanden, dass es sich bei Firmen um bedeutende Anzeigenkunden handelte, die genau mit diesem Argument Druck auf die Chefredaktion ausgeübt hatten. Ein Sachverhalt, der nicht schön ist, gern aufgrund der überall für wünschenswert gehaltenen Trennung von Redaktion und Anzeigenabteilung verurteilt wird – und doch zur Praxis in deutschen Redaktionen gehört. Statt auf diese Weise Druck aufzubauen und so eine kleine Meldung über das eigenen Unternehmen veröffentlicht zu bekommen, würde mancher Presseabteilung etwas mehr Kreativität gut bekommen und zu sehr viel mehr Veröffentlichungen führen. In vielen Firmen gibt es bemerkenswerte kuriose oder lustige Begebenheiten, über die jede Zeitung sofort berichten würde, die von den zuständigen Mitarbeitern in der Presseabteilung als solche aber überhaupt nicht wahrgenommen werden. Beispiele: Der zweimillionste Lkw, der im internen Terminal beladen wurde. Ein Trucker, der normalerweise für das Unternehmen im Werkverkehr arbeitet, als Hobby Truckrennen fährt und der jetzt eine sehr gute Platzierung erreicht hat. Die Mitarbeiter der Forschungsabteilung, die schon zum 25. Mal an einem stadtbekannten Marathonlauf teilnehmen und dabei Geld für einen wohltätigen Zweck sammeln. Bedenken Sie dabei auch, dass viele Zeitungen einen „bunten" Teil haben, eine Seite, auf der vor allem unterhaltsame Berichte und Nachrichten veröffentlicht werden. Fast immer gehören diese Seiten zu den meistgelesenen der Zeitung. Denken Sie bei der Themenfindung also auch daran, dass eine Pressemitteilung Ihres Unternehmens hier ihren Platz finden könnte.

Bei vielen Neuerungen in einem Unternehmen ist der Einsatz einer Pressemitteilung nicht für jede Zielgruppe geeignet. Unternehmensinterne Neuerungen im Unternehmen sind in aller Regel für die Tagespresse nicht interessant. In der Fachpresse dagegen könnten sie breite Beachtung finden. Es gibt aber natürlich auch interne Vorgänge, die für die Tagespresse große Bedeutung haben können. Wird der eigene Werkverkehr aufgelöst und durch die Arbeit einer externen Spedition übernommen, kann das für Tageszeitungen von Interesse sein, weil zum Beispiel Mitarbeiter entlassen werden und/oder es eine Zu- oder Abnahme der Verkehrsbelastung für die Anwohner geben wird. Die altgedienten Mitarbeiter, bei denen sich der Marathon zum 25. Mal jährt, sind natürlich keine Neuigkeit für die Fachpresse oder eine überregionale Tageszeitung. Ausnahme: Eine Fachzeitung, die eine „bunte" Seite für solche Berichte hat. Für die Lokalpresse in der Umgebung des Werkstandortes sind sie in jedem Fall eine nette Information, die mit großer Wahrscheinlichkeit im Rahmen eines meist sogar mehrspaltigen Artikels veröffentlicht wird.

Basiswissen: Pressemitteilungen und gute „Schreibe"

Wie bauen Sie jetzt eine Pressemitteilung auf? Ganz einfach: Genau wie einen Zeitungsartikel. Im Idealfall sollte der zuständige Redakteur die Pressemitteilung ohne größere Änderungen abdrucken können. Das ist für Sie optimal und ein Zeichen dafür, dass Sie Ihre Arbeit sehr gut gemacht haben. Ihre Informationen kommen unverändert an die Öffentlichkeit, Sie haben der Zeitung einen guten Service geboten und können davon wahrscheinlich bei der nächsten Pressemitteilung wieder profitieren. Es ist aber genauso für die Redaktion die beste Lösung, weil sie dem zuständigen Redakteur Zeit und Arbeit spart. Es mag Ausnahmen geben, aber in der Regel gilt: Kein Redakteur reißt sich darum, eine Pressemitteilung umzuschreiben. Bekommt er einen schwach geschriebenen Unternehmenstext auf den Tisch, wird er diesen in der Regel in die große Ablage unter seinem Tisch befördern. Im Klartext: Die Pressemitteilung landet im Mülleimer. Das kann sich die Redaktion auch deshalb leisten, weil es an Pressemitteilungen wohl nie einen Mangel geben wird. Eine Chance hat eine schlecht geschriebene Presseinformation nur dann, wenn es sich um ein Thema handelt, dessen Bedeutung von der Redaktion so hoch eingeschätzt wird, dass die Veröffentlichung ein „Muss" ist. In diesem Fall wird der Unternehmenstext mehr oder weniger umformuliert oder – in ganz schlimmen Fällen – auch einfach nur als Informationsbasis für einen komplett neuen eigenen Bericht verwendet. Ist eine Pressemitteilung dagegen sehr gut geschrieben, haben Sie damit auch dann eine Chance ins Blatt zu kommen, wenn das Thema nicht unbedingt den größten Stellenwert für die Redaktion hat. Sich beim Verfassen des Textes Mühe zu geben, lohnt sich also.

Schreiben, insbesondere journalistisches Schreiben, ist zu 90 Prozent Handwerk und nur zu zehn Prozent Talent. Wenn eine Pressemitteilung redaktionell nicht berücksichtigt wird, weil sie zu schlecht geschrieben ist, gibt es dafür in der Regel objektive, nachvollziehbare Gründe. Auch wenn der Verfasser der Pressemitteilung vielleicht glaubt, dass die Ablehnung auf persönlichen Gründen des bearbeitenden Redakteurs beruht und dieser zum Beispiel einen „anderen Geschmack" hat oder einen „anderen Stil bevorzugt" ist das fast nie der Fall – auch wenn es die ein oder andere Ausnahme geben mag. Wie also sieht das „Handwerk" bei einer guten Pressemitteilung aus?

Wie schon erwähnt, wird eine Pressemitteilung wie ein journalistischer Text geschrieben. Zur Anwendung kommen dabei zwei Textformen: die Meldung und der Bericht. Feature, Reportage oder Interview sind in der Regel nichts für einen Versand als Pressemitteilung. Sie können auch ein Feature oder eine Reportage in einer Zeitung veröffentlichen. Diese sollten Sie dann aber auch als solche deklarieren und die Veröffentlichung zuvor mit der Redaktion absprechen.

Für eine Meldung oder einen Bericht gibt es einige ganz wichtige journalistische Grundregeln. Verstoßen Sie gegen diese, hat Ihr Text keine Chance. Zunächst einmal müssen Sie die Fakten im Bericht oder der Meldung in einer bestimmten Reihenfolge anordnen. Das Wichtigste kommt immer zuerst. Mit dem Fortlauf des Textes nimmt die Bedeutung der Informationen ab. Das ist grundsätzlich so. Von dieser Regel gibt es keine Ausnahme. Lesen Sie eine Meldung oder einen Bericht, der gegenteilig aufgebaut ist, haben Sie einen schlechten Text vor sich. Der erste Absatz sollte zudem die sogenannten W-Fragen beantworten:

Was (ist passiert)?
Wo?
Wann?
Wer?
Warum?
Wie?
Welche Quelle?

Im Idealfall sollte schon der erste Satz einige W-Fragen beantworten. Erlaubt ist allenfalls, einen kurzen Einleitungssatz an den Anfang eines Berichtes zu stellen. Dazu einige Beispiele. Einmal angenommen, in einem kleineren Gemeinde hat der Gemeinderat getagt und den Bau einer Turnhalle beschlossen. Bevölkerung und Politiker diskutieren seit langem über das Projekt.

Dann können Sie vielleicht am nächsten Tag einen Artikel in der Lokalzeitung lesen, der folgendermaßen beginnt:

Beispiel

Musterdorf (fli) Vor kurzem trat der Musterdorfer Gemeinderat im Sitzungssaal des Gemeindehauses zusammen. Zunächst befassten sich die Ratsmitglieder mit der Feststellung der Beschlussfähigkeit und der Begrüßung der anwesenden Bürger und der Presse ...

Sie haben sicher gleich gemerkt, dass dieser Artikel handwerklich nicht gut geschrieben ist. Der Aufbau stimmt nicht. Das ein Gemeinderat zusammentritt, ist nichts Neues. Das „Wo" wird zwar genannt, ist aber die unwichtigste aller Neuigkeiten, die es zu vermelden gibt. Und auch nachdem der Leser erfahren hat, wo die Sitzung stattfand, wird er immer noch nicht über den Neubau der Turnhalle unterrichtet. Und das, obwohl das in dem kleinen Ort ganz sicher seit Jahren die größte Investition ist, der der Gemeinderat schultert. Die Zeitangabe „vor kurzem" ist völlig unnötig bei einer Veranstaltung, die erst am Tag zuvor stattgefunden hat und daher sehr aktuell ist.

Der Text würde besser lauten:

Klassiker: PR-Arbeit als Infotainment

> **Beispiel**
>
> Musterdorf (fli) Die neue Turnhalle in Musterdorf wird gebaut. Das hat der Gemeinderat in seiner Sitzung am Donnerstag mit den Stimmen der CDU-Fraktion beschlossen. Mit dem Bau wird noch im März auf dem Gelände des ehemaligen Kleingartenvereins-Sportplatzes an der Kupfermühle begonnen.

Anderes Beispiel: In Musterdorf fand die jährliche Innungsversammlung des Zimmermannhandwerks statt. Wichtigster Beschluss: Lehrlinge der Zimmereibetriebe werden unentgeltlich die Spielgeräte eines geplanten Abenteuerspielplatzes in einem nahegelegenen Wald bauen. Der Platz für den Spielplatz steht schon seit längerem fest. Der Bau der Spielgeräte ist bisher gescheitert, weil der Gemeinde wegen anderer Bauprojekte das Geld ausgegangen ist. Wenn der Artikel wenige Tage nach der Sitzung in der Zeitung erscheint, könnte er so klingen:

> **Beispiel**
>
> Musterdorf (fli) Im Klosterkeller fand die diesjährige Innungsversammlung des Zimmermannshandwerks statt. Obermeister Theo Trottel begrüßte dabei neben Bürgermeister Günter Speckmann und Theo Jahn, 1. Vorsitzender des TuS Musterdorf auch Betriebsberaterin Waltraut Pingelmann im Kreise zahlreicher Mitglieder. Trottel gedachte zu Beginn der Sitzung der verstorbenen Kollegen Bert Klöppel und Hugo Steiger. Die Innung hatte ihnen das letzte Geleit gegeben und dabei jeweils Kränze niedergelegt. Alle Anwesenden erinnerten sich an die Verstorbenen und erhoben sich zum Zeichen ehrenvollen Gedenkens.

Der Text bedarf wohl keines Kommentars. Solche Artikel entstehen tatsächlich in der täglichen Praxis. In diesem Fall ist der Text nicht unähnlich einem Protokoll geschrieben. Er orientiert sich vom Aufbau her am tatsächlichen Ablauf der Versammlung. Bei einem journalistischen Bericht oder einer Meldung müssen Sie die Inhalte der Versammlung zunächst gewichten und bewerten. Dann beginnen Sie – wie schon erwähnt – mit dem, was für den Leser am wichtigsten ist. Besser könnte der Einstieg in den Bericht folgendermaßen lauten:

> **Beispiel**
>
> Musterdorf (fli) Lehrlinge der Zimmermannsbetriebe aus dem gesamten Landkreis werden die Spielgeräte des geplanten Abenteuerspielplatzes im Galgenforst bauen. Das hat die Innungsversammlung bei ihrer jährlichen Sitzung in Musterstadt einstimmig beschlossen. Mit dem Bau soll schon am kommenden Montag begonnen werden. Für die Gemeinde Musterdorf entstehen keine Kosten.
> Für die Innungsbetriebe ist der Bau der Spielgeräte eine gute Möglichkeit, die Lehrlinge in der kalten Jahreszeit zu beschäftigen und ihnen zusätzlich Kenntnisse zu vermitteln, wie Innungsmeister Theo Trottel in seiner Begründung des Antrages formulierte. Trottel: „Unsere Lehrlinge haben jedes Jahr im Winter …."

Verfassen Sie eine Pressemitteilung nach diesem Muster, haben Sie gute Chancen, dass der zuständige Redakteur sie in der Zeitung berücksichtigt – vorausgesetzt natürlich, auch das Thema eignet sich für die Leser. Der richtige Aufbau der Pressemitteilung ist ein ganz elementares Know how. Auch wenn Sie die Pressemitteilung grundsätzlich richtig aufbauen, können Sie darüberhinaus einige Fehler machen, die mehr oder weniger zeitaufwändige Nacharbeiten in der Redaktion nötig machen. Dabei gilt: Je mehr Aufwand der Redakteur mit dem Redigieren des Textes hat, umso geringer ist die Chance auf Veröffentlichung. Diese hängt dabei auch von der Bedeutung der Nachricht ab, die Sie vermitteln wollen. Je wichtiger die Neuigkeit, umso eher werden die Mitarbeiter in der Redaktion bereit sein, Änderungen am Text einzubauen. Ist eine unwichtige, vielleicht vor allem unterhaltsam gedachte, Pressemitteilung schlecht geschrieben, wird sie zügig im Papierkorb entsorgt. Bei der Beurteilung des Textes sind Redakteure Profis. Meist reicht schon ein kurzer Blick, ein kurzes Überfliegen, und sie wissen, wie viel Arbeit das Redigieren einer Nachricht machen wird.

> **Unterschied zwischen Meldung und Bericht**
>
> Meldung und Bericht unterscheiden sich nicht vom grundsätzlichen inhaltlichen Aufbau. Der Unterschied ist die Länge. Eine Meldung ist in der Regel ein einspaltiger Artikel mit einer Länge von bis zu rund 40 Zeilen. Ab 50 bis 60 Zeilen wird ein Artikel meist zweispaltig gesetzt und als Bericht bezeichnet, wobei die Übergänge fließend sind. Bei längeren Berichten – ab etwas 90 Zeilen – kann dem eigentlichen Textbeginn ein kurzer Vorspann vorange-

> stellt werden, der den wichtigsten Inhalt des Artikels in zwei oder drei Sätzen zusammenfasst. Ein solcher Vorspann ist in der Regel halbfett gedruckt, hebt sich also auch optisch vom weiteren Inhalt des Artikels ab. Nachricht wie Bericht werden nach abnehmender Wichtigkeit gegliedert. Das gilt für die Sätze bei der kurzen Nachricht, für Absätze im Bericht. Innerhalb der Absätze können Sie dann einen Vorgang oder einen Diskussionsbeitrag in chronologischer Reihenfolge bringen.

Eine typische Unsitte gerade in der Unternehmens-Berichterstattung ist eine zu werbliche Gestaltung der Texte. Jede werbliche Aussage gilt unter Journalisten als verpönt und wird mit großer Sicherheit gestrichen. Häufen sich werbliche Aussagen kann auch das ein Grund für die Nichtberücksichtigung einer Pressemitteilung sein. Dazu ein Beispiel: Die Mustermann AG hat einen neuen Gabelstapler entwickelt und wendet sich mit einer Pressemitteilung an die Fachpresse. Der Text beginnt folgendermaßen:

Beispiel

Die Mustermann AG, der innovative und weltweit führende Hersteller im Bereich der Ladetechnik, hat in der Klasse der schweren Flurfördergeräte mit über 8 Tonnen Hublast einen Gabelstapler mit richtungsweisender Technologie entwickelt. Das neue Gerät wird am Donnerstag, 21. Mai, erstmals auf der Flurfördermesse Norma in Düsseldorf präsentiert.

Besser wäre:

Beispiel

Die Mustermann AG hat in der Klasse der schweren Flurfördergeräte mit über 8 Tonnen Hublast einen Gabelstapler entwickelt. Das neue Gerät wird am Donnerstag, 21. Mai, erstmals auf der Flurfördermesse Norma in Düsseldorf präsentiert.

Es gibt zahlreiche weitere Fehler, die Sie beim Verfassen einer Pressemitteilung machen können. Dazu gehört ein zu gestelzt formulierter Text. Entsprechend formulierte Texte kommen oft und gern aus Behörden. Sie werden aber auch aus Unternehmen versandt. Sie entstehen meist, wenn der Verfasser die interne Sprache, die in der Behörde oder im Unternehmen im Schriftverkehr herrscht, in die Pressemitteilung überträgt. Solche Texte sind immer ein Zeichen dafür, dass der Verfasser, der das journalistische Handwerk nicht gelernt hat und beherrscht. Beispiel: Ein Unternehmen veranstaltet einen Tag der offenen Tür und sendet eine Pressemitteilung an die umliegenden Lokalzeitungen. Diese beginnt so:

Beispiel

Von der Geschäftsleitung der Mustermann AG wurde die Genehmigung für die Öffnung der Werksgeländes am kommenden Wochenende für die Öffentlichkeit und den allgemeinen privaten Besucherverkehr erteilt. Die Erlaubnis für die Begehung bezieht sich bis auf Widerruf auf den Zeitraum von 9 bis 17 Uhr an beiden Tagen und schließt die Öffnung der Werkhallen, des Lagers ...

Umformuliert klingt das so:

Beispiel

Am kommenden Wochenende öffnet die Mustermann AG die Tore. An beiden Tagen können Interessierte von neun bis 17 Uhr die Werkhallen, das Lager und auch das neue Abfertigungszentrum mit der vollautomatischen Sortieranlage besuchen. Zahlreiche Infostände laden außerdem ...

Ein solcher gestelzter Sprachstil wird auch als Beamtendeutsch bezeichnet. Ein Merkmal ist die Verwendung von Substantiven mit den Endungen -ung, -heit oder -keit. Entsprechende Wörter sollten Sie generell in einem journalistischen Text meiden. Tun Sie das, haben Sie einen weiteren Schritt in Richtung guten Stils getan. Meiden sollten Sie außerdem passiv formulierte Formulierungen. Dazu ein besonders schlimmes Beispiel:

Beispiel

Die Verschiebung der Anpassung der Freibeträge und Bedarfssätze nach dem Bundesausbildungsförderungsgesetz um ein halbes Jahr auf den 1. April ist von der Rektorenkonferenz als unvertretbar kritisiert worden.

Einmal ganz abgesehen vom Beamtendeutsch, das Sie auch in diesem Text finden, steht er im Passiv. Aktiv klingt der Text gleich viel besser:

> **Beispiel**
>
> Die Rektorenkonferenz hat die Verschiebung der Freibeträge und Bedarfssätze nach dem Bundesausbildungsförderungsgesetz um ein halbes Jahr auf den 1. April als unvertretbar kritisiert.

Weitere Grundregeln für das journalistische Schreiben: Vermeiden Sie Bandwurmsätze. Versuchen Sie die Sätze in Ihrem Text grundsätzlich kurz zu halten. Kurze Sätze sind verständlicher als lange, sie lesen sich deutlich angenehmer. Und: Sie sind ein Zeichen dafür, dass sich der Autor mit dem Inhalt seines Textes beschäftigt hat. Um kurze Sätze zu schreiben, muss man den Inhalt zunächst einmal verstanden haben. Probieren Sie es aus. Sie können einen Sachverhalt nicht in kurzen Sätzen formulieren, wenn Sie ihn nicht wirklich verstanden haben. Der lange Satz ist im Journalismus – genau wie in der Pressestelle – häufig eine Zuflucht für den, der sich eine Sache nicht ausreichend erarbeitet hat. Ein Beispiel für einen viel zu langen Satz. Es handelt sich um den Auszug aus einer Pressemitteilung, in der ein Hersteller von Beleuchtungstechnik neue Produkte vorstellt, die für den Einsatz im Flugzeug vorgesehen sind.

> **Beispiel**
>
> Die neue LED-Generation, deren Forschung und Entwicklung, ein Prozess der zwei Jahre dauerte, erstmals interdisziplinär erfolgte und an dem neben der Forschungsabteilung auch die Bereiche Marketing und Produktion sowie externe Institute für Psychologie und Medizin beteiligt waren, wird bereits in fünf Jahren in der neuen Modellgeneration der neuen Norton-Flugzeuggeneration, für deren Großraumkabine die Norton-Ingenieure neben weiteren Komfortmerkmalen gleichzeitig zahlreiche neuartige Kunststoffe entwickelt haben, zum Einsatz kommen.

Alles verstanden? Der Text liest sich besser, wenn er aus mehreren kürzeren Sätzen besteht.

> **Beispiel**
>
> Die neue LED-Generation wurde erstmals interdisziplinär entwickelt. Dieser Prozess dauerte zwei Jahre. Neben der Forschungsabteilung waren auch die Bereiche Marketing und Produktion beteiligt – sowie externe Institute für Psychologie und Medizin. Die neue Technik wird bereits in fünf Jahren zum Einsatz kommen. Geplant ist der Einbau in der neuen Norton-Flugzeuggeneration, in deren Kabine erstmals auch zahlreiche neu entwickelte Kunststoffe zum Einsatz kommen.

Wenn Sie jetzt darauf achten, in Ihren Texten kurze Sätze zu verwenden, sollten Sie es dabei allerdings nicht übertreiben. Ein aufeinanderfolgendes Stakkato von Sätzen mit drei bis sieben Worten liest sich auch nicht besonders gut, sondern gibt dem Text etwas sehr Asthmatisches, Abgehacktes. Ideal ist ein Wechsel von kurze und etwas längeren Sätzen, wobei Sie bei letzteren natürlich nicht zu lang werden dürfen. 25 – 30 Worte stellen der Erfahrung nach eine Obergrenze der Verständlichkeit dar. Leicht verständlich ist ein Text, wenn er maximal 15 bis 18 Worte enthält. Dabei kommt es sehr auf die übrigen Bestandteile des Satzes an. Aktiv erhöht die Verständlichkeit, während überflüssige Adjektive oder Worte aus dem Beamtendeutsch – wie schon erwähnt – einen Text auch schon bei geringerer Wortzahl unverständlich erscheinen lassen. Der Text wird außerdem lesbarer und verständlicher, wenn Sie zusätzlich – in Maßen – Bindestrich und Doppelpunkt als Satzzeichen verwenden. Beispiel für einen Text ohne diese Satzzeichen:

> **Beispiel**
>
> Mit zwei Siegen hat sich die Werkelf der Muster AG in die Winterpause verabschiedet. Mit dem TuS Musterdorf und dem TSV Musterhain haben die Werkkicker in zwei schweren Spielen die Hauptkonkurrenten im Kampf um die Meisterschaft in der Oberliga West geschlagen. Damit führt Dynamo Muster jetzt die Tabelle an und ist Herbstmeister.

Etwas anders formuliert:

> **Beispiel**
>
> Zwei Spiele, zwei Siege: Äußerst erfolgreich haben sich die Werkkicker der Muster AG in die Winterpause verabschiedet – und sich den „Titel" des Herbstmeisters ge-

sichert. Mit dem TuS Musterdorf und dem TSV Musterhain haben die Werkkicker in zwei schweren Spielen die Hauptkonkurrenten im Kampf um die Meisterschaft in der Oberliga West geschlagen. Damit führt Dynamo Muster jetzt die Tabelle an.

Wenn Sie einen guten Stil schreiben wollen, sollten Sie außerdem mit Adjektiven möglichst sparsam umgehen. Viele Adjektive sind unnötig und blähen einen Text unnötig auf. Sie können meist ersatzlos gestrichen werden – es sei denn, ein Adjektiv ist zwingend notwendig. Die Suche nach überflüssigen Adjektiven lässt sich problemlos in einen meist ohnehin vorhandenen Korrekturdurchlauf des Textes integrieren.

Beispiel für einen Text mit überflüssigen Adjektiven:

Beispiel

Die übliche Reiseflughöhe moderner Verkehrsflugzeuge beträgt 10 000 bis 12 000 Meter. In dieser Höhe ist die vorhandene Atmosphäre absolut lebensfeindlich: Die hier herrschenden Temperaturen liegen bei lebensfeindlichen minus 60 Grad, die messbare Luftfeuchtigkeit ist extrem niedrig, und der vorhandene Luftdruck erreicht nur einen kleinen Bruchteil des Wertes, der üblicherweise an der Erdoberfläche herrscht.

Werden alle überflüssigen Adjektive gestrichen, ist der Text deutlich kürzer, ohne an Informationswert eingebüßt zu haben.

Beispiel

Die Reiseflughöhe moderner Verkehrsflugzeuge beträgt 10 000 bis 12 000 Meter. In dieser Höhe ist die Atmosphäre lebensfeindlich: Die hier herrschenden Temperaturen liegen bei minus 60 Grad, die Luftfeuchtigkeit ist extrem niedrig, und der Luftdruck erreicht nur einen Bruchteil des Wertes, der an der Erdoberfläche herrscht.

Bei einem Korrekturdurchlauf Ihres Artikel sollten Sie auch ganz bewusst auf die Bedeutung mancher verwendeter Wörter und auf kleine – oder größere – Stilblüten achten. Der weiße Schimmel ist dabei schon legendär, vom weißlichen oder hellen Nebel wird aber immer noch gern geschrieben. Viel zu häufig ist zudem das Wort „fordern" in journalistischen Texten zu lesen „Das Unwetter forderte fünf Todesopfer." Besser wäre hier „Bei dem Unwetter sind fünf Menschen gestorben."

Zum einen kann ein Unwetter keine Forderung erheben. Zum anderen wären die Menschen wahrscheinlich nicht tot, wenn das Unwetter die Opfer nur gefordert hätte. Ähnlich verhält es sich mit dem Wort „letzten". Beispiel: In der letzten Saison konnte der HSV die Champions-League-Qualifikation in der Bundesliga erneut erreichen. Wäre es die letzte Saison, wäre das schade, denn das würde bedeuten, dass es die Bundesliga nicht mehr gibt. Da dem nicht so ist, sollte es besser heißen: In der vergangenen Saison konnte der HSV ...

In vielen Fällen reicht es, kurz über die Bedeutung mancher Worte nachzudenken, um die entsprechenden Fehler zu finden. Häufig sind es dabei gerade die Worte und Redewendungen, die einem besonders leicht in den Text fließen, die dann einer genaueren Kontrolle nicht standhalten. Wer mehr Anregungen zu diesem Thema möchte, kann sich darüber in der Literatur zum Thema Schreiben weitergehend informieren. Im Literaturverzeichnis am Ende dieses Buches sind zwei Titel genannt.

Zugaben: von Zitaten, Abbindern und guten Überschriften

Zitate beleben einen Artikel. Sie bieten in einer Pressemitteilung die einzige Möglichkeit, im Ton etwas werblicher zu formulieren, wobei Sie es hierbei aber auch nicht übertreiben sollten. Platte Werbeaussagen nimmt Ihnen ohnehin niemand ab – und sie werden mit Sicherheit auch von der Redaktion vor Veröffentlichung des Textes gestrichen. Äußerst sich ein Geschäftsführer oder eine andere Person Ihres Unternehmens, ist gegen eine sachliche, dabei in der Grundaussage positive Stellungnahme nichts zu sagen, denn durch das Zitat ist ja allen Lesern klar, dass der Zitierte parteilich ist. Hat die Person, die Sie zitieren, einen Titel, wird dieser bei der ersten Erwähnung des Namens aufgeführt. Bei weiteren Zitaten verzichten Sie dann darauf. Beispiel:

Beispiel

Der Vorstand erwartet gute Verkaufszahlen für das das neue LED-System. Dr. Hans Muster, Geschäftsführer der Muster AG dazu: „Nach sorgfältiger Prüfung des Marktes gehen wir von einer Umsatzsteigerung in Höhe von 45 Prozent aus. Und das ist noch eher vorsichtig gerechnet." Die Markturbulenzen in den USA hat das Unternehmen dabei berücksichtigt. „Natürlich wissen wir, das gerade der nordamerikanische Markt sehr schwer zu kalkulieren ist", sagte Muster weiter. „Trotzdem sehen wir ..."

Zahlen werden in journalistischen Texten ab 13 als Ziffer geschrieben. Die Zahlen eins bis zwölf schreiben Sie als Wort. Möchten Sie den Medien ein Jubiläum vermelden, müssen Sie wissen, dass nur folgende Zeitspannen als Jubiläum gelten: 25, 50, 75, 100 Jahre etc. Besteht Ihr Unternehmen seit 20 Jahren, haben Sie kaum eine Chance, dieses Datum als Jubiläum in der Zeitung veröffentlicht zu bekommen. Eine Ausnahme besteht vielleicht dann, wenn Sie ein guter Anzeigenkunde des Blattes sind.

„Prosa" ist nicht gefragt

Versuchen Sie beim Verfassen einer Meldung oder eines Berichtes nicht, große Kunst zu produzieren. Erfahrungsgemäß führt dieser Versuch nur dazu, dass die Arbeit an der Pressemitteilung unnötig lange dauert, während das Ergebnis nur allzu häufig schlecht bis peinlich ausfällt. Gerade in einer Meldung oder einem Bericht besteht die Kunst darin, präzise, klar und faktenorientiert zu schreiben.

Von der Gesamtlänge her sollten Sie Ihre Pressemitteilung auf maximal zwei Seiten unterbringen. Der Umfang einer Seite ist besser, lässt sich aber bei vielen Themen nicht realisieren. In Ausnahmefällen können es auch einmal drei Seiten sein, aber auf keinen Fall mehr. Haben Sie wichtige Informationen, von denen Sie glauben, dass Sie diese auf keinen Fall auf zwei Seiten Pressemitteilung unterbringen können, sollten Sie folgende Strategie wählen: Fassen Sie die elementarsten Aussagen auf zwei Seiten in einer Pressemitteilung zusammen. Dazu formulieren Sie einen zweiten Text mit den umfassenden Informationen als Hintergrundtext. Die Pressemitteilung versenden Sie und bieten darauf an, dass der Redaktion auf Wunsch ein ausführlicher Hintergrundbericht zugemailt oder zugesandt werden kann.

Zum Ende der Pressemitteilung macht sich ein so genannter Abbinder sehr gut. Das ist ein kurzer Abschnitt, in dem Sie in wenigen Sätzen Ihr Unternehmen beschreiben. Das folgende Beispiel ist ein Abbinder für eine große Unternehmenskooperation, die mit der Pressemitteilung einen neuen Dienst vorgestellt hat.

Beispiel

Der Speditionskooperation Goods-Line gehören 42 Partnerunternehmen an. Für den Verbund arbeiten mehr als 8500 Mitarbeiter. Der Umsatz erreicht in diesem Jahr eine Höhe von 1,5 Mrd. Euro.

Im Anschluss an den Text, etwas davon abgesetzt, nennen Sie einen Ansprechpartner, an den sich der Journalist bei Rückfragen wenden kann. Dabei reicht die Nennung eines Namens mit Telefonnummer und Email-Adresse völlig aus. Das sieht dann beispielsweise so aus:

Beispiel

Kontakt:

Frank Littek
Telefon: 0000-00000
Email: Kontakt@franklittek.de

Außerdem sollten Sie noch um ein Belegexemplar bitten und anfügen, dass der Journalist den Text frei verwenden kann, sofern es sich um eine redaktionelle Nutzung handelt, es also keine Einschränkungen hinsichtlich des Nutzungsrechtes in diesem Bereich gibt und beim Abdruck kein Honorar fällig wird. Die Formulierung könnte folgendermaßen lauten:

Beispiel

Frei zur redaktionellen Verwendung – Belegexemplar erbeten.

Dann brauchen Sie für jede Pressemitteilung natürlich noch eine Überschrift. Auch wenn diese als erstes kommt, sollten Sie die Überschrift als letztes schreiben. Die Überschrift hat für jeden Artikel einen besonderen Stellenwert. Sie ist der Hingucker schlechthin. Viele Leser entscheiden anhand der Überschrift, ob Sie in das Lesen des Artikels einsteigen. Im Fall einer Pressemitteilung sind die ersten Leser die Redakteure der Zeitungen und Medien, die Sie angeschrieben haben. Aufgrund dieser Bedeutung sollte die Überschrift besonders gut werden. Dabei muss sie zwei Dinge gleichzeitig leisten: Sie sollte den Leser schon in sehr komprimierter Form über den Inhalt des folgenden Artikels informieren. Gleichzeitig muss sie Interesse am Artikel wecken, Spannung aufbauen und den Leser dazu bringen, mit der Lektüre zu beginnen. Es ist nicht einfach, eine gute Überschrift zu finden. Und es wird nicht einfacher dadurch, dass Sie als Verfasser des Textes um die Bedeutung der Überschrift wissen. Es gibt viele Journalisten und PR-Texter, die lange Zeit an der Überschrift herumformulieren, bevor Sie mit dem eigentlichen

Schreiben beginnen. Das ist vertane Zeit. Durch das Schreiben des Artikels tauchen Sie inhaltlich in das Thema ein und beschäftigen sich mit den Fakten. Ist die Pressemitteilung fertig, ergibt sich die Formulierung der Überschrift häufig fast von allein – in einem Bruchteil der Zeit, die Sie beim Formulieren am Anfang gebraucht hätten. Zuweilen wird es Ihnen vielleicht auch passieren, dass Ihnen während des Schreibens der Pressemitteilung die Überschrift plötzlich einfällt. Auch das ist natürlich eine gute Lösung. Die Überschrift wird in vielen Fällen später von der Redaktion verändert. Damit müssen Sie leben. Selbst wenn der zuständige Redakteur den Artikel ansonsten weitgehend unverändert übernimmt, wird er sehr wahrscheinlich die Überschrift geändert haben. Das sollte die Sorgfalt, mit der Sie die Überschrift formulieren, aber nicht mindern, denn immerhin dient diese ja schon einmal dazu, den Redakteur für Ihr Anliegen zu interessieren. In die Überschrift gehört der Firmenname. Auf diese Weise sieht der bearbeitende Mitarbeiter in der Redaktion auf den ersten Blick, von wem die Mitteilung stammt. Taucht der Name regelmäßig in der Überschrift der Pressemitteilung auf, erhöht das die Wahrscheinlichkeit, dass Ihre Pressemitteilungen in der Redaktion zum „Begriff" werden. Das ist natürlich besonders dann der Fall, wenn Ihre Mitteilungen in der Regel gut geschrieben sind und aufgrund Ihres Informationsgehaltes oder Unterhaltungscharakters einen hohen Nutzwert für die Zeitung oder Zeitschrift haben. Neben der Hauptüberschrift können Sie zusätzlich noch eine Dachzeile oder Unterzeile formulieren. Auf diese Weise haben Sie etwas mehr Platz, um Informationen in der Überschriften zu platzieren und Interesse für das Thema zu wecken.

Beispiel

Durchbruch nach zehn Jahren Forschung
Musterpharma bringt neues Rheumamittel auf den Markt

Qual der Wahl: Wie Sie Pressemitteilungen versenden

Beim Versand der Pressemitteilung richten Sie sich im Idealfall nach den Wünschen der Redaktion. Die größte Beachtung finden erfahrungsgemäß auch heute noch Pressemitteilungen, die per Post an die Redaktion versandt werden. Alternativ können Sie Ihre Pressemitteilungen natürlich auch per Telefax oder Email versenden. Telefax und Email sind natürlich schneller und günstiger als die klassische Post. Telefax hat aber den Nachteil, dass Sie mit den Sendungen keine Fotos transportieren können und die Redaktion den Text nicht als Datei vorliegen hat. Bei einem Versand per Email können Sie die Pressemitteilungen mit Anhängen wie zum Beispiel Fotos versehen. Außerdem hat der zuständige Journalist den Text gleich als Datei vorliegen und kann ihn – ohne ihn erfassen zu müssen – gleich weiterbearbeiten oder verwenden. Beim Postversand ist das natürlich ebenfalls nicht möglich – das ist der große Nachteil dieses Versandweges. Auf der anderen Seiten können Sie beim Verschicken der Pressemitteilung per Post ebenfalls Fotos beifügen und finden mehr Beachtung als beim Email-Versand. In der Redaktionspraxis ist es häufig so, dass unaufgefordert zugesandte Emails schnell einfach „weggedrückt" werden. Sie können Glück haben, und der zuständige Redakteur sieht sorgfältig nach, welche unaufgeforderte Emails er erhalten hat. Sie können aber auch Pech haben, der Redakteur ist gerade im Stress und löscht alles weg, was ihm nicht auf dem ersten Blick als wichtig erscheint. Und da gehören unaufgefordert zugesandte Emails in der Regel dazu. Gerade in Zeiten, in denen Redaktionen von allen Seiten mit Emails und Spam bombardiert werden, ist das leider häufig der Fall. Auch eine Postsendung kann natürlich schnell im Mülleimer entsorgt werden. Trotzdem ist die Wahrscheinlichkeit, dass diese wahrgenommen wird, größer als bei einer Email, die sich wegdrücken lässt, ohne auch nur einen Blick auf Fotos und Überschrift geworfen zu haben. Als Versender einer Pressemitteilung stehen Sie in diesem Fall vor einem Dilemma. Versenden Sie die Informationen per Post, werden Sie wahrgenommen, nerven den Journalisten aber damit, dass er den Text entweder erfassen lassen oder bei Ihnen nachfragen muss, ob Sie ihm den Text zumailen. Senden Sie den Text gleich als Email, wird Ihre Pressemitteilung vielleicht überhaupt nicht gelesen. Und die Wahrscheinlichkeit dafür liegt bei etwa 50 Prozent. Von daher der Rat: Versenden Sie am Anfang Pressemitteilungen per Post. Besteht dann ein Kontakt zur Redaktion, können Sie dazu übergehen, die Informationen per Email zu versenden und das in einem Gespräch mit dem zuständigen Redakteur auch ansprechen. Zum Email-Versand können Sie auch übergehen, wenn Ihr Unternehmen einen solchen Rang, Bekanntheitsgrad oder Status hat, dass die Medien von sich aus sehr interessiert sind, Ihre Mitteilungen zu lesen. Der Luftfahrt-Redakteur eines führenden Wirtschaftsmagazins in Deutschland wird nicht darum herumkommen, die Pressemitteilungen der Lufthansa zu lesen. Immerhin ist das die größte Airline in der Bundesrepublik und er weiß, dass ihm ansonsten wichtige Informationen entgehen könnten. Und anhand des Betreffs und des Absenders kann er schnell sehen, dass er es mit einer Lufthansa-Meldung zu tun hat. Gründet sich aber in Westerland eine neue Mini-Airline, die sich auf Flüge auf die Nordseeinseln spezialisiert und nennt sich Helgoair, wobei die Pressemitteilungen von der Muster PR GmbH versandt werden, lädt das zum Wegdrücken geradezu ein, wenn der Computer am Morgen den Empfang von weiteren 99 Emails über Nacht verkündet. Beim Versand per Post wie auch per Email sollte der eigentliche Text auf offiziellem Briefpapier des Unternehmens gedruckt sein. Versenden Sie mehr als eine Seite, tackern Sie die Seiten zusammen. Bei elektronischem Versand weisen Sie im Mailtext auf den Versand der Pressemitteilung hin, die Sie dann in der Anlage beifügen. Hier hängen Sie auch Fotos an. Sofern vorhanden, ist deren Versand grundsätzlich zu empfehlen. Das gilt auch beim Versand der Pressemitteilung als Brief.

Versenden Sie Fotos als Datei, tun Sie das im jpg-Format. Die Fotos sollten mindestens 300 dpi aufweisen.

Fotos

Fotos sind häufig eine Schwachstelle der Pressearbeit. Es gibt Pressestellen großer Unternehmen, zum Beispiel führender Fluggesellschaften, die sind nicht in der Lage, Journalisten auf Anfrage ein Foto zuzusenden. Es gab im Arbeitsalltag in der Vergangenheit Fälle, da wurde bei der entsprechenden Anfrage von Journalisten entweder mit einem „haben wir nicht/geht leider nicht" geantwortet oder es wurden nach der Anfrage teure Fotografen engagiert, um dem Journalistenwunsch mit viel Aufwand (und manchmal magerem Ergebnis) zu entsprechen. Es versteht sich von selbst, dass eine solche Vorgehensweise immer Zeit braucht und allenfalls bei Zeitschriften oder der Fachpresse praktikabel ist, aber nicht bei Tageszeitungen. Daraus können Sie folgende Lehren ziehen:

- Halten Sie immer eine kleine Anzahl unterschiedlicher Motive Ihres Unternehmens auf Vorrat. Überlegen Sie vor dem Anlegen der Sammlung, welches die Motive sind, die Journalisten möglicherweise anfragen könnten.
- Hängen Sie das Fotografieren der Motive nicht zu hoch auf. Für die Veröffentlichung in der Tageszeitung oder einer üblichen Illustrierten müssen die Fotos nicht höchsten künstlerischen Ansprüchen genügen. Es reicht völlig aus, wenn die Fotos das gewünschte Motiv groß zeigen und dabei technisch – hinsichtlich Schärfe und Belichtung – einwandfrei sind. Entweder machen Sie die Aufnahmen selbst, oder ein ambitionierter Hobbyfotograf, den es in jeder Firma gibt, fertigt diese für Sie an. Machen Sie die Aufnahmen oder einen Teil selbst, sollten Sie unbedingt eine (digitale)

Spiegelreflexkamera verwenden. Fotografieren Sie nicht mit den kleinen Digitalkameras, die teilweise recht günstig angeboten werden. Diese haben zwar eine teilweise beeindruckend hohe Megapixel-Zahl. Auf den Fotos ist aber meist ein zu starkes „Rauschen" sichtbar, das die Aufnahmen für eine Veröffentlichung ungeeignet macht. Bei digitalen Spiegelreflexkameras ist dieses Rauschen aufgrund der größeren Chips sehr viel geringer.

Macht ein Mitarbeiter die Fotos für die Pressestellen, müssen Sie schriftlich fixieren, dass Sie die Aufnahmen nutzen dürfen. Eine solche Formulierung könnte folgendermaßen aussehen:

Beispiel

Herr Müller-Fotomann willigt ein, dass die Muster AG die von ihm erstellten Fotos[*] honorarfrei[**] im Rahmen der Pressearbeit verwenden darf. Die Muster AG wird die Fotos an die unterschiedlichsten Medien versenden. Herr Müller-Fotomann ist mit der honorarfreien redaktionellen Veröffentlichung der Fotos einverstanden. Das Einverständnis ist zeitlich und räumlich unbegrenzt. Es gilt unabhängig von der Auflagenhöhe.

[*] Hier können die Fotos durch Angabe einer Nr. oder des Datum oder anderer Merkmale genau definiert werden, damit der Mitarbeiter nicht fürchten muss, eine pauschal gültige Erklärung zu unterschreiben.

[**] Es kann natürlich auch ein Honorar vereinbart werden. Der Satz ist dann hier einzutragen. Ein mögliches Honorar wäre zum Beispiel die Zahlung von 30 € pro Foto.

Einmal angenommen, Sie leiten die Pressearbeit der deutschen Direktion einer führenden US-amerikanischen Fluggesellschaft. Dann sollten Sie folgende Motive vorrätig haben:

- Startende, fliegende und landende Maschinen der Airline. Es sollten alle Flugzeugmuster zumindest einmal auftauchen.
- Ein Blick in die Kabine einer Maschine, zum Beispiel, während Stewardessen in der Business-Class das Essen servieren.
- Ein Blick ins Cockpit, Piloten bei der Arbeit

- Das Hauptdrehkreuz in den USA
- Ein Portrait des Geschäftsführers
- Passagiere beim Einsteigen oder Einchecken
- Fracht, die umgeschlagen wird.

Haben Sie eine Pressemitteilung rausgeschickt sollten Sie eines in jedem Fall nicht tun: Nach einigen Tagen in den Redaktionen telefonisch nachfassen, was denn aus der Pressemitteilung geworden ist und ob diese „mitgenommen" wird. Auch wenn das als „wichtiger Tipp" immer wieder zu lesen und zu hören ist: Es gibt für einen Redakteur kaum etwas Nervigeres, als Mitarbeiter von Pressestellen, die sich nach dem Verbleib und den Veröffentlichungschancen ihrer Pressemitteilung erkundigen. In Redaktionen ist Zeit in der Regel knapp. Wenn ein Redakteur dutzende, teilweise hunderte von Pressemitteilungen pro Tag erhält, kann man sich leicht ausrechnen, wie viel Zeit er mit Telefonaten, die aus einem Nachhaken der PR-Berater entstehen, verbringen müsste. Kommt es zu solchen Telefonaten, was in der Praxis immer wieder vorkommt, nehmen diese häufig einen „unschönen" Verlauf und dienen ganz bestimmt nicht der „Kontaktpflege", für die sie angeblich so sinnvoll sein sollen. In vielen Fällen muss der Redakteur am Telefon zugeben, dass er sich entweder nicht an die Pressemitteilung erinnert oder er keine Veröffentlichung plant. Das führt dann wiederum dazu, dass der PR-Berater nachfragt, warum das denn so sein – meist gekoppelt mit einer mehr oder weniger ausschweifenden Erklärung der Bedeutung der Meldung. Für den Journalisten führt das dazu, dass er sich rechtfertigen muss – was erfahrungsgemäß die meisten Menschen ungern tun. Deshalb der Rat: Haken Sie nicht in den Redaktionen nach. Sorgen Sie lieber dafür, dass Sie sich mit gut, präzise und knapp geschriebenen Pressemitteilungen, die immer in gleicher Aufmachung versandt werden, in den Redaktionen einen guten Namen machen. Geht es dann darum, Hintergrundberichte oder Interviews in den Medien zu platzieren, können Sie die zuständigen Redakteure sehr viel besser kennenlernen und Kontakte wirklich pflegen. Denn diese Instrumente der Pressearbeit sollten Sie nicht unaufgefordert anfertigen und an Redaktionen versenden, sondern nur nach vorheriger Absprache mit der Redaktion.

Die Details müssen stimmen: der Anwenderbericht

Zu den Instrumenten, die Sie nicht unaufgefordert an Redaktionen versenden sollten, gehört der Anwenderbericht. In einem Anwenderbericht geht es darum, dass geschildert wird, wie sich ein Produkt Ihres Unternehmen bei einem Kunden bewährt. Geschrieben wird dieser Artikel aus der Sicht des Kunden, wobei als Autor häufig freie Journalisten zum Einsatz kommen. Im Prinzip handelt es sich dabei natürlich um einen werblich geprägten Artikel, der nicht wirklich objektiv ist. Es ist klar, dass Sie kaum einen Anwenderbericht schreiben und herausgeben werden, wenn der Kunde äußert unzufrieden mit dem Produkt und Ihrem Unternehmen ist. Und es ist natürlich auch so, dass Sie nicht unbedingt möglicherweise vorhandene Nachteile des Produktes herausstreichen werden, sondern sich auf die Vorteile beim Schreiben des Artikels konzentrieren. Trotzdem werden Anwenderberichte gerne und häufig in der Presse – und insbesondere in der Fachpresse – mitgenommen. Gerade deshalb sind Sie für viele Unternehmen eine gute Möglichkeit, die eigene Firma und ihre Produkte in der Öffentlichkeit, und hier vor allem einem Fachpublikum, vorzustellen. Diese Möglichkeit eines „Schaufensters" sollten Sie so oft es geht nutzen. Planen Sie einen Anwenderbericht zu schreiben oder schreiben zu lassen, müssen Sie im ersten Schritt zunächst wissen und abklären, welcher Kunde dafür in Frage kommt. Sie brauchen einen Kunden, der zum einen mit Ihrem Produkt sehr zufrieden ist und sich zum anderen auch bereit erklärt, bei der Herstellung eines Anwenderberichtes mitzuwirken.

Wie wird nun ein Anwenderbericht geschrieben? Einmal angenommen, Sie wollen diese Arbeit selbst leisten. Zunächst einmal: Auch wenn klar ist, dass der Anwenderbericht schon von der Grundtendenz nicht wirklich objektiv sein kann, dürfen Sie den eigentlichen Text auf keinen Fall werblich formulieren. Schreiben Sie den Text sachlich objektiv. Das ist natürlich eine Gratwanderung. So kompliziert, wie es klingt, ist es aber in der Praxis nicht. Vielleicht kann man es so formulieren: Der gesamten Text des Anwenderberichtes vermittelt dem Leser im Ergebnis einen positiven Eindruck von ihrem Produkt und Unternehmen. Im Detail, Satz für Satz, ist der Artikel aber wie ein objektiver Pressebericht formuliert:

Sie schreiben also nicht (irgendwo im Mittelteil):

Beispiel

Nach einer Stunde Fahrt erreicht Michael Huber, Fahrer der Kunden GmbH, mit seinem Liefer-Lkw den Hof der Großbäckerei XY. Das Ausliefern der Waren beginnt. Mit dem neuen Qualitäts-Kühl-Lkw der Muster AG ist diese Aufgabe deutlich effizienter als bei Konkurrenzsystemen. Die hohe Qualität des neuen Akkurat-Frost-Einrichtungssystems schafft Be- und Entlademöglichkeiten, die von der Muster AG so optimiert wurden, dass jeder Handgriff sitzt und der Fahrer wertvolle Zeit auf seiner Tour spart.

Sondern besser:

Beispiel

Nach einer Stunde Fahrt erreicht Michael Huber, Fahrer der Kunden GmbH, mit seinem Liefer-Lkw den Hof der Großbäckerei XY. Das Ausliefern der Waren beginnt. Nach 30 Minuten stehen die Paletten in der Eingangsschleuse des Kunden. Huber ist zufrieden: „Früher, als wir noch mit den alten Lkw gefahren sind, habe ich für das Ausladen fast eine Stunde gebraucht. Jetzt bin ich deutlich schneller, weil ich im Eingangsbereich des Lkws mehr Platz habe, um mit dem Hubwagen zu rangieren. Auch die Regale sind so angeordnet, dass ich sie schneller erreiche. Wenn der Verkehr mitspielt und es keinen Stau gibt kann ich heute sogar einen Kunden mehr als in der Vergangenheit anfahren."

Einmal ganz angesehen davon, dass der zweite Text die Vorteile des neuen Kühl-Fahrzeugs sehr viel konkreter und praxisnäher darstellt, als das im ersten Text der Fall ist, werden hier positive Aussagen über Produkt und Firma nur in Zitaten getroffen. Damit stellen Sie subjektive Aussagen der zitierten Personen dar. Das ist journalistisch okay. Bauen Sie Ihren Anwenderbericht so auf, kann ihn die Redaktion verwenden. Ist der Artikel zu werblich, wird ihn der zuständige Journalist überarbeiten oder zur Überarbeitung an Sie zurücksenden. Darüberhinaus wird der Redakteur mit ziemlicher Sicherheit nicht erfreut über die Notwendigkeit der Bearbeitung sein. Es wird sich überlegen, ob er ihnen in Zukunft noch einmal die Möglichkeit einräumt, einen Anwenderbericht auf seinen Seiten zu veröffentlichen. Ist der Anwenderbericht dagegen so geschrieben, dass er der Redaktion wenig oder keine Arbeit macht, erhöht das ihre Veröffentlichungschancen in Zukunft deutlich. Der Redakteur weiß dann, dass er von ihnen fundierte Artikel in guter Qualität erwarten kann. Gerade im Sommerloch, in denen gutes Material in den Redaktionen traditionell knapp ist, können Sie vielleicht sogar damit rechnen, von der Redaktion angesprochen und um einen Anwenderbericht gebeten zu werden.

Die übliche Stilform des Anwenderberichts ergibt sich schon aus dem Namen: Es ist der Bericht. Anwenderberichte sind in der Regel deutlich länger als der Bericht, den Sie als Pressemitteilung schreiben. Die gewünschte Länge sollten Sie mit der Redaktion absprechen und sich anschließend auch exakt an die Vorgabe halten. Beim Aufbau des Artikels brauchen Sie sich nicht ganz so an enge Formalien zu halten, wie das bei der Pressemitteilung der Fall ist. Zunächst formulieren Sie – wie bei der längeren Pressemitteilung – einen kurzen Vorspann, der knapp und präzise den Inhalt des Artikel zusammenfasst und gleichzeitig Spannung in Hinblick auf den weiteren Inhalt aufbaut.

Beispiel

Auf der Kühlfrost-Messe hat die Muster AG einen neuen Tiefkühl-Lkw vorgestellt. Das neue Ladesystem wurde teilweise kontrovers diskutiert. Seitdem sind drei Monate vergangen. Die ersten Lkw befinden sich im harten Arbeitsalltag. Zeit, einmal zu prüfen, wie sich das System in der Praxis bewährt – zum Beispiel bei der Kühl AG, dem ersten Kunden der neuen Baureihe.

Nach diesem Vorspann beginnt dann der Hauptteil des Artikels. In diesem stellen Sie verschiedene Aspekte Ihres Produktes oder Ihrer Dienstleistung aus Sicht des Kunden vor. Um sich die Vorgehensweise vorzustellen, ist es gut, eine Technik aus dem Kino oder Fernsehen zu verwenden. Bestimmt kennen Sie die Zoomeinstellung von Kameras. Zunächst ist in einem Filmbeitrag ein Gegenstand oder eine Person klein in der Distanz abgebildet. Dann vergrößert sie sich im Bild vor dem Betrachter. Die Kamera zoomt das Objekt heran. Stellen Sie sich vor, dass Sie beim Schreiben des Anwenderberichtes mit einer solchen Zoomfunktion arbeiten. Es gibt ein neues Produkt ihrer Firma, zum Beispiel ein neuer Kühl-Lkw. In ihrem Artikel zoomen Sie nun verschiedenen Teilbereiche des neuen Produktes vor den Augen Lesers heran und stellen Sie ihm auf diese Weise vor. Gezoomte Teilbereiche können neue Bestandteile des Produktes oder der Dienstleistung sein, genauso wie bestimmte Eigenschaften. Am besten listen Sie vor dem Verfassen des Anwenderberichtes kurz auf, welche Aspekte des neuen Produktes Sie heranzoomen wollen. Einmal angenommen, Sie möchten der Presse einen neuen Kühl-Lkw vorstellen. Von einem der großen Lkw-Hersteller wie MAN oder Mercedes-Benz hat Ihr Unternehmen den Basis-Lkw mit Motor, Führerhaus, Fahrwerk, Chassis etc. übernommen. Als Aufbauhersteller haben Sie die Kühlaufbauten darauf vorgenommen und bieten die Lkw so auf dem Markt an. In dem Anwenderbericht könnte es folgende Zoom-Themen geben, die jeweils „durch die Brille des Kunden" vorgestellt werden:

- Die besonders ergonomische und effiziente Anordnung der Regale und des Kühlaggregates, die ein besonders schnelles Be- und Entladen des Lkw ermöglicht
- Die hohe Energieeffizienz des gewählten Aufbaus durch eine besondere Form der Isolierung, die Wahl eines sehr leistungsfähigen Kühlaggregates und ein sehr geschickt konstruiertes Verteilsystem der gekühlten Luft
- Ein besonders hochwertiges Sensor- und Überwachungssystem, das Fehler im Kühlsystem meldet, teilweise selbsttätig gegensteuert und den Betrieb lückenlos dokumentiert.
- Weitere ergonomische Vorteile/Besonderheiten für den Fahrer wie eine besondere Rampe
- Warum ein bestimmter Lkw-Typ als Basis verwendet wurden und worin dessen Vorteile liegen

Es liegt auf der Hand, dass Sie sich vor dem Schreiben des Artikels ausgiebig bei den technischen Fachleuten Ihres eigenen Unternehmens über den neuen Lkw informieren müssen. Mit diesem Wissen ausgestattet können Sie dann im nächsten Schritt überlegen, wie Sie den Kunden und dessen Mitarbeiter präsentieren möchten. Denn in einem Anwenderbericht soll ja vorgestellt werden, welche Erfahrungen ein Kunde mit Ihrem Produkt gemacht hat. Sie müssen also festlegen, bei welchem thematischen Aspekt Sie welchen Ansprechpartner des Kunden zu Wort kommen lassen wollen.

Beispiel:

- Die besonders ergonomische und effiziente Anordnung der Regale und des Kühlaggregates beschreiben Sie sachlich und objektiv und ergänzen das durch Zitate, in denen ein Fahrer und der Fuhrparkleiter die Vorteile aus ihrer Sicht erklären.
- Die hohe Energieeffizienz des gewählten Aufbaus erklären Sie genauso und ergänzen das durch konkrete Zahlen zum Beispiel zu Kosteneinsparungen, die sich beim Kunden dadurch ergeben haben. Hier könnte der Geschäftsführer des Kunden zu Wort kommen.
- Das besonders hochwertiges Sensor- und Überwachungssystem des neuen Kühl-Lkw wird vorgestellt und durch Zitate des Fuhrparkleiters ergänzt, der

erzählt, wie in einem Fall eine „Katastrophe" durch die Sensortechnik verhindert werden konnte.
- Weitere ergonomische Vorteile/Besonderheiten lassen Sie nach deren Vorstellung durch einen Fahrer in Zitaten erklären.
- Bei den Gründen für die Verwendung eines besonderer Lkw-Typs könnten wieder Fuhrparkleiter und Geschäftsführer zum Einsatz kommen.

Haben Sie die entsprechenden Überlegungen angestellt, ist klar, welche Ansprechpartner beim Kunden in Ihrem Artikel vorkommen sollen. Das sind im Fall des Beispiels der Geschäftsführer, der Fuhrparkleiter und ein Fahrer. Ausgestattet mit diesem Wissen können Sie dann an den Kunden herantreten, das Vorgehen im Detail besprechen, den Artikel dann vor Ort recherchieren und mit den verschiedenen Personen sprechen.

Verständlichkeit

Gerade Anwenderberichte sind häufig für Personen, die nicht ganz unmittelbar mit dem Thema zu tun haben, fast völlig unverständlich. In vielen Berichten wimmelt es nur so von Fachausdrücken, von Zusammenhängen und technischen Beschreibungen, die der unbedarftere Leser nicht versteht. Mit einem so geschriebenen Text vergibt sich der Autor eine große Chance – die Möglichkeit, auch von etwas fachfremderen Personen wahrgenommen zu werden. Beispiel: Einmal angenommen, Sie sind Entwickler von Computersoftware für Lagersysteme und es ist ihnen gelungen, einen Anwenderbericht in einer Fachzeitung zu platzieren. Beinhaltet Ihr Bericht so viele Fachbegriffe, dass ihn nur der Entwickler oder unmittelbare Nutzer der Software noch verstehen, ist die Zielgruppe für den Artikel sehr eng. Würden Sie den Artikel dagegen allgemeinverständlicher formulieren, könnten Sie sehr viel mehr Leser für das Thema und Ihr Produkt interessieren. Im Endeffekt wäre es möglich, dass Sie damit potentielle Kunden aus fachlich etwas anders orientierten Unternehmen gewinnen. Und am Rande bemerkt: Auch die Geschäftsführer – und damit Entscheider – von Unternehmen, die entsprechende Lagersysteme betreiben und damit als Kunden für die Software in Frage kämen, sind auch nicht unbedingt Lager- und Softwarefachleute. Ein mit Fachbegriffen überladener, überaus kompliziert formulierter Artikel wird zwar die Fachleute, die sich mit der unmittelbaren Materie beschäftigen, erreichen – zum Beispiel die Softwareentwickler ihrer Konkurrenz und die Anwender im Lager. Er wird aber wahrscheinlich nicht einmal von den Entscheidern in den Firmen, die als Kunden in Frage kämen, gelesen. Deshalb ist es ungeheuer wichtig, einen Anwenderbericht in verständlichem Deutsch zu schreiben. Es gibt erfahrungsgemäß zwei Gründe, warum das häufig nicht geschieht: Zum Ersten möchte der Autor auf gar keinen Fall einen fachlichen Fehler machen. Das ist der „Ingenieurs-Fehler". Der Autor möchte einen Artikel schreiben, der ihn als kompetent ausweist und der alle fachlichen Verästelungen eines Themas absolut korrekt darstellt. Dabei stellt er sich – häufig unbewusst – eine Zielgruppe im Kopf vor, die aus Kollegen besteht, die sich fachlich auf ähnlichem Niveau befinden und vor denen er sich auf keinen Fall eine inhaltliche Blöße geben möchte. Entsprechend ist der Artikel geschrieben. Absolut korrekt und für den normalen Leser der Fachzeitung nicht mehr zu verstehen. Von den 15 000 Abonnenten der Fachzeitung haben dann 15 einen Nutzen von diesem Artikel. Die zweite Variante ist ganz anders gelagert. Um über ein Thema verständlich schreiben zu können, müssen Sie es fachlich vollständig durchdrungen haben. Das merken Sie, wenn Sie einen Text für Kinder schreiben oder die Fragen eines Kindes beantworten müssen. Dann erst stellt man fest, dass man im Normalfall bei Erklärungen häufig Allgemeinplätze verwendet oder sich überhaupt keine Gedanken macht und Dinge oder Vorgänge einfach so hinnimmt. Damit gibt sich ein Kind aber nicht zufrieden. Der Redakteur oder Leser in einer Zeitung aber schon. Das Kind fragt nach – der Leser – wenn er denn überhaupt auf die Idee käme – kann das nicht. Beispiel: Versuchen Sie einmal zu erklären, warum ein Flugzeug fliegt. Die übliche Erklärung klingt dann meist in etwas so:

Beispiel

Ein Flugzeug fliegt, weil es aufgrund der Beschleunigungskräfte, die von den Triebwerken erzeugt werden und den damit verbundenen Luftstrom in die Höhe gehoben wird. Dabei kommen elementare physikalische Gesetzmäßigkeiten zur Wirkung. Bei der Bewegung durch die Luft erzeugt die Strömung am Tragflügel des Flugzeugs Druck unterschiedlicher Stärke. Auf der Flügeloberseite tritt dessen Wirkung vorwiegend als Unterdruck, auf der Unterseite vorwiegend als Überdruck auf. Konkret zwingt die Verdrängungswirkung des jeweiligen Tragflächenprofils je nach dessen Konstruktion den auf das Flugzeug zuströmenden Luftfluss zum Ausweichen. Zunächst kommt es zur Verzögerung der Strömung im Bereich des Staupunktes.

Im Nasenbereich werden die Luftteilchen, die sich auf Stromlinien oberhalb der Staustromlinie bewegen und entlang der Profiloberseite strömen, stark beschleunigt. Dieser Effekt entsteht durch die starke Umlenkung an der Kontur. Im Zuge dieses Prozesses erreicht die Strömungsgeschwindigkeit Werte erheblich über der Anströmgeschwindigkeit. Mit größer werdender Geschwindigkeit kommt es zu einer Verminderung des Drucks. Daraus folgt der Aufbau einer Unterdruckspitze im Nasenbereich der Oberseite wegen der dort herrschenden Übergeschwindigkeit. Anschließend kommt es wieder zu einer Verzögerung der Luftteilchen, wenn diese weiter der Kontur folgen. Während dieses Weges ist die Strömungsgeschwindigkeit der Teilchen immer noch höher als die Anströmgeschwindigkeit. Es entwickelt sich ein allmählicher Abbau des Unterdrucks. Während die Luftteilchen ihre Geschwindigkeitsenergie abgeben, steigt folgerichtig der Druck wieder an. Luftteilchen, die auf Stromlinien unterhalb der Staustromlinie fließen nehmen im vorderen Bereich durch die Verdrängungswirkung einen anderen Weg. Sie werden umgelenkt und verzögert. In diesem Bereich kommt es zum Aufbau einer Überdruckzone. In der Gesamtheit entsteht durch die verschiedenen Druckarten am Flügel eine Druckverteilung, die gleichsam wie ein Druckgebirge auf der Tragfläche liegt. Voraussetzung für die Ausbildung der Druckverteilung ist eine entsprechende Formung des Flügelquerschnitts. Diese Form stellt das Tragflügelprofil dar. Das klassische Tragflügelprofil ist vorwiegend für die reine Unterschallgeschwindigkeit ausgelegt. Es lässt sich ausreichend durch die geometrischen Größen der Mittellinie, der Wölbung, der so genannten Sehne und der Dickenverteilung beschreiben. Die am Profil der Tragfläche wirkenden Druckkräfte lassen sich zu einer einzigen resultierenden Luftkraft zusammenfassen. Bei derjenigen Komponente der Luftkraft, deren Wirkrichtung senkrecht zur Anströmrichtung angeordnet ist, handelt es sich nach der aktuellen Definition um den Auftrieb.

Das klingt zwar toll, erklärt aber nicht wirklich, was beim Fliegen geschieht. Ein Kind würde einfach weiterfragen: „Und warum wird das Flugzeug hochgehoben?" Und damit hat es auch recht. Eine bessere Erklärung wäre:

Beispiel

Warum fliegt ein Flugzeug? Um das zu verstehen, ist es hilfreich wenn Sie einen kurzen Ausflug in den Garten unternehmen und einen Schlauch in die Hand nehmen. Hat der Gartenschlauch keine Spritzdüse, plätschert das Wasser in einem leichten Bogen aus dem Schlauch. Drücken Sie aber den Schlauch mit den Fingern am Austritt zusammen, spritzt das Wasser sofort mit größerer Geschwindigkeit. Der Wasserstrahl reicht weiter. Gleichzeitig nimmt der Druck im Rohr und an seiner Innenwand ab. Das lässt sich messen. Dieses physikalische Prinzip gilt auch für die Luft. Flugzeugflügel sind nicht gerade geformt wie ein Brett. Sie haben eine besondere Form. Die Oberseite der Tragfläche ist nach oben gewölbt, während die Unterseite relativ eben verläuft.

Ein Flugzeug hat Propeller oder Düsentriebwerke, die es schnell vorwärts bewegen. Dabei strömt die Luft über die Tragflächenoberseite. Auf ihrem Weg folgt sie der Wölbung auf der Flügeloberseite. Die Wölbung hat eine ähnliche Wirkung wie die untere Hälfte des zusammengedrückten Schlauches aus dem Gartenbeispiel. Dessen andere, obere Hälfte fehlt natürlich. Sie hat ihre Entsprechung im ebenen, ungestörten Luftstrom weiter oberhalb des Flügels. Der Luftstrom, der über den Flügel fließt, strömt also durch eine Verengung. Das führt dazu, dass die Luft über der Tragfläche beschleunigt wird. Gleichzeitig nimmt damit der Druck über dem Flügel ab – und hebt das Flugzeug in die Luft. Dazu kommt, dass der Flügel während der Bewegung von unten hochgedrückt wird. Der Grund: Die Tragfläche ist etwas schräg gegen die Luft gestellt.

Sie können die Wirkung des Auftriebs schnell praktisch überprüfen. Nehmen Sie dazu ein Blatt Papier (DIN A5) und halten es an den zwei Ecken einer kurzen Kante so fest, dass das Blatt zunächst horizontal wie eine Tragfläche ausgerichtet ist. Pusten Sie jetzt über die Oberseite, erzeugt die schnell fließende Luft Auftrieb. Das bisher leicht herunterhängende Papier hebt sich in die Höhe.

Eine solche Erklärung zu formulieren, ist sehr schwer. Was beim Lesen eine gewisse Leichtigkeit ausstrahlt, ist in Wirklichkeit das Ergebnis harter Arbeit. Es ist viel leichter, das Fliegen mit dem ersten Beispiel zu erklären. Es dauert auch weniger lang, eine solche Erklärung zu formulieren. Für gute Autoren hat das etwas Ungerechtes. Gerade die Erklärung, die wirklich etwas erklärt und für die Sie hart gearbeitet haben, kommt in der Regel geschrieben viel eleganter daher als eine oberflächlich formulierte Erklärung wie im ersten Beispiel. Deshalb entsteht für den unbedarften Leser leider der Eindruck, dass auch die Arbeit am Text leicht war – während die gestelzte Erklärung, die in Wirklichkeit gar nichts erklärt, sehr viel intellektueller und anspruchsvoller klingt. Damit müssen Sie als Autor leben. Den Fehler, ein Thema fachlich nicht wirklich durchdrungen zu haben und deshalb Inhalte mit komplexen und unverständlichen Phrasen zu erklären, ist der „Laien-Fehler". Laien-Fehler deshalb, weil in diesem Fall Personen den Anwenderbericht schreiben, die fachlich nicht mit der Materie wirklich befasst sind und sich dann – meist aus Bequemlichkeit – nicht die Mühe machen, so tiefgehend, wie es nötig wäre zu recherchieren und statt dessen oberflächliche Phrasen für vermeintliche Erklärungen verwenden. Während der „Ingenieurs-Fehler" entsteht, wenn ein Anwenderbericht von einem

> Fachmann geschrieben wird, entsteht der „Laien-Fehler", wenn ein PR-Mitarbeiter eines Unternehmens einen Anwenderbericht verfasst. Beide Fehlerformen entstehen nicht zwangsläufig. Auch ein Fachmann kann hervorragend verständliche Texte schreiben, wenn er sich darum bemüht und die notwendige Arbeit dafür leistet. Genauso kann ein PR-Fachmann oder Journalist einen sehr guten Fachtext verfassen, der Vorgänge verständlich und gleichzeitig korrekt erklärt, wenn er sich die Mühe der dafür nötigen arbeitsintensiven Recherche macht.

Ein weiterer Schritt bei der Arbeit an ihrem Anwenderbericht ist die Überlegung, in welcher Reihenfolge Sie die einzelnen gezoomten Aspekte vorstellen wollen. Beim Aufbau des Hauptteils sind Sie wesentlich freier als beim Aufbau des Hauptteils einer Pressemitteilung. Sie können auch im Anwenderbericht die Absätze in der Reihenfolge ihrer Wichtigkeit anordnen. Sie müssen es aber nicht. Für die Wahl der Reihenfolge nach abfallender Wichtigkeit spricht, dass erfahrungsgemäß viele Leser einen Beitrag nicht zu Ende lesen. Auf diese Weise erfahren sie das Wichtigste des Anwenderberichtes schon beim Anlesen. Im Beispiel des Anwenderberichtes über einen Kühl-Lkw ist der wichtigste Aspekt der neu konzipierte Aufbau mit den Zeitvorteilen, die dieser bietet. Entscheiden Sie sich für einen Aufbau des Anwenderberichtes, sollte dieses Zoomthema als erstes im Bericht kommen. Die Verwendung des Basis-Lkw – den die Fachwelt schon lange kennt – ist dagegen der unwichtigste Aspekt.

Sie können die Reihenfolge aber auch anders wählen. Eine eigentliche Neuigkeit, wie man sie in einer Meldung oder einem Bericht präsentiert, wird es in einem Anwenderbericht sehr wahrscheinlich nicht geben. Es gibt nur unterschiedliche Aspekte der Anwendung des Produktes und der Erfahrungen, die der Kunde damit gemacht hat. Dazu kommt, dass Sie in Ihrem Artikel sehr viele Hintergründe erklären müssen. Der Leser muss ja zum Beispiel zunächst wissen, was der Kunde generell überhaupt macht und wozu er das vorgestellte Produkt oder die Dienstleistung braucht. Auch wenn Sie solche Erklärungen kurz halten sollten, brauchen Sie dafür schnell einen oder sogar mehrere Absätze. Eine anderes mögliches Schema für den Aufbau des Hauptteils in einem Anwenderbericht ist es, die einzelnen Aspekte so anordnen, als ob der Leser an einem Rundgang um den Wagen teilnimmt und dabei die verschiedenen Details, die Sie heranzoomen möchten, kennenlernt. Dabei bietet sich häufig die Möglichkeit der Kombination mit dem Aufbau nach abnehmbarer Wichtigkeit an. Wenn Sie den Leser an einem fiktiven Rundgang um das Fahrzeug teilnehmen lassen, können Sie hierbei ja ebenfalls mit dem neukonzipierten Aufbau des Kühlfahrzeuges beginnen. Möglich ist beim Konzipieren des Artikels aber auch eine rein inhaltliche Anordnung, bei der Sie zunächst die technischen Aspekte beschreiben, dann die wirtschaftlichen und zum Schluss Aspekte wie Komfort und Verbesserungen für den Fahrer.

Vielleicht haben Sie aber auch ein Thema, bei dem sich die einzelnen Punkte inhaltlich einer aus dem anderen ergeben und Sie so einen sehr schönen Fluss des Artikels haben oder Sie streben einen Spannungsaufbau an, der es notwendig macht, einen bestimmten Aspekt erst zum Schluss zu bringen. Dazu später mehr.

Egal, für welchen Aufbau des Artikels Sie sich letztlich entscheiden: Sie müssen für den Leser in jedem Fall einen roten Faden legen. Dieser ist ein „Muss" für Ihren Anwenderbericht. Er führt den Leser sicher durch den meist längerem Artikel. Er vermittelt ihm zu jedem Zeitpunkt Orientierung und das Wissen darum, warum er eine bestimmte Stelle im Artikel überhaupt liest. Im Fall des Kühl-Lkw lässt sich der rote Faden wie folgt formulieren: Es gibt einen neuen Kühl-Lkw der Muster AG. Die Muster AG hat viel versprochen. Wie gut ist der Lkw wirklich? Wir finden es heraus bei einem Kunden – und schauen uns dazu Punkt für Punkt verschiedene Aspekte an. Dieses Durchgehen der verschiedenen Aspekte können Sie in der beschriebenen Form nach abnehmender Wichtigkeit oder in anderer Reihenfolge abhandeln. Zum Schluss ziehen Sie dann ein kurzes Fazit. Äußerst geschickt ist es, wenn Sie am Anfang des Artikels einen Spannungsbogen aufbauen, der den Leser durch den gesamten Beitrag begleitet. Zum Schluss müssen Sie die Spannung dann natürlich auflösen.

Im genannten Beispiel ergibt sich die Spannung aus der Ankündigung, den Kühl-Lkw beim Kunden einem „Test" unterziehen zu wollen. Da sich in einer Fachzeitschrift viele Leser für entsprechende Fahrzeuge interessieren oder sogar den Kauf des vorgestellten Lkw in Erwägung ziehen, ist ein solcher Artikel für sie schon einmal sehr interessant. Der Leser fragt sich natürlich, wie sich das Fahrzeug in der Praxis bewährt hat. Natürlich wissen auch die Leser der Fachzeitschrift, dass solche Anwenderberichte immer gut für das Produkt ausgehen. Deshalb ist es sinnvoll, wenn Sie die Spannung noch etwas verstärken. Dadurch können Sie außerdem auch Leser für die Lektüre des Artikels gewinnen, die sich ansonsten vielleicht nicht dafür interessiert hätten. Eine gute Technik besteht darin, am Anfang des Artikels anzudeuten, dass in diesem Fall etwas Besonderes geschehen ist, es eine Überraschung gegeben hat oder auch eine ansonsten wichtige Erkenntnis. Wenn Sie so etwas andeuten, ist das ein Versprechen, das Sie dem Leser gegenüber dann aber auch einhalten müssen. Ansonsten wird er den Artikel durchlesen und am Ende enttäuscht sein.

Im genannten Beispiel können mögliche Überraschungen sein: Es zeigt sich, dass der Kühl-Lkw in einem bestimmten Punkt tatsächlich nicht so gut ist. Hier sollten Sie ein Problem nennen, das sich tatsächlich im praktischen Betrieb als Mangel herausgestellt hat. Eine solche kritische Betrachtung des eigenen Produktes ist natürlich ein heikles Thema. Eine offene, transparente Einstellung im Umgang mit eigenen Fehlern wird aber von der Öffentlichkeit in der Regel sehr positiv bewertet. Diese solche Herangehensweise bietet sich vor allem dann an, wenn zu erwarten ist, dass sich das Problem in der Branche ohnehin herumspricht. Im Ergebnis sollten Sie dann zum Abschluss des Berichtes, wenn das Problem vorgestellt wurde, auch eine Lösung dafür präsentieren können. Einmal angenommen, dass Problem hat sich in der Praxis herausgestellt und war vorher bei der Konstruktion des Aufbaus nicht absehbar. Beispiel: Die Kühlluft kommt im Praxisbetrieb nicht optimal vom Kühlaggregat in den Laderaum, weil die Fahrer im Arbeitsalltag Waren an eigentlich nicht dafür vorgesehen Plätzen abstellen, so dass die Luftzufuhr behindert wird. Dann könnten Sie in dem Artikel aufzeigen, dass die Ingenieure der Muster AG darauf schnell reagiert haben. Die Lösung besteht in einem unentgeltlich eingebauten Nachrüstsatz für bereits ausgelieferte Fahrzeuge und der Neukonstruktion der Luftzuführung bei neuen Lkw. Im Vorspann des Artikel bauen Sie die Spannung dann folgendermaßen auf:

Beispiel

Auf der Kühlfrost-Messe hat die Muster AG einen neuen Tiefkühl-Lkw vorgestellt. Das neue Ladesystem wurde kontrovers diskutiert. Seitdem sind drei Monate vergangen. Die ersten Lkw befinden sich im harten Arbeitsalltag. Zeit, zu prüfen, wie sich das System in der Praxis bewährt – zum Beispiel bei der Kühl AG, dem ersten Kunden der neuen Baureihe. Der Blick in den Fahrzeugalltag zeigt das Sparpotential – aber auch erstaunliche Probleme, an die bei der Konstruktion sicher noch niemand gedacht hatte.

Hat das Produkt oder die Dienstleistung, die Sie mit einem Anwenderbericht vorstellen, partout keinen Mangel oder zumindest keinen, den Sie offen kommunizieren wollen oder können, gibt es vielleicht eine andere Überraschung, auf die Sie schon im Vorspann hinweisen können. Das könnte im genannten Fall zum Beispiel sein, dass die Kühl AG bei der Temperaturmessung in den neuen Lkw, durch die Anwendung des neuen, sehr präzisen Systems ein grundsätzliches Problem herausgefunden hat, das sich auf die gesetzlichen Vorschriften hinsichtlich der Temperaturmessung oder deren Dokumentation bezieht. In diesem Fall hätte das Problem nichts mit einem Mangel der Fahrzeuge zu tun, sondern käme aus einem anderen Bereich. Die Ankündigung einer „überraschenden Entdeckung" würde sich natürlich trotzdem hervorragend zur Anlage eines Spannungsbogens eignen.

Zu guter Letzt lassen Sie den Artikel – vor der Herausgabe an die Presse – noch einmal von einem Fachmann in Ihrem Haus auf inhaltliche Fehler querlesen. Sie können davon ausgehen, dass auch ein Vertreter des Kunden auf dieser Möglichkeit bestehen wird.

Unterhaltung und Infos im Doppelpack: Feature und Reportage

Anwenderberichte sind häufig recht trocken geschrieben. Das ist nicht unbedingt geeignet, das Interesse der Leser am Thema zu wecken. Wer einen Anwenderbericht liest, tut das häufig, weil er ein sehr unmittelbares Interesse am Thema hat – zum Beispiel weil er ebenfalls das beschriebene Produkt im eigenen Unternehmen einsetzt oder sich für den Kauf interessiert. Wenn Sie einen Anwenderbericht sorgfältig konzipieren, aufbauen und auch an den Spannungsbogen denken, können Sie aus einem Anwenderbericht eine recht spannende Geschichte machen, die dann auch eine größere Zahl von Lesern findet. Wollen Sie einen richtig spannenden Artikel schreiben, müssen Sie aber etwas tiefer in den „Werkzeugkoffer" des journalistischen Handwerkszeuges greifen. Erste Wahl der journalistischen Stilformen sind dabei das Feature oder die Reportage. Mit diesen Stilformen, die schon durchaus literarische Qualität haben können, beginnt die hohe Kunst des Journalismus. Während hinsichtlich Meldung und Bericht die Definitionen, die Sie von erfahrenen Redakteuren hören und in der Fachliteratur finden, weitgehend eindeutig und identisch sind, ist das bei Reportage und Feature nicht so. Wollen Sie sich hierzu informieren, werden Sie teilweise sehr unterschiedliche Definitionen lesen und hören. Was genau man unter einer Reportage oder unter einem Feature versteht und insbesondere, wo genau die Grenzen zwischen beiden Stilformen zu ziehen sind, ist überraschend strittig. Es viele Ansichten, viele Meinungen – und gleichzeitig trotzdem viele gute Reportagen und Features. Um zu erklären, was mit beiden Stilformen gemeint ist, hier der Einstieg in ein Feature, das in der Fachzeitschrift Internationales Verkehrswesen erschienen ist. Es handelt von der Rolle des Emirates Dubais als Umschlagplatz im Güterverkehr.

> **Beispiel**
>
> Liberal, weltoffen und dynamisch
> ## Dubai etabliert sich als Drehscheibe des Verkehrs
>
> *Frank Littek*

Verkehr gilt normalerweise als Voraussetzung für eine arbeitsteilige Volkswirtschaft. Der Transport von Personen und Gütern muss funktionieren, so dürfte in etwa die stillschweigende Übereinkunft lauten, am besten reibungslos. Dass Verkehr selbst Schlüsselsektor einer modernen Volkswirtschaft sein kann, beweist das kleine Emirat Dubai in den Vereinigten Arabischen Emiraten am Persischen Golf. Hier tritt der Wirtschaftsfaktor Verkehr die Nachfolge des Öls an.

Der Turban weist den Fahrer des schweren Volvo-Trucks als Sikh aus. Gekonnt lenkt der Inder den Lkw an den Rand des Hafenbeckens, zwischen Stapeln fabrikneuer Autoreifen und originalverpackter Küchenmaschinen. Kaum jemand beachtet ihn – weder die emsig Waren über schmale Holzplanken schleppenden Arbeiter noch die mit wachsamen Augen über die Reling ihrer hölzernen Dhaus spähenden Kapitäne. Erst als der Fahrer aus seinem Führerhaus springt und mit seinen Frachtpapieren wedelt, gesellen sich einige Männer zu ihm. Eine hitzige Diskussion über die gelieferten Waren beginnt.

„Vergessen Sie auf keinen Fall einen Besuch am Creek", hatte Abdul Rahman G. Al Mutaiwee seine Besucher aus der Bundesrepublik gemahnt. Der Generaldirektor der Industrie- und Handelskammer von Dubai hat recht: Hier am Hafen im Herzen der arabischen Metropole pulsieren Handel und Verkehr wie vor hundert Jahren, nur dass statt Gold und Perlen nun moderne Maschinen und Konsumgüter am Creek verschifft werden – und das nicht nur als nostalgisches Angebot für interessierte Touristen. Immerhin 283 142 t wurden 1992 am Creek, einem künstlichen Meeresarm, der Dubai in der Mitte zerschneidet, in die traditionellen Holzboote, die Dhaus, umgeschlagen. In Hamriya, dem kleinen Dhau-Hafen direkt am Golf waren es sogar 776 731 t. Im Vergleich zum Umschlag der modernen Hafenriesen des Emirates, Jebel Ali und Port Rashid, eine geringe Zahl. Und doch von Bedeutung für Dubai, denn am Creek wird ein Großteil des traditionellen Warenverkehrs zum Iran oder auch nach Ostafrika und Indien abgewickelt. Vollbeladen mit Autoreifen und Küchenmaschinen machen sich die Dhaus auf den Weg nach Persien. Kaviar und Teppiche werden im Gegenzug nach Dubai geschippert. Bartergeschäfte nennt man das, und ganze Händler- und Schifferfamilien in Dubai und Iran leben davon. Kaum zu glauben: Dieser Verkehr wächst stetig, von 1991 auf 1992 um jeweils 40 000 t an den beiden Dhau-Umschlagsplätzen in Dubai.

Einen Steinwurf vom Creek entfernt, am Kai von Port Rashid, sind dagegen kaum noch Menschen zu sehen. Hier dominieren modernste Containerkräne, Hebefahrzeuge und Computer, nur ab und zu erscheint der Kopf eines pakistansischen Gastarbeiters hinter der Führerhausscheibe eines Krans.[1]

Wenn Sie diesen Artikel betrachten, sehen Sie zunächst einen Vorspann, der dem eigentlichen Feature vorangestellt ist. Er fasst in kurzen Sätzen zusammen, was den Leser bei der Lektüre erwartet. Dann steigt der Artikel mit den Worten „Der Turban weist den Fahrer ..." szenisch in das eigentliche Thema ein und entführt den Leser in das Treiben am Creek in Dubai. Nach dem szenischen Einstieg folgt dann eine „Umblende". Sie wird mit dem Zitat „Vergessen Sie auf keinen Fall ..." eingeleitet. An diese Stelle beginnt ein Teil, an dem der Autor übergeordnete Fakten zu einem Thema vorstellt und damit den Inhalt des szenischen Teils in Beziehung zu einem größeren Zusammenhang setzt. Man kann es auch anders ausdrücken und sagen, dass ein Feature fachliche Informationen durch szenische Elemente veranschaulicht und auflockert. Der Wechsel zwischen szenischem Text und fachlichem Hintergrund ist das typische Merkmal eines Features. Bei einem guten Feature wird der Autor im Text, wenn er den Sachteil abgeschlossen hat, zu einer neuen Szene umblenden. Dabei kann er den Einstieg fortführen oder auch eine neue Szene beschreiben. Im Beispielartikel beginnt das mit den Worten „Einen Steinwurf vom Creek entfernt ..."

Die Reportage dagegen beschränkt sich nur oder im Wesentlichen auf die subjektive, szenische Schilderung des Erlebten. Den Artikel über Dubai hätte der Autor auch als Reportage schreiben können. Kennzeichen wäre dann die Beibehaltung der Erzählperspektive aus dem Absatz „Der Turban weist den Fahrer ..." gewesen. Auf diese Weise hätte der Autor das Thema „Dubai als Verkehrsdrehscheibe" natürlich nicht fachlich erschöpfend erklären können. Genau aus diesem Grund hat er sich für die Stilform des Features entschieden. Trotzdem gibt es Artikel, die sich am besten als Reportage schreiben lassen. Das ist eben dann der Fall, wenn es vor allem auf die Schilderung des subjektiven Erlebnisses, des persönlichen Blickwinkels ankommt. Auf diese Weise lässt sich die Atmosphäre eines Ortes oder Ereignisses am besten transportieren. Durch keine andere journalistische Stilform ist der Leser so nah am Geschehen dabei, kann er so betroffen sein, wie durch eine Reportage. Wenn das Feature Fakten und Szenen mischt, nutzt es zumindest einen Teil dieses Potentials der Reportage, um dem Leser Fakten und Atmosphäre gleichzeitig zu vermitteln. Im Beispiel des Themas „Dubai als Verkehrsdrehscheibe" hat sich der Autor aus diesem Grund für das Stilmittel des Features entschieden. Er hätte auch anders an das Thema herangehen können, in der er einen reinen Bericht über Dubai verfasst und diesen dann durch einen zweiten Artikel in Form einer reinen Reportage ergänzt.

In der Praxis sind die Grenzen zwischen Reportage und Feature fließend. Reine Reportagen, die gänzlich ohne Hintergrund-Fakten auskommen, sind selten. Meist lässt der Autor zumindest an einigen Stellen zusätzliche Informationen einfließen. Dazu folgendes Beispiel für eine Reportage, die ebenfalls mit einem kurzen Vorspann beginnt.

Beispiel

Wo nur besonders geschulte Kapitäne landen dürfen
Mit einem Airbus zu einem der gefährlichsten Flughäfen der Welt

Von Frank Littek

Unter Piloten hat der Flughafen Funchal auf der kleinen Atlantikinsel Madeira einen legendären Ruf. Anflug und Landung auf der extrem kurzen Piste, hoch auf den Felsen über dem stürmischen Meer, gelten als fliegerisch extrem anspruchsvoll. Hier landen nur besonders erfahrene Flugkapitäne – und das auch nur, nachdem sie eine spezielle Zusatzausbildung absolviert haben. Schon die Landung mit einem normalen Jet wie der 56 t schweren Boeing 737 mit 150 Passagieren gilt unter Piloten als extrem schwierig. Noch weit anspruchsvoller ist sie mit dem mehr als doppelt so schweren Airbus A310, in den immerhin über 260 Passagiere passen. Als einzige deutsche Ferienfluggesellschaft fliegt Hapag-Lloyd Funchal mit diesem Flugzeugtyp an. Bei einem der Flüge war der dritte Platz im Cockpit für einen Beobachter reserviert.

Es ist kurz nach 9 Uhr an einem trüben Donnerstag-Vormittag in Hannover. Im zentralen Verwaltungsgebäude der Fluggesellschaft Hapag Lloyd am Flughafen Langenhagen haben die meisten Mitarbeiter bereits mit ihrer Arbeit begonnen. Im Erdgeschoß reißt der Strom der eintreffenden Büroangestellten allmählich ab. Unter den jetzt noch Ankommenden steuern einige zielstrebig die Briefing-Räume für

Flugzeugbesatzungen im Erdgeschoß an. Für sie ist Hannover heute nur eine Zwischenstation. Sie sind für Flug HF 4333 vorgesehen, die wöchentliche Maschine nach Funchal auf Madeira, dem neben Quito in Ecuador und Kathmandu im Himalaya schwierigsten Flughafen der Welt. Zwei von ihnen sind für die Sicherheit in ganz besonderem Maße verantwortlich: Kapitän Friedrich Keppler und First Officer Hans-Jürgen Rudolph.

Es ist 9:25 Uhr. Eine Stunde vor dem geplanten Abflug setzten sich beide Piloten in einem gesonderten Briefing-Raum zusammen, um die Wetter- und Streckendaten gemeinsam zu besprechen. Alles deutet auf einen ruhigen Flug hin. Als Flugzeug steht für diesen Flug die „Lima Charly" bereit, der Airbus A310-300 mit der Kennung D-AHLC. Aus den letzten beiden Buchstaben ergibt sich die Bezeichnung der Maschine.

Im Terminal C des Flughafens läuft das Check-in der Passagiere mittlerweile auf Hochtouren. Das Flugzeug parkt am Gate C 15. Hier ist schon ein Großteil der Passagiere eingetroffen. Die wenigsten wissen von den Besonderheiten dieses Fluges. 246 Fluggäste sind gebucht. Damit ist die Maschine fast ausgelastet, 264 Plätze stehen zur Verfügung. Nach dem Ende der fliegerischen Vorbereitung macht sich Kapitän Keppler auf den Weg in den benachbarten Briefingraum, in dem die Flugbegleiter bereits mit ihren Vorbereitungen auf den Flug begonnen haben. Nach der Begrüßung erläutert der Kapitän die zu erwartenden Wetterbedingungen und die Flugstrecke. Die Flugzeit für den Hinflug wird mit 3:40 Stunden kalkuliert. Das ist kürzer als sonst, es gibt kräftigen Rückenwind. Dafür wird der Rückflug aufgrund des dann zu erwartenden Gegenwindes länger als vier Stunden dauern. Ein Crewbus holt die Besatzung wenig später ab und fährt sie zum Flugzeug. Die Lima Charly steht mit geöffneten Türen am Gate. Das Cateringarbeiten laufen, Gepäck wird verladen. Noch befinden sich die Passagiere im Terminal. First Officer Hans-Jürgen Rudolph nimmt auf seinem Sitz im Cockpit Platz. Er gibt jetzt die Daten des Flugplanes über die Tastatur in der Mittelkonsole in das Flugmanagement-System (FMS) ein. Kapitän Keppler absolviert unterdessen den Außencheck der Maschine. Dabei kontrolliert er das Flugzeug ein letztes Mal vor dem Abflug auf äußerlich zu erkennende Schäden. Sein besonders Augenmerk gilt dabei zum Beispiel dem Zustand der Reifen oder möglichen Schäden oder Ölspuren am Fahrwerk. Es ist alles in Ordnung. Nun geht auch Keppler an Bord. Wenig später heißt es „klar zum boarden" und die Passagiere kommen in die Maschine. Im Cockpit laufen die letzten Vorbereitungen vor dem Abflug. Checklisten werden gelesen. Dann sind die Türen geschlossen, der Tower erteilt über Funk die Freigabe zum Zurückstoßen vom Terminal. Am Bugrad des Flugzeuges hat mittlerweile ein Schlepper des Flughafens angedockt.

Einen Moment später spüren die Passagiere, wie ihre Reise beginnt. Leicht ruckend schiebt der Schlepper die Maschine zurück. Jetzt werden die Triebwerke angelassen, der Schlepper dockt ab. Flug HF 4333 kann jetzt aus eigener Kraft zur Startbahn rollen. Am Boden steuert grundsätzlich immer der Kapitän die Maschine. So auch in diesem Fall. Langsam schiebt Friedrich Keppler die Schubhebel des Airbus ein kleines Stück nach vorn, bedächtig setzt sich das Flugzeug auf dem Vorfeld in Bewegung. Mit einer Geschwindigkeit von 30 km/h rollt es zur 3800 m langen Nordbahn des Flughafens Hannover mit der Bezeichnung 27R, die für diesen Flug vorgesehen ist. Die Maschine ist jetzt 138 t schwer. Bei der Landung wird sie aufgrund des verbrauchten Kerosins schon sehr viel leichter sein. Während des Rollens werden in der Kabine die Sicherheitsinformationen verlesen. Anschließend begrüßt Keppler die Passagiere und kündigt den bevorstehenden Start an. Für diesen sind die Auftriebshilfen aktiviert. Die Vorflügel, auch Slats genannt, stehen auf 15 Grad, die Flaps oder Hinterkantenklappen sind nicht ausgefahren. Der Tower gibt jetzt die Freigabe für die Strecke durch. Anschließend heißt es im Kopfhörer: „Hapag Lloyd triple three cleared for take-off runway two seven right , good bye." Damit ist die Startfreigabe erteilt, die First Officer Rudolph bestätigt „Hapag Lloyd trible three cleared for take-off, tschüss."

Jetzt schiebt Kapitän Keppler die Schubhebel nach vorn. Hans-Jürgen Rudolph beobachtet aufmerksam die Instrumente. Jede noch so kleine Unregelmäßigkeit würde er jetzt sofort erkennen. Das ist wichtig. Die Triebwerke werden in Sekunden fast auf Höchstlast hochgefahren. Eine ungeheure technische Belastung. Noch vor wenigen Minuten waren die Motoren kalt, jetzt laufen sie mit annähernd maximaler Drehzahl. Kein Automotor könnte solchen Belastungen über längere Zeit standhalten. Für Flugzeugtriebwerke gehören sie zum Alltag. Es ist keine Unregelmäßigkeit auf den Instrumenten zu erkennen. Zunächst langsam, fast zögernd, dann immer schneller, setzt sich die Lima Charly in Bewegung. Die Zeiger für die Geschwindigkeitsanzeige beginnen nach oben zu wandern, passieren die 100-Knoten-Marke. Dann ist die Maschine 166 Knoten schnell, das sind 307 km/h. Jetzt zieht Keppler am Steuerhorn. Langsam und majestätisch hebt sich die Nase des Flugzeuges. Flug HF 4333 ist jetzt airborne, es ist 10:45 Uhr. Einen Moment später wird der Autopilot eingeschaltet.

Der Flug führt jetzt zunächst an der Porta Westfalica und am Steinhuder Meer vorbei. In einer Höhe zwischen 4000 und 5000 Fuß ziehen sich die Fäden von Wassertropfen an den Scheiben lang. Die Maschine fliegt durch die Wolken und wird kräftig durchgeschüttelt. Dann schließlich, nach kurzen Turbulenzen, leuchtet es blau vor der Maschine auf. Wolkenfetzen ziehen am Cockpitfenster vorbei und dann strahlt die Sonne herein.

„Und schon sind alle Sorgen vergessen", stellt First Officer Rudolph fest.

„Das ist das Schöne an diesem Beruf – jeden Tag Sonnenschein", ergänzt Keppler. Auf den Displays vor den Piloten ist die im FMS eingegebene Flugroute als Linie angezeigt, die sich von Waypoint zu Waypoint weitertastet. Der Funkverkehr wurde mittlerweile von den Kopfhörern auf die Lautsprecher im Cockpit umgestellt. So können die Piloten im leiseren Reiseflug auf das ständige Tragen der Kopfhörer verzichten. Immer wieder tritt der First Officer mit den Flugsicherungsstellen in Kontakt, die „Hapag Lloyd tripple three" anrufen, um sie beim Verlassen einer Kontrollzone zu verabschieden und die Funkfrequenz der benachbarten Kontrollzone zu übermitteln, verbunden mit dem Hinweis sich dort zu melden, was der Copilot dann auch unter Angabe der Flugdaten wie Flugnummer und Höhe erledigt. Im Cockpit ist es jetzt ruhiger geworden. Eine Stewardess bringt den Piloten einen ersten Kaffee. Kapitän Keppler wendet sich an die Passagiere, um ihnen die Flugroute zu erläutern. Der Flug führt zunächst über das Ruhrgebiet nach Frankreich hinein. Die Geschwindigkeit beträgt 870 km/h in einer Flughöhe von zunächst 33 000, später 37 000 Fuß, das sind über 11 000 Meter. In Frankreich passiert die Maschine Paris, fliegt weiter nach Westen, wo sie bei Nantes auf das Meer hinausfliegt. Über Frankreich reißt die Wolkendecke auf, der Boden ist sichtbar. Der Golf von Biskaya wird überflogen, das Meer präsentiert sich Passagieren und Besatzung hier ungewohnt ruhig. Dann hat die Lima Charly wieder Land unter sich, die iberische Halbinsel wird überflogen. Der Flug bietet hervorragende Sicht auf Lissabon, insbesondere die drei Kilometer lange Hängebrücke über den Tejo ist sehr gut zu erkennen. Wieder geht es auf das Meer hinaus, das sich jetzt bis Madeira unter der Maschine erstreckt. 200 km vor der Atlantikinsel verlässt das Flugzeug die Reiseflughöhe. Der Sinkflug auf einen der schwierigsten Flughäfen der Welt beginnt.

Die Besonderheiten von Funchal lassen sich grob in drei Bereiche einteilen: die Landebahn, die Lage und das Wetter. Eine der Hauptschwierigkeiten ist die Länge der Landebahn. Für die Landungen der Maschinen stehen nur 1550 m zur Verfügung. Das ist ausgesprochen wenig. Nur zum Vergleich: die Start- und Landebahn, auf der die Maschine in Hannover gestartet war, hatte eine Länge von 3800 m. Und das ist normalerweise üblich. Eine so kurze Bahn wie in Funchal hat für die Besatzungen und Flugzeuge folgende Konsequenzen: Zunächst muss der Touch down – das Aufsetzen – haargenau beim optimalen Aufsetzpunkt erfolgen. Es gibt bei dem ohnehin nur kurzen Bremsweg keinen Meter zu verschenken. Das bedeutet weiter, dass die Maschine anschließend sehr viel stärker und unmittelbarer als auf jedem anderen Flughafen abgebremst wird. Die Bahn selbst ist – ganz ähnlich einem Flugzeugträger – ins Wasser gebaut. Am Bahnende und am Bahnanfang endet die Piste jeweils abrupt – in einer Höhe von 60 m über dem Wasser des Atlantiks. Direkt neben der Bahn steigen die Berge steil an. Aufgrund der Lage ist am Flughafen kein ILS-Landesystem installiert, das die Maschinen mit Funksignalen direkt und präzise zum optimalen Aufsetzpunkt führt. Der Anflug wird vom Kapitän allein nach Sicht durchgeführt. Zusätzlich kommt erschwerend das Wetter hinzu. Es ist sehr häufig stürmisch und gibt starke, unberechenbare Böen und Turbulenzen. Gerade das erschwert es dem fliegenden Kapitän natürlich erheblich, die Maschine auf dem optimalen Aufsetzpunkt präzise zu landen. Und gar nicht so selten wird der Anflug dann noch durch tiefhängende Wolken zusätzlich erschwert. Das ist bei diesem Flug zum Glück nicht der Fall. Auch der Wind hält sich mit 15 bis 20 km/h aus nördlicher Richtung kommend in Grenzen. Als Madeira im Cockpit zu sehen ist, orientiert sich die Besatzung an den Funksignalen des VOR-Funksenders „Funchal", der im Nordosten der Insel installiert ist und Signale für die Navigation ausstrahlt. Schon befindet sich die Maschine im Sinkflug direkt über dem Funkfeuer, überfliegt dieses und lässt es hinter sich im Nordwesten zurück. Aus dem rechten Fenstern ist jetzt die Küste von Madeira zu erkennen. Wild zerklüftete Felsen ragen aus dem Atlantik in die Höhe. Geplant ist eine Landung auf der Landebahn 06. Die Nummernbezeichnung ergibt sich aus der Ausrichtung der Piste in 60 Grad nordöstliche Richtung. Dazu fliegt die Lima Charly jetzt zunächst auf einem Funkstrahl des Senders VOR-Funchal weiter. Das Flugzeug befindet sich dabei in einer Höhe von rund 1000 Fuß. Der Sender übermittelt der Maschine nicht nur die Richtung, in der sie fliegt, sondern die Entfernung zur Sendeanlage. Vier Meilen vom Funkfeuer entfernt – so ist es vorgeschrieben – , muss die Crew Sichtkontakt zur Bahn haben. Wäre das nicht der Fall, müsste sie den Anflug abbrechen. In diesem Fall ist die Piste deutlich rechts von der Maschine an der Küste zu erkennen. Sie liegt jetzt parallel zum Kurs des Airbus ausgerichtet. Mit ihren grauen Betonpfeilern wirkt sie, als hätte sie ein Riese an die Felsen über das Meer geklebt. Um sie zu erreichen, muss die Maschine zunächst gerade weiterfliegen, gleichzeitig sinken und dann in einer Rechtskurve auf Insel und Piste einschwenken.

„Flaps 15", ordnet Kapitän Keppler an und Hans-Jürgen Rudolph zieht den Schalter für die Landeklappen in der Mittelkonsole etwas zurück. Eine leichte Verzögerung ist im Flugzeug zu spüren, als die breiten Auftriebshilfen auf der Rückseite der Tragfläche ausfahren. Das Flugzeug sinkt weiter. 6,7 Meilen von VOR Funchal entfernt, werden die Flaps auf 20 gestellt, einen Moment später auf 30 Grad. Der Autopilot ist jetzt aus. Das Flugzeug wird von Friedrich Keppler von Hand geflogen. Sein

Blick gleitet nach rechts aus den Cockpitfenstern, während er mit ruhiger Hand das Flugzeug mit ganz feinen Steuerbewegungen dirigiert. Die Konzentration im Cockpit ist jetzt deutlich zu spüren. „Dort drüben", stellt Rudolph fest. Keppler hat sie im gleichen Moment gesehen, die ehemalige Eisfabrik an der Küste von Madeira. Er nickt leicht und legt das Flugzeug jetzt deutlicher in die Kurve. Das Gebäude ist wesentlicher optischer Bezugspunkt für den Landeanflug auf Funchal und auf der Luftfahrtkarte als Waypoint GELO eingezeichnet. Keppler steuert GELO jetzt in der Kurve an. Einen Moment schon später ist die Maschine darüber. „850", gibt First Officer Rudolph die Höhe in Fuß an. Damit befindet sich der Airbus genau in der vorgeschriebenen Höhe über diesem Punkt. „Flaps 40," ordnet der Kapitän an. Vor dem Flugzeug liegt jetzt ROSARIO, ein anderer markanter Punkt am der Küste der Insel. Nun steuert Kapitän Friedrich Keppler diesen an. Normalerweise sind beide Punkte durch eine Lichterkette miteinander verbunden. Sie dient als zusätzliche Orientierung. An diesem Tag ist sie nicht eingeschaltet. Für den erfahrenen Funchalpiloten kein Problem. In 450 Fuß Höhe fliegt der Airbus jetzt über ROSARIO. Die Maschine ist nun noch eine Meile vom Aufsetzpunkt entfernt. Leicht rechts vor dem Flugzeug liegt die Landebahn. Das Fahrwerk ist längst ausgefahren, die Maschine gleitet weiter, setzt einen Moment später auch schon auf, um unmittelbar darauf massiv von den Bremsen verlangsamt zu werden. Gleichzeitig werden die Spoiler, Luftbremsen auf der Oberseite der Tragfläche, aufgestellt. Sie vernichten jetzt den Auftrieb, drücken das Flugzeug zu Boden. Gleichzeitig ist auch die Schubumkehr aktiviert. Die Düsen donnern auf. 119 t wiegt das Flugzeug jetzt noch. Die Bremswirkung ist deutlich zu spüren, viel heftiger als auf einem normalen Flugplatz hängen Passagiere und Besatzung in den Gurten. Schon nach rund 1000 m Strecke kommt die Lima Charly zum Stehen. Von hinten, aus der Passagierkabine dringt leise Klatschen herüber. Die beiden Piloten nehmen es gelassen. Sie sind gedanklich schon einen Schritt weiter und weisen auf die Bauarbeiten hin, die auf dem Flughafen überall zu sehen sind. Funchal bekommt eine neue Landebahn – vor der Küste auf Betonstelzen ins Meer gebaut. Schon im September soll sie fertig und vor allem deutlich länger als die alten Piste sein. Dann ist der Flughafen Funchal nicht mehr ganz so schwierig anzufliegen. Wieder ein legendärer Flughafen weniger. Für die Abwicklung der Flüge ist das natürlich gut. Trotzdem schwingt in den Worten der Piloten auch ein bisschen Wehmut mit. Kapitän Keppler wendet den Airbus mit dem kleinen Rad zu seiner linken, mit dem er das Bugrad lenken kann und steuert die Maschine über die Runway zum Terminal. Beim Wenden fällt der Blick aus dem Cockpit über den Rand der Landebahn, auf Klippen und das tosende Meer in der Tiefe.

> Wie immer ist der Airbus A310 die größte Maschine in Funchal. Es ist kurz nach 13:30 Uhr Ortszeit, in Hannover zeigt die Uhr eine Stunde mehr. In ungefähr eineinhalb Stunden wird der Rückflug beginnen, aufgrund der Rückenwinde auf dem Hinflug ist der Aufenthalt rund eine halbe Stunde länger als sonst üblich. Die Zeit vergeht schnell. Schon kommen die neuen Passagiere an Bord, werden die Triebwerke wieder angelassen. Einen Moment später erfolgt der Start und damit der Rückflug. Um 20:10 Uhr soll – so sieht es der Flugplan vor – die Lima Charly wieder in Hannover sein. Dann hat die Besatzung Feierabend. Heute – so errechnet Copilot Hans-Jürgen Rudolph – könnte es gut eine Viertelstunde später werden. Denn jetzt bläst der Maschine der Wind aus östlicher Richtung entgegen.[9]

Die Reportage enthält einen kurzen Faktenteil, der mit „Die Besonderheiten von Funchal ..." beginnt, bringt aber ansonsten nicht den Wechsel zwischen Szenen und Nachrichten, wie er für das reine Feature üblich ist.

Stimmungsmache: das Anfeaturen

Feature und Reportage sind sehr zeitaufwändige, arbeitsintensive journalistische Darstellungsformen. Gleichzeitig haben sie einen hohen Unterhaltungswert. Währenddessen sind Nachricht und Bericht eher trockene journalistische Stilformen. Das wirft die Frage auf, wie eine Redaktion eine Zeitung oder Zeitschrift für den Leser unterhaltsam und attraktiv gestalten kann, wenn nicht immer die Zeit für Reportagen vorhanden ist. Die Antwort: Indem Nachrichten und Berichte „angefeaturet" oder anmoderiert werden.

Schwieriger Begriff

Das Anfeaturen ist keine deutsche Erfindung – und bisher gibt es keine offizielle Schreibweise für dieses Wort. Selbst die Schreibweise Anfietschern wurde schon verwandt. Der Duden führt zwar das Wort Feature, aber nicht das Wort anfeaturen oder anfietschern. Trotzdem wird diese Technik Tag für Tag in deutschen Redaktionen praktiziert und auch so – mündlich – bezeichnet. Im vorliegenden Buch wird die Technik einheitlich als Anfeaturen bezeichnet. Ein Text, bei dem das praktiziert wurde, ist angefeaturet.

Beim Anfeaturen wird eine Meldung oder ein Bericht durch Elemente des Features aufgelockert. Meist wird dabei der Einstieg gefeaturet und der Artikel anschließend wie ein normaler Bericht weitergeführt, wobei es durchaus möglich ist, an weiteren Stellen Featureelemente einzubauen. Featureelemente können Eindrücke sein, die der Autor bei der Recherche des Artikel gewonnen hat, einfache Bilder, die er beindruckend fand oder auch besondere Zitate oder Elemente aus schriftlichen Unterlagen. Solche Elemente lockern den Text auf. Sie sind aber wesentlich einfacher zu erarbeiten als ein richtiges Feature oder eine Reportage, bei denen der Autor sehr viel Detailarbeit bei der Recherche und bei der Gestaltung des Artikel leisten muss.

Das Anfeaturen bietet sich bei Texten an, die keine unmittelbare Aktualität haben. Aktuelle, wichtige, aufsehenerregende Themen, die gerade in das Blickfeld der Öffentlichkeit kommen, eignen sich nicht dafür. Brennt der Leser darauf, zu erfahren, was gerade geschieht, würde er durch einen textlichen Anlauf des Artikels, egal wie unterhaltsam er auch geschrieben ist, irritiert und verärgert. Keine Themen zum Anfeaturen sind zum Beispiel ein Flugzeugabsturz, ein schwerer Unfall, eine Katastrophe oder ein Bestechungsfall in dem Moment, wo sie gerade in das Blickfeld der Öffentlichkeit geraten. Bei einem Fußballspiel kann man es machen, weil die meisten Leser das eigentliche Ergebnis schon aus dem Radio oder Fernsehen kennen. Als 1986 der Fußballverein Werder Bremen bei einem entscheidenden Spiel in Stuttgart mit 1:2 verlor, hatte die Mannschaft damit gleichzeitig die Deutsche Meisterschaft an Bayern München verloren. Als Bericht hätte der entsprechende Artikel so geklungen:

Beispiel

Eine 1:2-Niederlage musste die Fußballmannschaft des SV Werder Bremen beim VfB Stuttgart einstecken. Damit hat das Team von der Weser den Kampf um die Deutsche Meisterschaft an Bayern München verloren.

In einer packenden Partie sahen die Zuschauen vor allem in der ersten Halbzeit ...

Angefeaturet klang der Artikel in einer Sonntagszeitung so:

Beispiel

Die einhundertneunzig Zentimeter sackten in sich zusammen. Schlusspfiff im Neckarstadion: Bremen hatte 1:2 gegen den VfB Stuttgart und damit die Meisterschaft gegen Bayern München verloren. Aus der Traum, vorbei. Bruno Pezzey, 1,90 m groß, ein Kerl von einem Mannsbild, schlug die Hände vors Gesicht und sank auf den Rasen. „Unfassbar", stöhnte der Österreicher, und während um ihn herum die VfB-Spieler feierten, während Trainer Willi Entenmann auf Schultern davongetragen wurde, war Pezzey nur noch ein Häufchen Elend.[2]

Anschließend können Sie dann über den Ablauf des Spieles berichten. Das Anfeaturen kann auch sehr viel sparsamer geschehen. Dazu folgendes Beispiel eines Artikels, der im Wirtschaftsmagazin Impulse erschienen ist. Dieser Beitrag startet aber zunächst mit einem Vorspann.

Beispiel

Private Windkraftwerke
Was es bringt, den Strom selbst zu erzeugen

Mit lukrativen Förderprogrammen unterstützen der Bund und die Länder den Bau kleinerer Windkraftlagen. Wer Windräder nutzt, hat billigen Strom. Wer sie verkauft, hat gute Marktchancen.

Die Werkzeugschleiferei von Andreas Stegerhoff in Borken läuft auf Hochtouren. Aber an das örtliche Elektrizitätswerk zahlt die Firma dafür keinen Pfennig. Mehr noch: von den öffentlichen Stromversorgern kassiert Stegerhoff sogar. Denn seit März 1989 produziert der Handwerker seinen Strom selbst: per Windrad.

Was die 55-Kilowatt-Anlage von sich gibt, reicht nicht nur aus, um Betrieb und Wohnhaus mit Elektrizität zu versorgen, bei einer steifen Brise nehmen ihm die Stadtwerke Borken auch noch die überschüssige Energie für acht Pfennig pro Kilowattstunde ab. „So billig bin ich noch nie an Strom gekommen", lobt Juniorchef Andreas Stegerhoff den Mut zur Selbstversorgung.

Wie in Borken schießen derzeit allerorten solche Propellerkraftwerke aus dem Boden. Sicheres Zeichen dafür, dass Windkraftanlagen hierzulande in den nächsten Jahren zu einem lukrativen Markt werden ...[3]

Hier dient im Grunde genommen nur der erste Satz nach dem Vorspann als Feature-Element. Das ist sparsam, schafft aber trotzdem ein schönes Bild für den Einstieg, der insgesamt so beschaffen ist, dass er den Leser gespannt darauf macht, wie es in dem Artikel weitergeht.

Das ist das wesentliche Kennzeichen des angefeatureten Berichtes: Der Einstieg schafft Leseappetit und zieht den Leser in den Artikel hinein. Um diese Wirkung zu erzielen, darf der Autor aus dem sehr engen Korsett des Nachrichten- und Berichtschemas zumindest zeitweise aussteigen. Auch bei einem angefeatureten Bericht sollten Sie nach dem Einstieg dann möglichst schnell die wesentlichen Fakten bringen. Auch hier gilt ansonsten die Regel die Absätze nach abfallender Wichtigkeit zu sortieren. Typisch für einen auf diese Weise angefeatureten Text ist aber ansonsten, dass locker geschriebene Feature-Elemente immer wieder im Text aufgegriffen werden können.

Nicht an das starre Berichtsschema zu halten brauchen Sie sich außerdem bei einem Hintergrundbericht. Der Artikel über Windenergie ist ein Bespiel dafür. Der Hintergrundbericht ist ein sehr langer Bericht, der ein Thema umfassend, von vielen unterschiedlichen Seiten beleuchtet. Für ihn gelten die selben Regeln wie für den Anwenderbericht. Damit ein Hintergrundbericht nicht zu trocken ist, können und sollten Sie ihn durch die Technik des Anfeaturen auflockern – genauso wie es im Windenergie-Beitrag geschehen ist.

Bei Texten, die hauptsächlich unterhaltenden Charakter haben, können Sie außerdem eine weitere Technik verwenden, die sich gerade für kurze Meldungen und Berichte eignet: das Anmoderieren. Auch beim Anmoderieren setzen Sie das klassische Meldungskorsett außer Kraft. Besonders zum Anmoderieren eignen sich Texte, die für vermischte Zeitungsseiten wie „Aus aller Welt" oder „Persönliches", für Klatsch, Tratsch und ähnliches bestimmt sind. Sie können einzelne Texte anmoderieren, die dann für sich stehen. Sie können aber auch eine bestimmte Seite in einer Publikation schaffen, für die dann das Anmoderieren der Texte zum „Markenzeichen" und wiederkehrenden Gestaltungsmerkmal wird. Einige Beispiele für anmoderierte Meldungen: Basis des ersten Textes war eine Pressemitteilung der Post, in der mit Fakten und Fotos auf den Geburtstag „80 Jahre Luftpost" hingewiesen wurde. Der daraus entstandene Text:

Beispiel

Im Deutschland der Kaiserzeit war Fliegen noch ein Abenteuer. Auf gewagtesten Konstruktionen erhoben sich die Menschen motorgetrieben in die Lüfte – und machten sich sogleich Gedanken über den wirtschaftlichen Nutzen ihrer neuen Erfindung. Da bot sich natürlich der Transport von eiligen Postsendungen an. Die Luftpost wurde geboren, was letztlich aus beweist, dass die Wirtschaft, und nicht der Krieg, der Vater aller Dinge ist, denn mit Waffen wurden Flugzeuge erst in der Mitte des ersten Weltkrieges ausgestattet. 1912 dagegen wurde der erste Brief an Bord eins Flugzeuges mit dem Namen „Der gelbe Hund" befördert. Das ist nun 80 Jahre her und der Deutschen Bundespost Postdienst eine Wanderausstellung wert. Diese wurde jetzt ... [4]

Ein anderes Beispiel: Eine Spedition hat einen Lkw-Oldtimer restauriert und darüber die Zeitung informiert. Die ursprüngliche Pressemitteilung war schlicht und sachlich gehalten, der spätere Text in der Zeitung anmoderiert:

Beispiel

In der Vergangenheit wurde mit ihnen gearbeitet, gefahren und hinter ihrem Steuer geflucht. Heute werden sie restauriert, fotografiert und ernten bewundernde Blicke. Die Rede ist von Oldtimer-Lkw. Sie sind rar geworden. Und die wenigen noch vorhandenen Exemplare werden gehegt und gepflegt. Einen besonders schönen Oldie kann die Spedition Hinderer in Hamburg ihr eigen nennen. Auf dem Betriebshof ihres neuen Lager- und Distributionszentrums in Hamburg-Allermöhe steht ein ... [5]

Ihre regelmäßigen Pressemitteilungen sollten Sie nicht anfeaturen oder anmoderieren. Schicken Sie diese als sauber und präzise formulierte Meldungen oder Berichte raus. Meint der Redakteur, dass der Text anmoderiert werden sollte, weil er ihn auf einer bestimmten Seite in der Zeitung verwenden will, wird er die Anmoderation schon selber vornehmen. Je sauberer die Meldung die Fakten enthält, umso leichter wird ihm diese Aufgabe fallen. Für einen Redakteur in der Zeitung gibt es kaum etwas Nervigeres – abgesehen von penetrant nachhakenden Pressesprechern – als ungekonnt anmoderierte oder ungekonnt unterhaltsam geschriebene Texte. Solche Texte kann er nicht als reine Sachinformation drucken. Will er sie anmoderieren, muss er zunächst mit viel Arbeit zum eigentlichen Kern der Meldung vordringen. Ist der Inhalt unwichtig, wird eine solche Pressemitteilung in der Regel im Mülleimer landen. Ist der Inhalt wichtig, muss der Redakteur mit viel Arbeit den eigentlichen Inhalt herausarbeiten. Das ist besonders ärgerlich, wenn er dazu noch in der betreffenden Firma anrufen muss, um grundlegende Fakten, die eigentlich im Texten stehen sollten, zu erfragen. Während Sie Pressemitteilungen also nicht anmoderieren oder anfeaturen sollten, können Sie diese Techniken für andere Artikel durchaus verwenden. Das Anfeaturen eignet sich zum Beispiel hervorragend, um trockene Anwenderberichte deutlich attraktiver zu machen. Anmoderieren können Sie Texte in einer Mitarbeiter- oder Kundenzeitung. Gibt es in einem solchen Magazin eine Seite mit Meldungen und Berichten über Personen oder mit witzigen und kuriosen Meldungen, können Sie das Anmoderieren für diese Seite als einheitliche Stilform entwickeln.

Immer im Gespräch: das Interview

Eine weitere journalistische Stilform ist das Interview. Es ist ein Gespräch zwischen einem fragenden Journalisten und einem oder auch mehreren Gesprächspartnern. Auch das Interview eignet sich nicht für den Versand als Pressemitteilung. Leisten Sie PR für ein Unternehmen werden Sie mit diesem journalistischen Instrument am ehesten aus zwei Gründen konfrontiert. Zum einen kann es sein, dass Sie oder – wahrscheinlicher – ein Mitarbeiter oder Geschäftsführer Ihres Unternehmens ein Interview geben müssen. Zum anderen eignet sich das Interview auch hervorragend als Artikel für eine Mitarbeiter- oder Kundenzeitung. Im ersten Fall beantworten Sie oder ein von Ihnen betreuter Mitarbeiter die Fragen des Interviews. Im zweiten Fall sind Sie derjenige, der die Fragen stellt. Zunächst zur ersten Variante. Werden Sie interviewt, haben Sie auf die Konzeption des Interviews, auf die Fragen, die gestellt werden, keinen Einfluss. In diesem Fall ist es nur Ihre Aufgabe, die Fragen zu beantworten. Wird ein Mitarbeiter Ihres Unternehmens interviewt, sind Ihre Einflussmöglichkeiten natürlich noch geringer. In diesem Fall können Sie den Betreffenden nur generell in Hinblick auf den Umgang mit dem Journalisten coachen und mit ihm gemeinsam besprechen, wie der Befragte sich optimalerweise inhaltlich in dem Interview verhält. Dazu gehen Sie am besten mögliche Fragen durch und überlegen gemeinsam, wie man darauf antworten könnte, welche Fakten dem Unternehmen wichtig sind und welche man vielleicht eher nicht erwähnt. Darüber hinaus ist es als Presseverantwortlicher des Unternehmen Ihre Aufgabe, den Ablauf des Interviews und seiner Weiterverarbeitung in Zusammenarbeit mit der Redaktion zu betreuen. Dabei gibt es klare Regeln. Bei einem Printmedium wird der Journalist dem Interviewpartner seine Fragen stellen und die Antworten notieren oder aufnehmen. Sorgfältige Journalisten machen beides. Um späteren Konflikten vorzubeugen, ist es gut, wenn auch Sie ein Bandgerät bei dem Interview laufen haben. Das sollten Sie insbesondere tun, wenn das Interview einen sehr brisanten Inhalt hat. Die Aufzeichnung des Gesprächs bedarf der Zustimmung des Interviewpartners. Die Zustimmung sollte ebenfalls aufgenommen werden. Gut ist es auch, wenn Sie dem Journalisten nicht allein, sondern mit einem Partner an der Seite gegenübersitzen. Im Zweifelsfall haben Sie bei brisanten Aussagen einen Zeugen. Der Redakteur wird es übrigens ebenso halten. Bei brisanten Themen sitzt mit Sicherheit ein Kollege neben ihm. Ist der Interviewtermin beendet, beginnt für den Redakteur die eigentliche Arbeit. Er muss das Interview bearbeiten, schreiben und damit in die Textform bringen, wie sie der Leser später in der Zeitung findet. Das ist eine sehr komplexe Arbeit, die sehr viel journalistisches Können und Feingefühl erfordert. Wenn Sie die späteren Schriftfassung des Interview lesen, werden Sie feststellen, dass diese von der Fassung des mündlichen Gespräches, die Sie aufgenommen haben, abweicht. Das ist normal. Diese Abweichung liegt daran, dass die gesprochene Sprache sich nicht eins zu eins in die Schriftsprache übertragen lässt. Der Journalist muss den mündlichen Text vor Drucklegung bearbeiten. Wenn Sie die Antworten in einem Interview hören, werden Sie dabei – von wenigen Ausnahmen abgesehen – immer das Gefühl haben, dass der Befragte sprachlich sauber und präzise antwortet und so spricht, wie man auch schreiben würde. Genau das aber ist nicht der Fall. Auch wenn Sie beim Zuhören nicht diesen Eindruck haben, weicht die gesprochene Sprache erheblich von der geschriebenen Sprache ab. Das können Sie in einem einfachen Experiment – das gerne in Journalistenkursen zum Thema Interview durchgeführt wird – testen. Nehmen Sie ein Interview auf Band auf und schreiben Sie anschließend den Text wortwörtlich ab. Sie werden entsetzt sein.

Das klingt etwa so:

Beispiel

Frage: Quito ist für Piloten neben Funchal einer der am schwierigsten anzufliegenden Flughäfen der Welt. Was genau ist das Besondere an diesem Airport für die Piloten?

Antwort: Das Besondere ... Das kann man schon sagen ... obwohl Mexico City sicher auch noch dazu gehört. Das Besondere sind zum einen sicher die Berge. Die Kordilleren, die große Teile Südamerikas durchziehen. Das geht bis über 6000 Meter hoch – viele ehemalige Vulkane. Da müssen Sie beim Anflug sehr aufpassen. Als Pilot mögen sie die Nähe zu den Bergen nicht. Der Anflug auf Quito führt genau hindurch. Quito liegt in einem Talkessel – das ist sicher schon besonders ... eine der Besonderheiten. Und das Wetter ... natürlich ... insbesondere die Sicht.

Frage: Was ist das Besondere an den Wetter- und Sichtbedingungen?
Antwort: Sie haben häufig eine sehr starke Thermik – wie im Hochgebirgen so üblich. Starke Winde. Oft Sturm. Dazu Regen, Gewitter. Und meist kommt alles zusammen. Dazu die Sicht. Bei Wolken unter 6000 Meter – und das ist oft – sehen Sie von den Bergen nichts. Sie müssen äußerst präzise fliegen, sich genau an die STAR-Vorgaben halten – Geschwindigkeit, Kurs und Entfernung genau einhalten. Sie müssen sich ungeheuer konzentrieren. Es gibt da keinen Spielraum für Toleranzen. Denn da haben Sie die Berge und das Wetter.
Frage: STAR?
Antwort: Standard Terminal Arrival Route.
Frage: Ach so, die vorgeschriebene Route, die Sie fliegen müssen, um zur Landebahn zu kommen?
Antwort: Exakt.
Frage: Sie waren mit der Vorbereitung der neuen Verbindung beschäftigt. Wie lange haben Sie daran gearbeitet?
Antwort: Zunächst war das ... ein Team. Da waren schon viele beteiligt. Meine Aufgabe war die fliegerische Vorbereitung. Ein Teil. Ich war mehrfach in Quito, habe mir das angesehen ... mit den Verantwortlichen gesprochen ... dazu mit verantwortlichen Piloten befreundeter Airlines, die ebenfalls nach Quito fliegen.

Das schriftlich ausformulierte Interview liest sich dann später so:

Beispiel

Frage: Quito ist für Piloten neben Funchal und Mexico City einer der am schwierigsten anzufliegenden Flughäfen der Welt. Was genau ist das Besondere an diesem Airport für die Piloten?
Antwort: Das Besondere sind zum einen die Berge, zum anderen die Wetterbedingungen. Die Kordilleren erreichen in diesem Teil des südamerikanischen Kontinents eine Höhe von über 6000 Meter. Bei vielen der Berge handelt es sich um ehemalige Vulkane. Piloten mögen die Nähe zu den Bergen nicht. Quito liegt in einem Talkessel. Um die Stadt zu erreichen, müssen Sie dicht an den Bergen vorbeifliegen. Zum anderen haben Sie Wetter- und Sichtbedingungen, die diese Aufgabe nicht gerade einfach machen.
Frage: Was ist das besondere an den Wetter- und Sichtbedingungen?
Antwort: Es gibt häufig eine sehr starke Thermik – wie das im Hochgebirgen so üblich ist. Dazu kommen starke Winde, Regen und Gewitter. Ein weiteres Problem

ist die Sicht. Die Wolken befinden sich sehr häufig in einer Höhe deutlich unter 6000 Meter. Beim Flug durch die Wolken kann die Besatzung außerhalb des Flugzeuges nichts sehen. Die Piloten können also auch die Berge nicht sehen, an denen das Flugzeug teilweise sehr dicht vorbeifliegt. Die Besatzung muss also äußerst präzise fliegen, sich genau an die Vorgaben wie Geschwindigkeit, Kurs und Entfernungen, wie sie für die Standard Terminal Arrival Route, die so genannte STAR, in den Luftfahrtkarten vorgesehen sind, halten.

Frage: Sie waren mit der Vorbereitung der neuen Verbindung beschäftigt. Wie lange haben Sie daran gearbeitet?

Antwort: Zunächst war mit der Vorbereitung natürlich ein ganzes Team beschäftigt, wobei ich mich als Pilot vor allem mit den fliegerischen Fragestellungen befasst habe. Insgesamt dauerte die Arbeit rund ein Jahr. In dieser Zeit war ich mehrfach in Quito, habe mir vor Ort ein Bild gemacht, mit den Verantwortlichen gesprochen. Dazu kamen Gespräche mit Piloten befreundeter Airlines, die ebenfalls nach Quito fliegen.

Bei der Bearbeitung des Interviews muss der Journalist drei Anforderungen gleichzeitig erfüllen. Dazu gehört zunächst die Lesefreundlichkeit des Textes. Der Redakteur muss den gesprochenen Text in eine Form bringen, die dem Lesen eher gerecht wird und für den Leser verständlicher und attraktiver ist. Gleichzeitig hat jedes Interview aber auch seine ganze eigene Farbe, eine ganz eigene Atmosphäre. Und diese sollte möglichst auch in der Schriftform erhalten bleiben. Der Leser muss diese Atmosphäre noch spüren können, wenn er das Interview in der Zeitung liest. Das ist die zweite Anforderung, die sich dem Bearbeiter stellt. Schließlich – Anforderung drei – darf der Text bei der Bearbeitung sinngemäß nicht verändert werden. Auf diesen dritten Punkt sollten Sie achten, wenn Sie als PR-Verantwortlicher einen Interviewtext nach der Bearbeitung sehen. Die Tatsache, dass der Text eines Interviews vom Journalisten verändert wurde, ist an sich kein Problem. Das wird es erst, wenn die Bearbeitung so ausfällt, dass die schriftliche Form des Interviews den Inhalt des tatsächlich mündlich geführten Interviews verfälscht. Auch wenn der Redakteur den Text sprachlich in Form bringt, muss der Inhalt der Sätze des Befragten erhalten bleiben. Es darf sinngemäß nichts Neues hinzugefügt oder der Text verfälscht werden. Das betrifft auch das Verhältnis von Fragen und Antworten. Es ist nicht in Ordnung, wenn der Journalist bei der Bearbeitung neue Fragen kreiert, die ihn besonders sachkundig und kritisch und den Befragten dümmlich erscheinen lassen – wenn genau das bei dem Gespräch nicht so war. In Ordnung ist es dagegen, wenn der Bearbeiter bei langen Antwortpassagen kurze Zwischenfragen einbaut, die der Auflockerung des Interviews dienen, den Inhalt aber nicht verfälschen. Zur Sicherheit sollte der Bearbeiter das Interview in einem solchen Fall dem Interviewten aber noch einmal vorlegen um sicherzustellen, dass dieser damit einverstanden ist.

Dazu zwei Beispiele, die die deutlich machen, wie solches Bearbeiten aussehen kann. Zunächst dazu noch einmal der erste Teil des Quito-Interviews im Original:

Beispiel

Frage: Quito ist für Piloten neben Funchal einer der am schwierigsten anzufliegenden Flughäfen der Welt. Was genau ist das Besondere an diesem Airport für die Piloten?
Antwort: Das Besondere ... Das kann man schon sagen ... obwohl Mexico City sicher auch noch dazu gehört. Das Besondere sind zum einen sicher die Berge. Die Kordilleren, die große Teils Südamerikas durchziehen. Das geht bis über 6000 Meter hoch – viele ehemalige Vulkane. Da müssen Sie beim Anflug sehr aufpassen. Als Pilot mögen Sie die Nähe zu den Bergen nicht. Der Anflug auf Quito führt genau hindurch. Quito liegt in einem Talkessel – das ist sicher schon besonders ... eine der Besonderheiten. Und das Wetter ... natürlich ... insbesondere die Sicht.
Frage: Was ist das Besondere an den Wetter- und Sichtbedingungen?
Antwort: Sie haben häufig eine sehr starke Thermik – wie im Hochgebirgen so üblich. Starke Winde. Oft Sturm. Dazu Regen, Gewitter. Und meist kommt alles zusammen. Dazu die Sicht. Bei Wolken unter 6000 Meter – und das ist oft – sehen Sie von den Bergen nichts. Sie müssen äußerst präzise fliegen, sich genau an die STAR-Vorgaben halten – Geschwindigkeit, Kurs und Entfernung genau einhalten. Sie müssen sich ungeheuer konzentrieren. Es gibt da keinen Spielraum für Toleranzen. Denn da haben Sie die Berge und das Wetter.
Frage: STAR?
Antwort: Standard Terminal Arrival Route.
Frage: Ach so, die vorgeschriebene Route, die Sie fliegen müssen, um zur Landebahn zu kommen?
Antwort: Exakt.

Nicht in Ordnung wäre zum Beispiel folgender Umbau:

> **Beispiel**
>
> **Frage:** Quito ist für Piloten neben Funchal einer der am schwierigsten anzufliegenden Flughäfen der Welt. Was genau ist das Besondere an diesem Airport für die Piloten?
> **Antwort:** Das Besondere an diesem Flughafen sind sicher die Berge.
> **Frage:** Sie meinen die Kordilleren?
> **Antwort:** Die Kordilleren, die große Teile Südamerikas durchziehen. Darunter sind viele ehemalige Vulkane.
> **Frage:** Die erreichen eine Höhe von 6000 Meter ...
> **Antwort:** Ja. Da müssen Sie beim Anflug sehr aufpassen. Und als Pilot mögen Sie die Nähe zu den Bergen nicht. Der Anflug auf Quito führt genau zwischen den Gipfeln hindurch.
> **Frage:** Sie meinen, weil Quito in einem Talkessel liegt?
> **Antwort:** Ja. Und dann gehört natürlich das Wetter zu den Besonderheiten und damit verbunden die Sicht.
> **Frage:** Was ist das Besondere an den Wetter- und Sichtbedingungen?
> **Antwort:** Es gibt hier häufig eine sehr starke Thermik.
> **Frage:** Das ist im Hochgebirge üblich ...
> **Antwort:** Sie haben hier außerdem starke Winde, Sturm, Regen und häufig Gewitter. Und meist kommt alles zusammen.
> **Frage:** Und die Sicht?
> **Antwort:** Befindet sich die Wolkendecke unter 6000 Meter Höhe – und das kommt häufig vor, können Sie die Berge nicht sehen. Unter diesen Bedingungen müssen Sie sich ungeheuer konzentrieren. Die Arbeitsbelastung im Cockpit ist entsprechend groß. Zusätzlich dazu – als ob das nicht schon genug wäre – müssen Sie sich auch noch äußerst penibel und präzise an die Vorgaben der Luftfahrtkarten halten.
> **Frage:** Wegen der Standard Terminal Arrival Route (STAR) nehme ich an?
> **Antwort:** Genau, hinsichtlich Geschwindigkeit, Kurs und Entfernungen werden hier keine Abweichungen geduldet.

In dieser Fassung des Interview hat der Bearbeiter gleich zwei nicht akzeptable Fehler gemacht. Zum einen hat er in der Endfassung dem Fragesteller eine Kompetenz zu gespielt, die dieser während des Interviews nicht hatte. Mit seinen Zwischenfragen weist er Fachwissen vor, das er in Wirklichkeit ja gerade erst durch das Interview erhalten hat. Das geht zu Lasten des Befragten, dem damit in der Wirkung des Interviews Fachwissen verloren geht. Das ist schlicht nicht fair. Zum anderen baut der Journalist am Ende des Interviews durch seinen freizügigen Umgang mit den Aussagen des Fachmanns und mangelndes eigenes Fachwissen einen folgenschweren Fehler ein. Er stellt es so dar, als seien die Piloten durch den schwierigen Anflug äußerst gefordert und belastet und müssten zudem noch die Anforderungen der Luftfahrtkarten einhalten – als zusätzliche Zumutung. Das ist der zarte Beginn einer Geschichte. Der Journalist macht auf dieser Weise Storytelling. Es deutet sich die Geschichte von überlasteten Piloten an, die zusätzlich noch vom Gesetzgeber gegängelt werden. Sofort entstehen beim Leser im Kopf entsprechende Bilder von der Arbeit im Cockpit und von Bürokraten am Boden. Aber das entspricht nicht der Wahrheit – und wurde vom Piloten auch nicht so formuliert. In Wahrheit ist es so, dass die STAR eben so präzise eingehalten werden muss, weil es die Berge und die Wolken gibt. Durch die präzisen Vorgaben der STAR wird der Flug zwischen den Bergen hindurch überhaupt erst möglich.

Soll das Interview mehr Dynamik bekommen, ist das durchaus möglich – auch ohne den Inhalt zu verfälschen oder die Kompetenz des Befragten zu beschneiden. Eine etwas dynamischer zu lesende und dabei immer noch korrekte Form des Interviews sieht so aus:

Beispiel

Frage: Quito ist für Piloten neben Funchal einer der am schwierigsten anzufliegenden Flughäfen der Welt. Was genau ist das Besondere an diesem Airport für die Piloten?
Antwort: Das Besondere beim Anflug auf Quito sind sicher die Berge. Dazu kommen die Wetter- und Sichtbedingungen.
Frage: Lassen Sie uns mit den Bergen beginnen ...
Antwort: Die Kordilleren reichen bis auf eine Höhe von über 6000 Meter hinauf. Quito liegt in einem Talkessel zwischen den Gipfeln. Beim Anflug fliegen die Maschinen dicht an den Bergen vorbei. Da müssen Sie beim Anflug sehr aufpassen. Als Pilot mögen Sie die Nähe zu den Bergen nicht.
Frage: Was ist das Besondere an den Wetter- und Sichtbedingungen?
Antwort: Sie haben häufig eine sehr starke Thermik – wie im Hochgebirge. Es gibt starke Winde, oft Sturm. Dazu kommen Regen und Gewitter. Dazu die Sicht. Bei Wolken unter 6000 Meter – und das ist oft – sehen Sie von den Bergen nichts. Gleichzeitig müssen Sie sich genau an die Standard Terminal Arrival Route (STAR) halten.

Frage: Das ist die vorgeschriebene Route, die Sie fliegen müssen, um zur Landebahn zu kommen?
Antwort: Exakt. Und das äußerst präzise. Sie müssen Geschwindigkeit, Kurs und Entfernung genau einhalten – und sich dabei sehr konzentrieren. Die Berge lassen keinen Spielraum für Toleranzen.

Auch wenn diese Fassung den Inhalt des Textes nicht deutlich verändert, sollte das Interview – wie schon erwähnt – aufgrund der vorgenommenen Veränderungen trotzdem dem Interviewpartner vorgelegt werden, um zu sehen, ob er damit einverstanden ist.

Zusammengefasst noch einmal die drei Anforderungen, die der Redakteur bei der Bearbeitung des Interviews berücksichtigen muss:

- Lesefreundlichkeit
- Erhalt der Gesprächsatmosphäre
- Wahrhaftigkeit

Die ersten beiden Anforderungen sind stilistischer Natur. Sie zeigen lediglich, wie gut und qualifiziert der Journalist seine Arbeit macht. Gefällt Ihnen der Text in dieser Hinsicht nicht, ist das vielleicht ärgerlich, aber ansonsten nichts, das Ihre Interessen weiter berührt. Das ist bei der Wahrhaftigkeit anders. Hier kann Ihnen beträchtlicher Schaden entstehen, wenn die Schriftform des Interviews nicht den Inhalt des tatsächlich mündlich geführten Gespräches wiedergibt.

Um entsprechende Fehler zu vermeiden, sollten Sie sich den Text vor Drucklegung noch einmal vorlegen lassen. Dabei gelten folgende Spielregeln: Grundsätzlich bedarf die Veröffentlichung eines Interviews der Zustimmung aller Gesprächspartner. Diese Zustimmung ist aber an keine Form gebunden. Sie kann schriftlich oder mündlich gegeben werden, aber auch durch so genanntes konkludentes Tun erfolgen. Sie gilt als erteilt, wenn Sie auf die Bitte eines Journalisten eingehen und mit diesem ein Interview führen, bei dem klar ist, dass es für die Veröffentlichung in einer Zeitschrift oder Zeitung bestimmt ist. Der Journalist, der das Interview durchführt, braucht Ihnen in diesem Fall das Interview vor Drucklegung im Prinzip nicht vorzulegen. Das gilt aber nur dann, wenn das Interview sachgerecht bearbeitet wird. Sachgerecht ist eine schriftliche Fassung, die sich von der wörtlichen nur durch stilistische Glättungen, etwa hinsichtlich Satzbau, Streichung von Füllungen oder Wiederholungen, unterscheidet und keine sinnentstellenden Kürzungen enthält. Nimmt der Redakteur Bearbeitungen vor, die den Wortlaut des Interviews im Übrigen verändern, muss er die Zustimmung des Interviewten einholen. Hier gebietet schon die Fairness, dass ein Journalist Ihnen im Zweifelsfall das Interview vorlegt, anstatt es ohne diese Kontrolle abzudrucken. Auf diese Fairness können Sie aber nicht bauen. Und manchmal ist es natürlich strittig, was unter einer rein „sachgerechten" Bearbeitung zu verstehen ist. Was für den Redakteur stilistische Glättungen sind, stellen für Sie oder Ihren Geschäftsführer, den Sie beratend beim Interview begleiten, maßgebliche inhaltliche Veränderungen dar. Deshalb sollten Sie generell bei jedem Interview mit dem Journalisten vereinbaren, dass er Ihnen das Interview vor Drucklegung vorlegt. Haben Sie das ausdrücklich vor dem Interview zum Ausdruck gebracht, muss sich der Journalist daran halten und kann den Text erst nach Autorisierung durch Sie veröffentlichen. Das ist gängige Praxis. Lassen Sie sich im Zweifelsfall also nicht davon abhalten, weil Ihnen ein Journalist vor dem Interview sagt, ein solches Vorgehen sei nicht üblich. Denken Sie daran, wie unangenehm inhaltliche Fehler für Sie und Ihr Unternehmen sein können, wenn diese erst in Schriftform in der Zeitung oder Zeitschrift erscheinen sind. Sie müssen damit rechnen, mit solchen Fehlern noch in Jahren konfrontiert zu werden. Im Zeitalter des Internet und der Datenbanken sind Informationen, die erst einmal veröffentlicht wurden, kaum noch zu löschen. So kann es sein, dass Jahre nach einem fehlerhaften Interview immer wieder einmal ein Journalist bei Recherchen über Ihr Unternehmen auf einmal veröffentlichte Falschaussagen eines Interviews stößt.

Am besten formulieren Sie den Wunsch, das Interview vor Drucklegung noch einmal vorgelegt zu bekommen und zu autorisieren schriftlich oder vor Zeugen. Eine gute Idee ist es auch, diese Forderung schlicht im Beisein des Journalisten am Anfang des Interviews auf das Aufnahmegerät zu sprechen, das ohnehin das Gespräch aufzeichnet.

Beispiel

„Herr Müller, an dieser Stelle noch einmal vielen Dank dafür, dass unser Geschäftsführer, Herr Muster, Ihren Lesern ein Interview geben kann. Zur weiteren Vorgehensweise: Für uns ist es wichtig, wenn Sie uns das Interview vor Drucklegung noch einmal zur Autorisierung vorlegen."

Alternativ zum mündlich geführten Interview lässt sich ein Interview auch schriftlich führen. Das ist gerade per Email praktisch und unkompliziert möglich. Dieses Verfahren bietet sich bei kurzen Interviews an. Es spart Ihnen oder dem Redakteur

Reisezeit- und kosten. Ein weiterer Vorteil: Der Text wird von beiden Seiten schon schriftlich formuliert. Der Nachteil ist natürlich, das keine Gesprächsatmosphäre entsteht und auch kein Raum für spontane, sich aus dem Gespräch entwickelnde Zwischenfragen besteht. Konkret sieht es bei einem solchen Interview so aus, dass Ihnen der Journalist seine Fragen per Email zusendet, die Sie dann in einer Mail beantworten. Auch bei einem solchen Interview sollten Sie darauf bestehen, die Endfassung vor Drucklegung noch einmal zu sehen und zu autorisieren.

Führen Sie selbst das Interview, in dem Sie zum Beispiel für die Mitarbeiterzeitung den Marketingleiter Ihres Unternehmens zu den Planungen für das kommende Jahr befragen, gelten die schon erläuterten Regeln für die Bearbeitung für Sie natürlich genauso. Darüber hinaus sollten sie es sich zum Prinzip machen, jedes geführte Interview dem Befragten zur Autorisierung vorzulegen. Inhaltlich müssen Sie das Interview vorbereiten. Im ersten Schritt gilt es zu klären, was für eine Art von Interview Sie grundsätzlich führen wollen. Hierbei wird zwischen dem Interview zur Sache, zur Person und dem Meinungsinterview unterschieden. Das Interview zur Sache fragt um fachliche Auskunft. Beim Personeninterview dienen die Fragen dazu, die Persönlichkeit des Befragten auszuleuchten. Und das Meinungsinterview schließlich sondiert die Meinung des Befragten zu einem Thema oder Sachverhalt. Hat die Marketingabteilung gerade ihre Planungen für das kommende Jahr verabschiedet, ist ein Interview zur Sache sinnvoll. Fragen zur Person des Marketingleiters, dazu, wie wohl er sich im Unternehmen fühlt und ob sein Verhältnis zum Vertriebschef immer noch angespannt ist, sind hierbei fehl am Platz. Solche Fragen würden den Leser bei der Lektüre des Interviews irritieren. Ist der Marketingchef aber seit 25 Jahren im Unternehmen, bietet sich ein Interview zur Person an. In einem solchen Interview darf es auch einmal richtig menscheln. Dabei wiederum würde sich der Leser wundern, wenn er plötzlich Fragen zur Marketingplanung des kommenden Jahres liest.

Die Grenzen zwischen dem Interview zur Sache, zur Person oder der Meinung sind in der Praxis meist fließend. Hierbei sollten Sie nicht zu dogmatisch sein. Führen Sie zum Beispiel ein Interview zur Person und befragen einen Liedermacher, sind natürlich Fragen auch zur Meinung des Befragten („Darf ein Liedermacher auch Tabuthemen aufgreifen?") möglich und zulässig, genauso wie in einem Sachinterview persönliche Fragen untergebracht werden können. Hierbei kommt es insgesamt auf Ihr Fingerspitzengefühl und den Eindruck des Interviews als Ganzes an. Wichtiger, als starr die Abgrenzung zwischen den Interviewarten einzuhalten, ist es, dass der Leser bei Ihrem Interview einen roten Faden, eine Linie, nach der das Gespräch geführt wird, erkennen kann. Dieser rote Faden lässt

Klassiker: PR-Arbeit als Infotainment

sich meist in einem Satz formulieren, zum Beispiel, wenn es sich um ein Sachinterview handelt: „Herr Meister-Mustermann erklärt den Lesern alle Facetten der neuen Verpackungsmaschine, die in der Milchproduktion installiert wurde."
Darüberhinaus werden Sie bei der praktischen Arbeit immer wieder einmal einen Interviewpartner haben, bei dem es geradezu notwendig ist, die drei Interviewarten zu mischen, weil sich nur so ein rundes Interview ergibt, das dem Leser ein wirklich umfassendes Bild vermittelt. Gerade bei einem solchen Interview müssen Sie dann den roten Faden besonders sorgfältig planen, da er im Gespräch und im späteren Text Ordnung und Orientierung für den Leser schafft und die Fragen aus den unterschiedlichen Interviewarten als verbindendes Element zusammenhält.
Der folgende Text ist ein Beispiel für ein Interview, bei dem die Interviewarten gemischt sind. Es wurde 2002 geführt, kurz nachdem bei der Fluggesellschaft Hapag-Lloyd ein neuer Geschäftsführer mit seiner Arbeit begonnen hatte. Besonders interessant war, dass der neue Airline-Chef neben seiner Funktion als Geschäftsführer zugleich als Pilot für die Fluggesellschaft flog. Er kannte also Management und fliegerische Aufgaben gleichermaßen, wobei er als Pilot zudem auf jahrzehntelange Erfahrung zurückblicken konnte und noch erlebt hatte, was jüngere Pilotengenerationen nur vom Hörensagen kannte. In diesem Interview beantwortet der Geschäftsführer Fragen zu seiner Person genauso wie er sich zu fachlichen Themen äußert. Bei einer ganzen Reihe von Fragen gibt er zudem seine Meinung zu bestimmten Fragestellungen wieder. Struktur schafft dabei der rote Faden, der in diesem Fall lautet: „Friedrich Keppler erläutert und kommentiert aus dem Blickwinkel des Airline-Geschäftsführers und langjährigen Piloten aktuelle Entwicklungen in der Luftfahrt und in seinem Unternehmen."

Beispiel

Interview mit Friedrich Keppler, dem neuen Geschäftsführer von Hapag-Lloyd Flug
Der 11. September hat die Sicherheit im Luftverkehr erhöht

Von Frank Littek

Spätestens beim Flug in den Sommerurlaub wird es so mancher Reisende bemerken: Bei der Ferienfluggesellschaft Hapag-Lloyd hat sich einiges verändert. Mit einem völlig neuen Outfit demonstrieren die Maschinen der Airline aus Hannover jetzt auch optisch die Zugehörigkeit zur TUI. Intern ist es ebenfalls zu Veränderungen gekommen. Mit Friedrich Keppler wurde ein Pilot zum Geschäftsführer des Unternehmens ernannt. Das Fliegen hat der Kapitän dabei nicht aufgegeben. So mancher Urlauber wird jetzt vom Chef persönlich in den Süden chauffiert. Eine in der Branche seltene Kombination – die in einem Interview gleichermaßen interessante Einsichten in Geschäftsleben und Flugbetrieb der Ferienfluggesellschaft erwarten lässt.

Frage: Herr Keppler, sie sind seit dem 1. Januar 2002 Geschäftsführer von Hapag-Lloyd Flug. Wie fühlen Sie sich denn heute: Mehr als Pilot oder mehr als Geschäftsführer?

Keppler: Sowohl als auch. Während eines Fluges als Pilot, im Büro als Geschäftsführer.

Frage: Sie fliegen seit 1970. Wenn man zurückblickt in die Anfangsjahre Ihrer Pilotenlaufbahn. Was hat sich verändert?

Keppler: Früher waren die Flugpläne insgesamt nicht so dicht gedrängt und die Bodenzeit für die Flugzeuge länger. In der Folge waren die Umkehrzeiten in den Flughäfen großzügiger bemessen. Heute wird der Luftverkehr sehr viel rationeller durchgeführt als in der Vergangenheit. Anders wäre es gar nicht mehr möglich, wirtschaftlich zu fliegen. Früher ist ein Flugzeug 2000 Stunden im Jahr geflogen. Heute fliegt eine Maschine mehr als 4000 Stunden. Eine solche Entwicklung wirkt sich natürlich auf das ganze Umfeld aus.

Frage: In der Vergangenheit umgab die Fliegerei sehr viel mehr das Flair, etwas Besonderes zu sein. Das ist weitgehend verloren gegangen ...

Keppler: Der Luftverkehr war in der Vergangenheit natürlich nicht so alltäglich wie heute. Mit dem Fliegen ist es dabei wie bei allem anderen auch: Wenn es alltäglich wird, geht die Exklusivität verloren.

Frage: Bedauern sie das?

Keppler: Ich denke, man sollte die Fliegerei nicht als eine elitäre Angelegenheit betrachten. Und der persönliche Spaß, den man dabei hat, muss ja nicht darunter leiden.

Frage: Die rationellere Abwicklung hatte daneben noch andere Aspekte. Den Passagieren brachte sie billigere Preise.

Keppler: Ja natürlich. Ohne die Verbesserung der Abläufe und des rationelleren Einsatzes der teuren Flugzeuge wäre es nicht möglich gewesen, die Fliegerei für breite Schichten der Bevölkerung erschwinglich zu machen.

Frage: Die Entwicklung schreitet weiter fort. Es gab schon Angebote, bei denen für Hin- und Rückflug nach Mallorca rund 60 Euro kosteten.

Keppler: Das war sicher eine Ausnahme. Für 60 Euro können sie nicht kostendeckend nach Mallorca fliegen.

Frage: Ist ein solcher Preis für Sie noch nachvollziehbar?

Keppler: Sie müssen sehen, wie ein solcher Preis entsteht. Dabei werden ja nicht alle Plätze in einer Maschine zu diesem Preis verkauft, sondern nur Restplätze gefüllt. Bleiben diese Plätze leer, bringen sie noch weniger. Aber für eine vernünftige Rechnung ist so etwas auf Dauer nicht zu machen.

Frage: Auf niedrige Preise setzen auch Billigflieger wie Ryanair oder Go, die in Europa jetzt kräftig an Boden gewinnen. Was halten sie von dieser Entwicklung?

Keppler: Das ist ein interessanter Markt. Und ich bin davon überzeugt, dass er in gewissen Segmenten seine Zukunft haben wird. Schauen sie nach Amerika.

Frage: Könnten Sie sich einen touristischen Billiganbieter vorstellen, der sich zum Beispiel auf Flüge nach Mallorca konzentriert und ihnen kräftig Konkurrenz macht?

Keppler: Nicht bei Flügen zu nur einer Destination. Aber wenn Sie sehen, was einige dieser Anbieter machen, dann hat diese Entwicklung bereits eingesetzt. Wir beobachten den Markt in dieser Hinsicht sehr aufmerksam.

Frage: Zeichnet sich da ein Trend in der Ferienfliegerei ab, eine Entwicklung, die noch sehr viel stärker an Bedeutung gewinnen wird?

Keppler: Es ist ein Teilaspekt des Ganzen. Es kommt immer darauf an, wie der Markt sonst darauf eingestellt ist. Eine Airline wie Ryanair kann Mallorca auch nicht entscheidend viel billiger anfliegen als wir. Ryanairs Vorteil ist, dass die Fluggesellschaft von Flughäfen aus startet, die relativ günstige Bedingungen haben. Aber man kann nicht unendlich viele Passagiere von einem Flughafen wie Hahn aus fliegen.

Frage: Und unter vergleichbaren Bedingungen ...?

Keppler: Unter vergleichbaren Bedingungen wird Ryanair kaum zu günstigeren Preisen nach Mallorca fliegen als wir. Man darf bei der Betrachtung der Billigflieger eines nicht vergessen: Diese Airlines haben zwar immer billige Angebote, werden auf der anderen Seite aber auch relativ teuer. Wenn Sie langfristig buchen, ist es relativ günstig, mit einer Low Cost Airline zu fliegen. Wenn Sie kurzfristig buchen, zahlen sie bei diesen Fluggesellschaften stolze Preise.

Frage: Mit den sinkenden Preisen für Flugtickets und der Zunahme der Flüge ist auch eine weitere Konsequenz verbunden: Eine zunehmende Belastung für die Umwelt.

Keppler: Diese Aussage würde ich relativieren. Die modernen Flugzeuge haben sich hinsichtlich Lärm und Abgasemmissionen enorm gegenüber Flugzeugen vor 20, 30 oder 40 Jahren verbessert. Wenn sie die Lärmbelastung durch unsere neue Boeing 737-800 sehen und diese mit der Belastung durch eine alte Boeing 727-100 vergleichen, wurde ein Vielfaches an Verbesserung erreicht.

Frage: Die sinkenden Preise für Flugtickets wecken bei manchem Passagier Bedenken beim Thema Sicherheit – gerade hinsichtlich der Billigairlines.
Keppler: Zunächst einmal gibt es gesetzliche Anforderungen, die zum Beispiel Ausbildung, Wartung, Personal und Flugzeuge betreffen. Diese sind europaweit einheitlich. Dann gibt es Fluggesellschaften, die darüber hinaus noch mehr tun – auf freiwilliger Ebene.
Frage: Zum Beispiel?
Keppler: Bei uns gehen die Piloten pro Jahr viermal zum Training in den Simulator. Gesetzlich vorgeschrieben sind für jeden Piloten zwei Simulatoraufenthalte. Das Kollisionswarngerät TCAS haben wir schon in unseren Maschinen eingebaut, als es noch lange nicht vorgeschrieben. war.
Frage: Auf solche freiwilligen Investitionen könnte verzichten, wer als Airline die Kosten niedrig halten will um Billigtickets anzubieten?
Keppler: Ja, es könnte Fluggesellschaften geben, die dann möglicherweise etwas zurückhaltender sind, was solche Ausgaben anbetrifft.
Frage: Wie schätzen sie die Sicherheit in der Verkehrsluftfahrt nach dem 11. September grundsätzlich ein?
Keppler: So bedauerlich die Ereignisse des 11. September auch sind, trifft die Aussage nicht zu, dass die Luftfahrt deshalb unsicherer geworden ist. Ganz im Gegenteil: Die Kontrollen sind nochmals erhöht worden, die Überprüfung des Luftfahrtpersonals weiter gesteigert. In dieser Hinsicht ist die ganze Einstellung der betroffenen Mitarbeiter noch einmal gestärkt worden. Deshalb hat es eher eine Erhöhung der Sicherheit gegeben.
Frage: Dann sind auch bauliche Maßnahmen an Bord der Maschinen vorgesehen ...
Keppler: Bezüglich der baulichen Maßnahmen an Bord sind neue Vorschriften erlassen worden, die in Zukunft umgesetzt werden müssen. So wird vom nächsten Jahr an eine Verstärkung der Cockpittüren in Verkehrsflugzeugen in den USA Pflicht. Auch wenn wir nicht in die USA fliegen, werden wir freiwillig die amerikanischen Auflagen ebenfalls erfüllen.
Frage: Während des Fluges hat kein Passagier mehr Zugang zum Cockpit?
Keppler: Das Cockpit wird bei Hapag-Lloyd während des Fluges von den Piloten abgeschlossen.
Frage: Und die Sicherheit, wenn man von der Gefahr des Terrorismus einmal absieht?
Keppler: Alle Beteiligten am Luftverkehr arbeiten erfolgreich an einer ständigen Verbesserung der Sicherheit. Nur so lässt sich bei ständig zunehmendem Luftverkehr die Unfallrate relativ gering und die Sicherheit relativ hoch halten. Ich fliege

jetzt seit über 30 Jahren und habe noch nie einen ersthaften Vorfall gehabt. Im Auto, in dem ich weit weniger Zeit verbringe als im Flugzeug, gab es im Laufe der Zeit wesentlich gefährlichere Situationen.

Frage: Wie hat sich der 11. September geschäftlich für Hapag-Lloyd Flug ausgewirkt?

Keppler: Direkt nach dem 11. September haben wir zunächst relativ wenig Veränderungen bemerkt, weil die Gäste schon lange zuvor gebucht hatten. Die allermeisten Reisenden traten ihre Reise auch an. Im Winter war dann eine deutliche Buchungszurückhaltung zu spüren. Diese hält teilweise auch jetzt im Sommer noch an. Doch hier wirken auch andere Gründe herein, so die wirtschaftliche Situation, die sicher jetzt mehr Einfluss auf die Buchungssituation hat als der 11. September. Da sollte man nicht mehr zu viel mit entschuldigen.

Frage: Hapag-Lloyd Flug gehört heute zur World of TUI. Unter deren Dach gibt es noch andere Fluggesellschaften, zum Beispiel den britischen Ferienflieger Britannia. Arbeiten Sie mit ihm zusammen?

Keppler: Ja. Wir haben das TUI Airline Management ins Leben gerufen. Es ist in erster Linie für airlineübergreifende Vorhaben da. Beispiele sind der gemeinsame Einkauf, EDV-Systeme oder das Flottenmanagement. In diesem Sommer haben wir einen Flugzeugaustausch vorgenommen, bei dem eine Maschine nach Skandinavien gegeben wurde. Auch in Hinsicht auf das Training wird es sicherlich eine weitere Zusammenarbeit geben.

Frage: Das spart Kosten?

Keppler: Unser Ziel ist eine Ersparnis in zweistelliger Millionenhöhe.

Frage: Hapag-Lloyd Flug hat gerade ein neues Logo bekommen, das Zug um Zug auch auf den Maschinen der Flotte aufgebracht wird. Es gleicht sich bis auf den Schriftzug mit dem Logo zum Beispiel von Britannia und spiegelt natürlich die gemeinsame Zugehörigkeit zur World of TUI wieder. Steht in fünf oder 10 Jahren auf den Flugzeugen nur noch TUI drauf – verlieren die Airlines dann ganz ihre Identität?

Keppler: Was in fünf oder zehn Jahren ist, kann heute noch niemand vorhersagen. Aber das der Name der Fluggesellschaften beim neuen Logo auf den Maschinen drauf geblieben ist, hat ja durchaus einen tieferen Sinn. Jeder der Airlines hat sich im Laufe der Jahre ihr Standing erworben.

Frage: Vereinheitlichen ließe sich aber sicher weiter die Flotte der Airlines innerhalb der World of TUI. Britannia hat andere Maschinen als Sie. Planen Sie eine Vereinheitlichung?

Keppler: Es wird sicher mittelfristig eine gewisse Vereinheitlichung stattfinden. Allerdings müssen immer der lokale Markt und die lokalen Anforderungen betrachtet

werden. So braucht eine Fluggesellschaft in England aufgrund der Airportstruktur größere Einheiten als wir.
Frage: Gibt es schon Überlegungen für ein Nachfolgemodell des Airbus A310?
Keppler: Durchaus, aber keine Entscheidungen.
Frage: Hapag-Lloyd konzentriert sich heute stark auf den Mittelmeerraum und die Kanaren. Wird man Sie in Zukunft vermehrt auch auf Langstrecken finden?
Keppler: Im Augenblick planen wir das nicht. Die Langstrecke ist derzeit für uns nicht interessant. Unsere Planungen können sich aber auch sehr schnell ändern. Wenn mit der Langstrecke Geld zu verdienen ist, dann werden wir Langstreckenverbindungen bedienen, genauso wie wir heute nach Mallorca fliegen.[8]

Zur Vorbereitung des Interviews gehört eine solide Recherche. Gute Fragen können Sie nur formulieren, wenn Sie sich gut vorbereitet und fachlich in ein Thema eingearbeitet haben. Ist das der Fall, sollten Sie die Fragen für das Interview formulieren und festlegen, wobei von Anfang an klar sein sollte, dass Sie ergänzend zu diesem Rahmen flexibel im Gespräch reagieren und zum Beispiel spontane Zwischenfragen, die sich aus dem Gesprächsverlauf ergeben, stellen sollten. Achten Sie bei der Festlegung der Fragen insbesondere auch auf den Aufbau des gesamten Interviews. Die Fragen sollen sich im Idealfall beinahe wie von selbst auseinander ergeben und so das Interview durch verschiedene Themen oder unterschiedliche Aspekte eines Themas leiten, wie Sie sich das vorstellen. Wichtig ist dabei auch der Spannungsaufbau des Interviews. Da Sie das Interview später bei der Bearbeitung nicht mehr grundlegend umbauen und nach Belieben verändern können, legen Sie den Spannungsaufbau des späteren Textes bereits weitgehend in der Vorbereitungsphase fest, in dem Sie die Reihenfolge der Fragen bestimmen.

Einen guten Spanungsverlauf erzielen Sie, wenn Sie das wichtigste Thema an das Ende des Interviews stellen und Anfang schon darauf hinweisen, zum Beispiel in einem Vorspann. Einmal angenommen, Sie führen für die Mitarbeiterzeitschrift Ihres Unternehmens ein Interview anlässlich des 25jährigen Jubiläums des Marketingleiters. Schon seit längerer Zeit gibt es im Unternehmen Gerüchte über einen möglichen Wechsel des Mannes in die Vorstandsspitze eines Tochterunternehmens.

Dann können sie den Vorspann wie folgend anlaufen lassen und die Auflösung dann in der letzten Frage des Interviews bringen.

Beispiel

Wer kennt ihn nicht? Max Müller arbeitet seit 25 Jahren für die Muster AG. Angefangen als Lehrling in der Produktion leitet er mittlerweile seit sechs Jahren das Marketing. Er kennt noch das alte Werk in der Bismarkstraße und hat wohl alle Abteilungen des Unternehmens durchlaufen. Grund genug für ein Interview mit diesem „Urgestein" des Unternehmen – ein Gespräch, in dem Müller auch die Gerüchte über einen Wechsel in die Minitman AG kommentiert.

Haben Sie recherchiert, die Fragen formuliert und einen Termin für das Interview festgelegt, steht der Durchführung des Gespräches nichts mehr im Wege. Es versteht sich von selbst, dass das Interview in angenehmer Atmosphäre stattfinden sollte. Sie brauchen einen räumlichen und zeitlichen Rahmen, in dem Sie das Gespräch mit dem Interviewpartner in Ruhe führen können. Auch die Organisation dieses Rahmen gehört zu ihren Aufgaben als Interviewer. Beim Interview selbst führen Sie das Gespräch. Die Fragen sind dabei das Werkzeug, mit dem Sie den Verlauf des Gespräches lenken. Lassen Sie sich die Gesprächsführung während des Interviews nicht aus der Hand nehmen. Es gibt immer wieder Interviewpartner, die das – meist unbewusst, gar nicht mit Absicht – versuchen. Häufig stellen diese dann Gegenfragen oder geben Antworten, die vom Thema wegführen. Haben Sie das Interview gut vorbereitet, sorgt schon Ihre Fragenliste dafür, dass Sie das Heft in der Hand behalten. In solchen Fällen sollten Sie den Gesprächspartner höflich, aber bestimmt nach kurzer Zeit wieder zum eigentlichen Thema zurückführen.

Beispiel

„Herr Müller Mustermann, das ist ein sehr interessanter Aspekt. Ich merke mir das Thema schon einmal für weitere Recherchen vor. Ich würde aber vorschlagen, dass wir zunächst beim eigentlichen Thema bleiben. Wir hatten darüber gesprochen, ob ..."

In einem Interview kann es ihnen passieren, dass ein Interviewpartner nicht auf die Frage antwortet, sondern am eigentlichen Thema vorbeiredet und erzählt, was er selbst für wichtig hält. Das geschieht häufig bei heiklen Themen. Für den Interviewpartner ist das eine Technik, um dem brisanten Inhalt auszuweichen. Solche Antworten, die nicht unmittelbar eine Frage beantworten, kommen auch häufig vor, wenn der Befragte eine eigene Botschaft hat, der er unbedingt „verkaufen" will und für die das Interview nur als Medium dienen soll. Meister darin sind Politiker, insbesondere im Wahlkampf. Die Interviews laufen dann nach folgendem Muster ab:

> **Beispiel**
>
> **Frage:** Müssen die Bürger bei einem Wahlsieg Ihrer Partei mit einer Mehrwertsteuererhöhung rechnen?
> **Antwort:** Wenn Sie die Geschichte meiner Partei aufmerksam studiert haben, werden Sie sicher wissen, dass die Christdemokratie sich in Deutschland schon immer in besonderem Maße dem Mittelstand verpflichtet gefühlt hat. Auch wenn alle Welt von den großen, multinationalen Konzernen spricht und die Globalisierung das große Thema geworden ist, müssen wir uns doch bewusst sein, dass nach wie vor ein Großteil der Wirtschaftsleistung unseres Landes von mittelständischen Unternehmen erbracht wird. Es sind immer noch die Familienunternehmen, Gründerfiguren, wenn Sie wollen, die ..."

Entwickelt sich ein Interview nach folgendem Muster, ist es dabei, Ihnen aus „dem Ruder zu laufen". Der Befragte übernimmt die Führung des Gespräches und bestimmt den Inhalt. Das sollten Sie nicht zulassen. In einem solchen Augenblick sollten sie das Interview durch höfliche, aber gleichzeitig bestimmte Intervention wieder zurück zum eigentlichen Thema bringen. Reagiert der Befragte ungehalten, sollten Sie sich nicht verunsichern lassen. Bleiben Sie ruhig – und führen Sie den Gesprächspartner zurück zu Ihren Fragen. Dazu ein Beispiel, wie sich das vorgestellte Gespräch weiter entwickeln könnte.

> **Beispiel**
>
> **Frage:** ... die ganz sicher eine Mehrwertsteuererhöhung – genau wie die Bürger – nicht begrüßen würden. Nun mal Hand aufs Herz: Kommt die Mehrwertsteuer oder kommt Sie nicht?
> **Antwort:** Ich bin ja dabei, Ihnen zu antworten. Nur müssen Sie mich auch ausreden lassen. Also: Gerade meine Partei hat sich immer besonders für den Mittelstand engagiert. Gerade daran sollten wir denken, wenn wir heute über die Globalisierung sprechen und sie geradezu als ein Bedrohungsszenario erscheinen lassen. Wir müssen uns aber auch bewusst sein, dass wir damit der wesentlichen Kraft unserer Wirtschaft, nämlich dem Mittelstand ....

Frage: Ihre Antwort erweckt bei mir den Eindruck, dass Sie sich zur Mehrwertsteuererhöhung nicht äußern möchten. Dieses Recht haben Sie natürlich. Also zur nächsten Frage: Ihr Koalitionspartner denkt seit Jahren über eine Änderung der Erbschaftssteuer nach. Ihre Partei ist bei diesem Thema bisher eher als Bremser aufgetreten. Wird sich das in der kommenden Legislaturperiode ändern?

Im vorgestellten Beispiel versucht der Politiker ganz offenbar – ungeachtet der Fragen – ein Thema loszuwerden, dass ihm ganz besonders am Herzen liegt. Der Journalist lässt sich die Gesprächsführung nicht aus der Hand nehmen und greift mit seiner Zwischenfrage das eigentliche Thema wieder auf. Dieses Thema hat er ja mit Sorgfalt ausgewählt, weil es nach seiner Ansicht für die Leser seiner Zeitung oder die Zuschauer am Bildschirm besonders wichtig ist. Als der Politiker erneut abweicht, wird offenkundig, dass er nicht antworten will oder kann. Der Journalist leitet zur nächsten Frage über – und behält die Gesprächsführung des Interviews. Würde er das nicht tun und den Ausführungen des Politikers folgen, würde er sich damit zu einem reinen PR-Erfüllungsgehilfen des Gesprächspartners machen – und nicht mehr seiner Aufgabe nachkommen, aus seinem Gesprächspartner die für den Leser oder Zuschauer bestmöglichen Informationen herauszubekommen.

Auf der anderen Seite dürfen Sie als Interviewer natürlich auch nicht zu dogmatisch an Ihrem Fragenkatalog „kleben." Ergibt sich aus der Antwort des Befragten ein interessanter Aspekt, können Sie durchaus nachfragen, was es damit auf sich hat. Das ist Ihre Entscheidung, die Sie sehr bewusst treffen sollten. Dazu ein Beispiel:

Beispiel

Frage: Müssen die Bürger bei einem Wahlsieg Ihrer Partei mit einer Mehrwertsteuererhöhung rechnen?
Antwort: Nein, auf gar keinen Fall. Angesichts der steuerlichen Maßnahmen, mit denen ohnehin zu rechnen ist, können wir dem Bürger nicht auch noch eine Mehrwertsteuererhöhung zumuten. Auch die Opposition ...
Frage: ... angesichts welcher steuerlicher Maßnahmen? Was planen Sie denn?

Macht der Gesprächspartner eine solche Andeutung, die ja zum Beispiel auf Steuererhöhungen in anderen Bereichen hindeutet, ist es als Journalist geradezu Ihre Pflicht, nachzufragen, was sich hinter der Formulierung verbirgt.

Ganz ähnlich ist es, wenn der Befragte sich unverständlich äußert oder er Fachbegriffe verwendet, die Sie oder der Leser nicht verstehen. Beispiel:

> **Beispiel**
>
> **Frage:** Erst der Flugzeugabsturz vor rund einem Jahr und jetzt der Zwischenfall über dem Atlantik. Hat Ihre Fluggesellschaft ein Problem mit der Sicherheit?
> **Antwort:** Nein, natürlich nicht. Der Absturz wurde sorgfältig – von unabhängigen Experten – untersucht. Der Bericht liegt vor und besagt, dass wir nichts hätten besser machen können. Schuld war allein das schlechte Wetter. Und bei dem Zwischenfall hatten wir Pech. Das TCAS in der Maschine funktionierte nicht einwandfrei ... So konnte es ...
> **Frage:** TCAS? Was ist das?
> **Antwort:** Ein Kollisionswarngerät. Es gibt automatisch Alarm, wenn sich ein anderes Flugzeug und unsere Maschine stark annähern.

Ganz generell sollten Sie beim Führen des Interviews immer im Hinterkopf haben, wie der Leser denkt, was er weiß und was er vom Interviewpartner erfahren möchte. Maßgeblich beim Interview ist nicht Ihre Person und die Beziehungsebene, die Sie zu einem Befragten aufbauen oder schon haben. Maßgeblich ist immer das Interesse Ihrer Leser. Vielleicht interviewen Sie eine hochgestellte Persönlichkeit und großer Ausstrahlung. Es ist nur natürlich, wenn Sie emotional die Akzeptanz des Gegenübers anstreben. Vielleicht möchten Sie sich auch in Zukunft das Wohlwollen Ihres Gesprächspartners erhalten, weil er Ihnen zum Beispiel Zugang zu Informationen ermöglicht, die für Ihre Arbeit sehr wichtig sind. Auch wenn das so ist, dürfen Sie im Interview nie die Interessen Ihrer Leser oder Zuschauer aus den Augen verlieren. Alles andere ist schlicht schlechter Journalismus.

Ist das Interviewgespräch beendet, beginnt die Phase der Überarbeitung. Hierbei haben Sie die Grundregeln und -erfordernisse bereits im vorangegangenen Text kennengelernt. Was für den Journalisten gilt, der Sie oder einen von Ihnen betreuten Mitarbeiter Ihres Unternehmens interviewt, gilt natürlich genauso für Sie, wenn Sie selbst ein Interview bearbeiten. Auch Sie müssen sich darum bemühen, dass der Text gut lesbar ist, die Gesprächsatmosphäre möglichst gut transportiert und vor allem wahrhaftig die Inhalte des Gespräches wiedergibt. Führen Sie selbst ein Interview durch, sollte es für Sie selbstverständlich sein, dass Sie Ihrem

Interviewpartner den Text vor der Veröffentlichung noch einmal vorlegen. Ihr Gesprächspartner wird sich sehr wahrscheinlich freuen, wenn Sie ihm schon vor Beginn des Gespräches darauf hinweisen.

Möglichkeiten und Grenzen:
klassische PR-Arbeit und ihre Wirkung

Juli 2009 in Norddeutschland: Der Geschäftsführer eines bundesweit tätigen Autohauses hat einen Journalisten am Telefon. Das Gespräch ist offen. Beide Männer sprechen über die unterschiedlichsten Aspekte des aktuellen Geschehens am Automarkt. Als es um die seit einiger Zeit sinkenden Preise für Gebrauchtwagen geht, stellt der Geschäftsführer fest: „Wenn die Preise für Autos weiter fallen, herrscht in der Branche Krieg." Wenig später endet das Gespräch. Als die Zeitung am nächsten Tag erscheint, bekommt der Inhaber des Autohauses einen Schreck. Beim Aufschlagen der Seiten liest er sofort folgende Überschrift des Aufmachers auf der Titelseite: „Kriegserklärung: Autohaus will Konkurrenten über den Preis in die Knie zwingen." In der Zeitung ist eine Geschichte entstanden. Liest der Leser diese Zeilen, formen sich sofort die entsprechenden Bilder – unter denen der Unternehmer bis heute in der Branche leidet.

Zugegeben: Dieses Beispiel ist extrem. Es bedarf eines Journalisten, der im Prinzip nicht ehrlich arbeitet und seinen Gesprächspartner hintergeht. Das ist – zum Glück – im deutschen Journalismus nicht an der Tagesordnung. Trotzdem kommen solche Fälle vor. Das Beispiel verdeutlicht aber nicht nur, zu welchen Auswüchsen es in der Berichterstattung der Presse kommen kann. Es zeigt vielmehr und vor allem, was für ein Bedarf an Geschichten in den Medien herrscht und in welchem Maße Zeitungen, Zeitschriften oder TV-Sendungen uns tagtäglich Geschichten erzählen. Das ist so, weil – wie schon gezeigt – das menschliche Gehirn zu ganz erheblichen Teilen Wirklichkeit in Form von Geschichten strukturiert und Geschichten damit eine Grundform menschlicher Kommunikation bilden.

Erhalten Journalisten neue Informationen, filtern sie diese häufig schon beim ersten Hören oder Lesen darauf, ob sich eine Geschichte hinter der Information verbirgt. „Und was ist die Geschichte hinter der Meldung", ist denn auch nicht ohne Grund eine der Fragen, die wohl jeder Pressearbeiter schon im Kontakt mit Medienvertretern gehört hat. Und meist nicht nur einmal.

Nicht alles, was uns an Informationen zufließt, sind Geschichten. Wir neigen aber dazu, möglichst viele Informationen in Form von Geschichten zu strukturieren, um die Wirklichkeit besser verstehen und ordnen zu können.

Sie müssen grundsätzlich damit rechnen und davon ausgehen, dass alle Informationen, die Sie aus Ihrem Unternehmen herausgeben oder die auch auf anderen Wegen Ihr Unternehmen verlassen, zu Geschichten werden. Darüberhinaus passiert das auch mit Informationen innerhalb Ihres Unternehmen. Dieser Prozess geschieht in beiden Fällen völlig unabhängig davon, ob Sie das wollen oder nicht.

Bei der herkömmlichen Pressearbeit – dem Infotainment – geben Sie Informationen heraus ohne sich darum zu kümmern, was für Geschichten daraus in der Öffentlichkeit entstehen. Das gilt für alle Instrumente der Pressearbeit, die Sie im vorangegangenen Kapitel kennengelernt haben. Natürlich haben Sie auch beim Infotainment Möglichkeiten der Einflussnahme. Diese beziehen sich aber weniger darauf, was für Geschichten aus den Informationen entstehen, sondern lediglich auf den Informationsfluss als solchem. Vielleicht haben Sie bei der Zielformulierung in Ihrem PR-Konzept festgeschrieben, dass Sie Ihr Unternehmen im laufenden Jahr verstärkt als „innovatives modernes Unternehmen" darstellen möchten, weil die meisten Verbraucher es Imageumfragen zufolge als konservativ und „altbacken" empfinden. Dann werden Sie natürlich verstärkt Events veranstalten, Sponsoringaktivitäten starten, die Ihr Unternehmen als entsprechend innovativ darstellen, was Sie dann unter anderem mit den PR-Instrumenten der Pressemitteilung oder Pressekonferenz transportieren. Damit verändern Sie aber nur den Informationsfluss als solchen, geben nur den Sachinformationen, die Sie über Ihr Unternehmen herausgeben, eine neue Richtung. Sie steuern nicht die Geschichten, die man sich über Ihr Unternehmen erzählt oder die über Ihr Unternehmen entstehen. Diese bilden sich nach wie vor „zufällig". Natürlich kann auch die Herausgabe neuer Informationen, die Ihr Unternehmen jetzt als besonders innovativ beschreiben, ganz neue Geschichten generieren oder bestehenden Geschichten eine neue Richtung geben. Ob und wie das geschieht bleibt aber „zufällig" und wird von Ihnen nicht gesteuert. Häufig sind die Zielsetzungen von PR-Konzepten – sofern es überhaupt ein PR-Konzept gibt – viel zu vage formuliert. „Den Bekanntheitsgrad erhöhen" ist ein zu pauschales Ziel für die PR-Arbeit des kommenden Jahres, wenn es nicht weiter qualitativ untermauert wird. Aber auch Ziele wie eine Firma verstärkt zu beschreiben als

- ein innovatives, fortschrittliches Unternehmen
- ein Unternehmen mit einer fürsorglichen Personalpolitik
- eine Firma, fest verwurzelt mit der heimischen Region

nehmen selbst dann, wenn Sie gewissenhaft und mit viel Aufwand umgesetzt werden, keinen entscheidenden Einfluss auf die Geschichten, die man sich über Ihr Unternehmen erzählt und erzählen wird. Die entsprechenden „Wie-sind-wir-" oder „Wie-wollen-wir-sein"-Formulierungen sagen den Leuten in der Regel zu wenig. Es fehlt ein Bezugsrahmen, eine Einordnung dessen, was die genannten Attribute für die Menschen zu bedeuten haben. Ob ein Unternehmen als innovativ angesehen wird oder nicht, ist als solches zunächst völlig wertfrei. Es kann gut oder schlecht sein. Das hängt von den zusätzlichen Fakten ab. Vielleicht formt sich so in den Köpfen der Menschen das Bild einer Firma, die sich intensiv forschend um das Wohl der Bürger und des Landes bemüht. Als innovativ gilt auch eine Computerfirma, deren Gründer als Garagentüftler anfing und dem es bis heute immer darum geht, den Menschen brauchbare, praktikable Lösungen für Freizeit und Arbeit zu bieten. Innovativ kann aber auch ein Unternehmen sein, dass als krakenartiger Multi auftritt, vor dem sich der Bürger fürchten muss und der Umwelt und Gesundheit der Menschen durch seine Produktion gefährdet. Auch wenn Sie ein solches vergleichsweise differenziertes Ziel wie die verstärkte Wahrnehmung als innovatives Unternehmen in Ihrem PR-Konzept festgelegt haben, nehmen Sie noch keinen Einfluss darauf, welche Geschichten sich dauerhaft über Ihr Unternehmen bilden. Genau diese sind aber der Bezugsrahmen, der den Menschen erzählt, wie er die Sachinformationen, die er von Ihrem Unternehmen hört, einordnen soll. Die Geschichten sagen dem Bürger, ob er sich das „innovative" Unternehmen als krakenhaften, skrupellosen Multi vorstellen soll, der notfalls „über Leichen" geht oder als am Wohl jedes einzelnen interessierten Wohltäter und Helfer.

Ein weitere Möglichkeit der Einflussnahme auf den Informationsfluss bei klassischen Infotainment besteht natürlich schlicht darin, diesen zu unterbinden. Die Entscheidung darüber, ob Informationen herausgegeben werden oder nicht, liegt normalerweise bei der Presseabteilung oder Geschäftsleitung. Bei „harmlosen" Informationen funktioniert das „Filtersystem" ganz gut. Beispiel: Bei einem bekannten Designwettbewerb hat die Werbeabteilung mit ihren Verpackungsentwürfen in diesem Jahr nur den vorletzten Platz belegt, nachdem im vergangenen Jahr der erste Rang erzielt wurde. Auf diese Meldung kann die Presseabteilung getrost verzichten. Diese Neuigkeit wird nicht gemeldet. Bei problematischen Nachrichten stößt diese Technik aber an ihre Grenzen. Sind zum Beispiel giftige Gase vom Fabrikgelände in Richtung des benachbarten Wohngebietes entwichen, klappt der Verzicht auf die Bekanntgabe nur selten oder unvollständig und bereitet dann häufig zusätzliche Probleme, fügt der Glaubwürdigkeit eines Unternehmens schweren

Schaden zu und zieht zudem meist erst recht besonders gründliche Recherchen von Seiten der Medien nach sich.

Auch wenn Sie den Fluss der Informationen, die Ihr Unternehmen verlassen, aufgrund neuer Zielsetzungen in der PR-Arbeit verändern oder auch einmal unterbinden, werden weiterhin Geschichten über Ihr Unternehmen in der Öffentlichkeit kursieren und sich neu bilden. Diese sind der Bezugsrahmen, der den Menschen hilft, die Sachinformationen über Ihr Unternehmen für sich einzuordnen. Sie können diese Tatsache nur zur Kenntnis nehmen. Sie können sie nicht ändern. Dieser Sachverhalt gehört zu den festen Gegebenheiten, die den Rahmen der tagtäglichen Pressearbeit bestimmen. Es ist dabei die wichtigste Spielregel. Dass diese den wenigsten Verantwortlichen überhaupt bewusst ist, wirft kein gutes Bild auf die Qualität der Pressearbeit und deren gedankliche Durchdringung.

Dabei sind die Geschichten, die sich aus den Informationen, die Ihr Unternehmen verlassen, bilden, nicht unbedingt negativ. Viele Geschichte, die so ungesteuert über Ihr Unternehmen und seine Menschen entstehen, sind durchaus positiv. Sie können aber natürlich auch negativ ausfallen. Ob Geschichten über Ihr Unternehmen jetzt und in Zukunft positiv oder negativ aussehen werden, hängt von vielen Faktoren ab: Von bisherigen Image des Unternehmens, vom Image der Branche, von den Geschichten, die man bisher über Ihr Unternehmen von den Geschichten die man sich über den alten Geschäftsführer und von denen, die man sich über einen neuen Geschäftsführer erzählt, von den Konkurrenzunternehmen, von den Gewerkschaften, der Mitarbeit in Verbänden, der Umweltpolitik, vom Weltmarkt und vielen anderem mehr. Es gibt Unternehmen, die haben ein sehr starkes positives Image für die meisten Verbraucher. Bei solchen Unternehmen ist die Tendenz, dass sich aus den Informationen, die das Unternehmen verlassen, positive Geschichte entwickeln ungleich größer als bei anderen Unternehmen. Die Lufthansa ist ein solches Unternehmen. Die deutsche Airline hat ein sehr positives Grundimage, das wie ein Vertrauensguthaben in den Köpfen der meisten deutschen Verbraucher wirkt. Bevor die Airline in Misskredit gerät, muss schon einiges geschehen. Vergleichen Sie damit einmal das Image, das eine Fluggesellschaft wie Birgenair in den Köpfen der Verbraucher – auch vor dem Unglück von 1996 – hatte. Kommt es zu einem Zwischenfall, wird der normale Zeitungsleser es bei einem Unternehmen mit großem Vertrauensguthaben viel eher mit einer wohlwollenden Tendenz einordnen als bei einem Unternehmen mit einem nicht so positiven Grundimage. Kommt es zu einem Beinahe-Zusammenstoß in der Luft, wird der Verbraucher bei Verwicklung einer Lufthansa-Maschine eher sagen: „Kann ja mal passieren. Der Luftraum ist aber ja auch wahnsinnig überfüllt." Ist eine Maschine von einer Airline wie Birgenair beteiligt gehen die Gedanken eher in die Richtung: „Das klingt ja nicht gut. Wenn da die Piloten überhaupt vernünftig ausgebildet waren. Man hört ja auch oft, dass die nicht mal vernünftig Englisch im Funk sprechen können." Die Bedeutung des vermeintlichen Unternehmensimages wurde ganz besonders nach dem Birgenair-Unglück 1996 deutlich. Es kam auf Flughäfen zu grotesken Szenen, als sich Passagiere weigerten, in Maschinen zu steigen, bloß weil ihnen der Name der Airline suspekt erschien. Das betraf auch Unternehmen, die bei Fachleuten einen hochseriösen Ruf haben, nur eben nicht nach Deutschland fliegen. Ein Beispiel ist die niederländische Martinair, eine traditionsreiche Airline, die sich hinsichtlich Sicherheit hinter keiner anderen Fluggesellschaften zu verstecken braucht.

Ein so positives Grundimage, wie es die Lufthansa hat, kommt natürlich nicht von allein. Es ist zum einen das Ergebnis einer sehr langen, soliden und erfolgreichen Geschichte des Unternehmens und zum anderen die Folge einer sehr guten Kommunikationsarbeit. Verfügen Unternehmen über ein solches Grundimage, haben sie es sich in der Regel zuvor hart erarbeitet. Hat Ihr Unternehmen ein so positives Grundimage, wie es zum Beispiel die Lufthansa vorweisen kann, ist das natürlich ein immenser Vorteil für die Pressearbeit. Viele Geschichten, die sich entwickeln, werden sich positiv entwickeln, ohne dass Sie dafür etwas tun müssten.

Selbst wenn ein Unternehmen ein solches „Vertrauenskapital" in den Köpfen der Menschen hat, ist das Entstehen von positiven Geschichten aber natürlich nicht garantiert. Im Fall einer Fluggesellschaft kann schon ein Unglück oder auch nur ein Zwischenfall die Richtung, in der Geschichten entstehen, grundlegend ändern. Zudem hängt – wie schon erwähnt – die Art der Geschichten, die sich über ein Unternehmen bilden, auch stark von zahllosen weiteren Faktoren ab, die weder absehbar noch für Sie kalkulierbar sind. Selbst unter den günstigen Voraussetzungen eines sehr großen Vertrauenskapitals sind die Möglichkeiten der klassischen PR-Arbeit also sehr begrenzt, wenn es darum geht, die Geschichten, die sich über das Unternehmen bilden, zu steuern. Das gilt natürlich noch in weit größerem Maße, wenn Ihr Unternehmen keine so glücklichen Ausgangsbedingungen für die Pressearbeit hat. Richtig komplett werden Ihre Public Relations erst dann, wenn Sie einen Schritt weitergehen und Einfluss auf die Geschichten nehmen, die sich über Ihr Unternehmen bilden. Das Instrument, um diese zu steuern, ist Storytelling.

Das Steuer in der Hand:
Storytelling in der Pressearbeit

20. Dezember 1995: Nordöstlich von Cali, Kolumbien, rast eine Boeing 757 der American Airlines während eines regulären Linienflugs von Miami (USA) nach Cali gegen einen Berg. 151 Passagiere und acht Besatzungsmitglieder sterben. Wenige Tage nach dem Unglück verbreiten sich Gerüchte, nach denen die Piloten während des Fluges unter Alkoholeinfluss standen. Blitzschnell bildet sich eine Geschichte über den Ablauf des Unglücks und seine Ursachen in der Öffentlichkeit. Der Verdacht war nach einer ersten Untersuchung der Leichen des Kapitäns aufgekommen. Dabei hatten kolumbianische Mediziner im Körper des Mannes, dessen Leiche überhaupt erst nach drei Tagen gefunden wurde, Alkoholspuren entdeckt. Aufgrund der Brisanz der Anschuldigungen wurde eine weitergehende Analyse in den USA durchgeführt. Hier ergab sich schnell, dass die Alkoholspuren erst nach dem Tod durch mikrobiologische Aktivitäten entstanden waren. Die Geschichte von den betrunkenen Piloten war trotzdem noch lange danach immer wieder zu hören.

Bei der Pressearbeit, die nach dem klassischen Muster der Infotainments erfolgt, sind die Geschichten, die in der Öffentlichkeit über das Unternehmen entstehen, für Sie nicht steuerbar. Die Pressearbeit beschränkt sich auf die Herausgabe von Informationen. Ist die Pressearbeit gut organisiert, werden dabei abstrakte Ziele in Form von Attributen („wir wollen uns verstärkt als innovatives Unternehmen profilieren") anvisiert und der Informationsfluss entsprechend der Zielsetzung verändert. Die Pressearbeit wird durchgeführt und schließlich – hoffentlich – der Erfolg kontrolliert. Damit gilt die Aufgabe der Öffentlichkeitsarbeit als abgeschlossen. Was mit den herausgegebenen Informationen in der Öffentlichkeit, in den Medien und Köpfen der Menschen geschieht, wird als Entwicklung, auf die das Unternehmen keinen Einfluss hat, verstanden. Und genau das ist nicht richtig. Presse- und Öffentlichkeitsarbeit darf nicht nur darin bestehen, als Unternehmen Informationen herauszugeben und deren weiteren Weg dem Zufall zu überlassen. Presse- und Öffentlichkeitsarbeit ist in einem sehr viel stärkerem Maße steuerbar. Das Stichwort dabei: Storytelling. Storytelling ist der letzte und wichtigste Schritt in den Public Relations. Erst durch Storytelling wird Ihre PR-Arbeit komplett. Während es so ist, dass Menschen in einem hohe Maße dazu neigen, Informationen in ihrem Gehirn in Form von Geschichten zu strukturieren, belässt es die klassische Pressearbeit dabei, den Menschen ausschließlich die Zutaten der Geschichtenbildung, die reinen Informationen, zu liefern. Beim Storytelling gehen Sie einen Schritt weiter. Sie liefern den Medien und der Öffentlichkeit nicht bloß die reine Information, sondern strukturieren diese auch gleich zu einer Geschichte oder liefern das Rüstzeug, damit der Konsument der Information diese zu einer bestimmten Form von Geschichte strukturieren kann. Anders gesagt liefern Sie die Informationen so, dass es für den Leser naheliegend ist, eine bestimmte Form von Geschichte in seinem Kopf zu formen. Tun Sie das nicht, formt sich die Geschichte beliebig oder wird – Beispiel Autohaus aus dem vorangegangenen Kapitel – von anderen geformt.

Von Fakten, Geschichten und Bildern

März 2010: In Deutschland schmunzeln Fußballfans – und nicht nur die – wieder einmal über den FC St. Pauli. „St. Pauli mit skurrilster Tribüne der Liga" titeln die Zeitungen. Sportlich gehört der Club, der zu dieser Zeit in der 2. Bundesliga spielt, nicht zu den Top-Vereinen Deutschlands. Trotzdem ist er einer der beliebtesten Fußballvereine in Deutschland, der Anhänger nicht nur in Hamburg, sondern im ganzen Bundesgebiet hat und hinsichtlich seiner Popularität viele Erstliga-Vereine weit hinter sich lässt. Was war mit der Tribüne geschehen, das solche Schlagzeilen rechtfertigt? Die Fakten: Im Herbst 2009 hatte der Fußballclub die alte Haupttribüne abreißen lassen, um an der Stelle eine neue, größere Tribüne zu bauen. Für die Zeit der Arbeiten konnten Schüler und Lehrer des benachbarten Wirtschaftsgymnasiums das Spielfeld einsehen – eine Möglichkeit, die viele Schüler bei Punktspielen wahrnahmen. Schon bald wehten bei den Spielen aus den Fenstern der Schule St-Pauli-Fahnen, jubelten von dort während der Spiele Schüler in Fankleidung der Mannschaft zu, und es dauerte nicht lange, dass sich auch die Spieler in Ihrer Ehrenrunde nach dem Ende der Spiele explizit an die Schüler im Gymnasium wandte, so wie an die Besucher der anderen Tribünen auch im Stadion. Die Presse griff diese Szenerie dankbar auf. Damit gab es ein weiteres Puzzlestück für das Bild des „etwas anderen" Fußballvereins, der als kleine, aber skurrile und liebevolle Gemeinschaft seinen Weg geht und damit immer wieder die Goliaths der Fußballwelt ärgert. Das Image, das der FC St. Pauli pflegt, lebt. Es ergibt sich auch aus der Summe zahlreicher vergleichbarer Geschichten, die nicht nur unterhaltsam sind, sondern auch ein hervorragendes Beispiel für Storytelling in Bezug auf den Auftritt einer großen Organisation.

Storytelling liegt im Trend. Dabei wird der Begriff in Deutschland mittlerweile für die unterschiedlichsten Techniken und Dienstleistungen verwendet. Erzählt ein Großvater seinen Enkeln eine Geschichte, ist das Storytelling. Und damit Laien lernen, Geschichten gut zu erzählen, gibt es mittlerweile Literatur, die das Wissen um diese Art des Storytelling vermittelt. Es gibt Storytelling auch als Managementmethode. Dabei wird die Kraft, die Geschichten haben, eingesetzt, um Mitarbeitern in Unternehmen Sachverhalte besonders eindringlich zu vermitteln. Dieser Ansatz fußt natürlich genau auf dem Wissen über das Gehirn und die Wirkung von Geschichten, die auch im entsprechenden Kapitel dieses Buches ausführlich erläutert wurde. Auch im Bereich der PR-Arbeit hat das Storytelling Fuß gefasst – und befindet sich stetig im Aufwind. Unter Storytelling wird dabei aber bisher ausschließlich das Erzählen von Geschichten in seiner klassischen Form verstanden.

Ein Beispiel: Ein Pharmaunternehmen führt ein neues Produkt ein. Neben den üblichen PR-Maßnahmen setzt das Unternehmen Storytelling ein. In einer Reportage wird geschildert, wie ein bisher eher unauffälliger Mitarbeiter der Forschungsabteilung durch Zufall bei einem fehlgeschlagenen Experiment den entscheidenden Hinweis auf den neuen Wirkstoff erhalten hat und wie er – zunächst auch gegen Widerstände im eigenen Unternehmen – dessen Entwicklung bis zum fertigen Produkt vorangetrieben hat. Die Geschichte folgt einem Muster, von dem Sie in Zusammenhang mit Geschichten noch sehr häufig hören werden. Der Motto der Geschichte ließe sich überschreiben mit: Der Held geht seinen Weg. Diese Reportage könnte in überregionalen Printmedien veröffentlicht werden oder auch in unternehmensinternen Publikationen.

Anderes Beispiel: Ein Ingenieursbüro hat einen neuen Klebstoff entwickelt, mit dem Metallwerkstoffe wirksamer als bisher miteinander verbunden werden können.

In einer Reportage erzählt das kleine Unternehmen davon, wie einige Mitarbeiter den Klebstoff entwickelt haben, wobei deutlich wird, dass eine der größten Schwierigkeiten fehlende finanzielle Ressourcen bei der Entwicklung waren und jeweils pfiffige Ideen für entscheidende Schritte sorgten. Die Geschichte folgt in diesem Fall dem Motto: Geist schlägt Geld. Sie wird als klassische Geschichte erzählt, in der einige Hauptpersonen auf dem Weg zu einem Ziel sind, dabei Widerstände überwinden und Konflikte lösen.

Auf diese Weise formulierte Pressetexte funktionieren in der Regel sehr gut. Sie werden gern gelesen und bleiben dem Leser viel länger im Gedächtnis haften als ein normal formulierter Pressetext. In dieser Form angewandt kommt das Storytelling aber in der Regel nur als ergänzendes Element neben der üblichen Pressearbeit zum Einsatz. Und das ist meist äußerst selten der Fall. So betrieben stellt Storytelling nicht mehr als eine besondere „Luxusvariante" der Pressearbeit dar. Es versteht sich von selbst, dass sich Storytelling-Geschichten in dieser Form nicht für den Versand als Pressemitteilung eignen, sondern – sofern sie in externen Medien verwandt werden sollen – als längere Fachartikel nach Rücksprache mit der Redaktion angefertigt werden. Anwendungsberichte lassen sich zum Beispiel auch als Storytelling verfassen. Eine mögliche Herangehensweise: Der Kunde beziehungsweise ein Mitarbeiter des Kunden hat ein schwieriges, äußerst wichtiges Problem zu lösen. Von der Lösung des Problems hängt sehr viel ab. Bisher ist er immer gescheitert. Jetzt nimmt er das Produkt Ihres Unternehmens und macht sich damit an die Arbeit, das Problem zu lösen.

Solche Geschichten zu entwickeln und aufzubauen ist keine Frage des Talents. Dafür gibt es klare Regeln, die Sie in den folgenden Kapiteln dieses Buches kennenlernen werden und die Sie in die Lage versetzen, ebenfalls entsprechende Geschichten zu formulieren.

Wenn Storytelling in dieser Form in den Public Relations verwendet wird, ist das natürlich erfreulich. Diese Anwendung schöpft aber bei weitem noch nicht die Möglichkeiten aus, die Storytelling in den PR tatsächlich bietet. Haben Sie schon einmal darüber nachgedacht, was mit vielen Meldungen, die Sie in der Zeitung lesen, in Ihrem Kopf geschieht? Sie lesen einen Artikel über eine neugegründete Airline, bei der es einen Zwischenfall gegeben hat. Es wird weiter berichtet, dass es möglicherweise vergleichbare Fälle bereits in der Vergangenheit gegeben hat. Einen Tag später erscheint erneut ein Bericht über die Airline in der Zeitung. Ein gekündigter Mitarbeiter wird zitiert. Dabei spricht er von einem „immensen Kostendruck" im Unternehmen. Sofort entstehen Bilder, formt sich im Kopf des Lesers eine Geschichte nach dem Motto „Billigairline gefährdet durch Kostendruck das Leben vieler Menschen". Das ist nur natürlich, weil der Mensch – wie schon eingehend erläutert – permanent die eingehenden Informationen darauf scannt, ob sie sich zu Geschichten formen lassen, um sie so besser einordnen und strukturieren zu können. Was grundsätzlich nur natürlich ist, kann sich für ein Unternehmen schnell als verhängnisvoll erweisen. Stellen Sie sich vor, Sie sind für die Pressearbeit einer Airline verantwortlich und es kommt zu einem Unglück. Hier können sich bei entsprechenden Nachrichten innerhalb weniger Stunden aufgrund der Fakten Geschichten in den Köpfen der Menschen bilden, die Ihr Unternehmen in kürzester Zeit vernichten.

Es hat zentrale Bedeutung für den Erfolg der PR Ihres Unternehmens, wenn Sie auf diesen Prozess der Geschichtenbildung Einfluss nehmen. Und das ist gut möglich. Im erwähnten Beispiel der Airline bildete sich die Geschichte „zufällig" und ungesteuert in der Öffentlichkeit. Wenn das möglich ist, können Sie natürlich durch geschickten Einsatz der Informationen, die Sie herausgeben, die Entwicklung der Geschichten über Ihr Unternehmen bewusst steuern. Auch hierbei haben Sie es mit Geschichten zu tun, weshalb sich dieser Prozess als Storytelling bezeichnen lässt. Dabei liegt es natürlich auf der Hand, dass diese Form des Storytelling mit dem Storytelling, bei dem bewusst eine Geschichte von Personen erzählt wird, die etwas erleben, nichts zu tun hat. In dieser klassischen Form des

Storytelling erzählen Sie den Lesern eine Geschichte, die stark anekdotische Züge trägt. Eine oder mehrere Personen erleben etwas, wie in dem Beispiel, in dem Mitarbeiter einen Klebstoff entwickeln, das in eine Lehre oder Erkenntnis über ein Produkt oder Unternehmen mündet und diese charakterisiert. Aus diesem Grund kann diese klassische Form des Storytellings auch als anekdotisches Storytelling bezeichnet werden. In der weitergehenden Form des Storytelling kommt es zu keiner anekdotischen Erzählung. Es werden Fakten und Informationen vermittelt. Durch diese Fakten entsteht im Kopf des Lesers eine Geschichte. Dieser Prozess besteht permanent – auch ohne bewussten Eingriff durch die Presseabteilung. Denken Sie an das Beispiel mit dem Autohaus. Der Inhaber hat nur Fakten in dem Gespräch geäußert. Daraus wurde in der Zeitung eine Geschichte. Oder das Beispiel der Airline: Die Öffentlichkeit erhielt Informationen über den Zwischenfall einer Maschine und – einen Tag später – über einen angeblichen Kostendruck im Unternehmen.

Diese Form des Storytelling soll von nun an in Abgrenzung zum anekdotischen Storytelling schlicht als Storytelling bezeichnet werden. Es gibt Storytelling in einer negativen und einer positiven Form. Und Storytelling kann gesteuert oder ungesteuert erfolgen.

Ob Storytelling negativ oder positiv ist, ergibt sich aus der Wirkung für das Unternehmen. Ungesteuertes Storytelling liegt dann vor, wenn – Beispiel Autohaus – sich die Geschichte in den Medien oder der Öffentlichkeit bildet, ohne dass das Unternehmen bewusst steuern darauf Einfluss nimmt. Im Fall des Autohauses lässt sich also von ungesteuertem, negativem Storytelling sprechen. Gesteuertes Storytelling liegt vor, wenn ein Unternehmen oder eine Organisation sich der Tatsache des Storytelling bewusst ist und entsprechend gesteuert Fakten, Informationen oder Geschichten an die Öffentlichkeit herausgibt.

> Nur am Rande sei bemerkt, dass es auch in der klassisch ablaufenden PR-Arbeit kaum eine Pressemitteilung gibt, die nicht immer auch gleichzeitig eine Geschichte erzählt, ohne dass sich jemand dessen bewusst ist oder sie als solche konzipiert hätte. Eine klassische Pressemitteilung gibt zum Beispiel bekannt, dass das neue Produkt „Goods-Line-One-Day" der Speditionskooperation Goods-Line jetzt sechs Monate auf dem Markt ist und bereits 27 000 Sendungen umgeschlagen wurden. Damit ist der Gesamtschlag des Vorjahres von 26 000 Sendungen bereits übertroffen. Das sind Fakten und Informationen. Die stehen im Vordergrund – und scheinbar geht es um nichts anders. Gleichzeitig

> erzählt aber selbst eine solche Pressemitteilung – in paralleler, gewissermaßen untergeordneter Funktion auch eine Geschichte, wenn man es genau nimmt. Es gibt einen Protagonisten (einen Hauptdarsteller) in Form des Unternehmens, der in besondere Ereignisse verwickelt ist. Nicht anders wird eine Geschichte definiert. Dazu mehr im entsprechenden Kapitel des Buches, das sich mit der Definition und Struktur von Geschichten befasst.

Diese Form des bewusst gesteuerten Storytellings können Sie lernen und darüber die Entstehung der Geschichten über Ihr Unternehmen oder Ihre Organisation in der Öffentlichkeit steuern. Dazu ein Beispiel: Einmal angenommen, Sie sind für die Pressearbeit der Profisparte eines Fußballvereins zuständig. Ihr Verein spielt in der ersten Bundesliga, hat weit weniger Geld als die meisten anderen Vereine, noch weitgehend unprofessionelle Strukturen was die Trainingsarbeit, die Nachwuchsförderung und das gesamte Management angeht. Immer wieder kommt es zu peinlichen Pannen, von denen Sie viele in der Pressearbeit rechtfertigen und erklären müssen. Was tun? Wenn die Mannschaft gegen finanziell wesentlich potentere Vereine antritt, die zudem deutlich professioneller geführt werden und organisiert sind, ist das im Grund ein Kampf David gegen Goliath. Das ist die Geschichte, die Sie langfristig in den Köpfen der Menschen als Geschichte Ihres Vereins entstehen lassen können. Dabei muss Ihr David sympathisch und liebenswert sein. Um an diesem Image zu arbeiten, gehen Sie immer wieder mit Meldungen und Nachrichten an die Medien. Dazu nutzen Sie das gesamte Spektrum der Pressearbeit, setzten je nach Inhalt Pressemitteilungen ein, sprechen mit Journalisten am Telefon oder laden diese ein, um Sie auf etwas Besonderes hinzuweisen. Dabei geben Sie jeweils nur Fakten an die Medien heraus. Beispiele:

- Vom Glockenturm einer Kirche aus haben Besucher freien Blick auf das Spielfeld. Hier sammelt sich während der Spiele eine ganz eigene Fangemeinde. Sie weisen die Medien darauf hin. Tags darauf erscheint in verschiedenen Zeitungen ein Bericht über „Auf geweihtem Boden: Deutschlands heiligste Tribüne"
- Wenn die Mannschaft die Umkleidekabine verlässt, um vor dem Spiel zum Spielfeld zu kommen, muss sie dabei die Vereinskneipe, die sich in diesem Teil des Stadions befindet, passieren. Die hier versammelten Gäste sparen nicht mit Schulterklopfen und aufmunternden Worten, wenn die Spieler an ihnen vorbeigehen. Klar, dass Sie dazu ein Fernsehteam einladen – und das Geschehen eingehend im TV würdigen.

- Die Kinder, die bei jedem Spiel zusammen mit den Profis auflaufen, kommen traditionell aus Heimen oder sozial benachteiligten Familien – während bei anderen Vereinen häufig Sponsoren die Auflaufkinder zusammenstellen. Auch darauf machen Sie die Medien aufmerksam. Die größte Tageszeitung der Stadt bringt darauf regelmäßig kurze Portraits einiger Kinder.
- Wo bei anderen Bundesliga-Vereinen das Spielerergebnis auf großen filmtauglichen Bildschirmleinwänden angezeigt wird, gibt es in Ihrem Stadion noch eine Anzeigetafel, bei der ein ehrenamtlicher Helfer die Ziffern des Ergebnisses von Hand aufhängt. Nachdem dieser – ein 80jähriger Rentner – beim Spiel gegen Bayern München zuerst aus dem 1:2, dann aus dem 1:3 zur allgemeinen Belustigung „aus Versehen" ein 2:1 und dann 3:1 macht, laden Sie einige Zeitungen ein, den rührigen Helfer zu interviewen.

Bei den vier beispielhaften Geschehnissen handelt es sich um Fakten, Informationen und kleine Geschichten, die Sie an die Medien weitergeben und die dort aufgegriffen werden. Dabei handelt es sich um Informationen, die es in anderen Stadien vielleicht auch gibt – so oder in abgewandelter Form – , die dort aber überhaupt nicht als berichtenswert erachtet werden. Diese Fakten „arbeiten" in den Köpfen der Leser und Zuschauer nach Veröffentlichung weiter – und werden zu Bausteinen an der Gesamtgeschichte, vom liebenswerten, skurrilen Verein, der sich als David der Fußballwelt gegen die gestylten und reichen Goliaths behaupten muss. Indem Sie Fakten und Nachrichten herausgeben, erzählen Sie in der Öffentlichkeit im Endeffekt eine Geschichte. Ganz am Rande bemerkt ist die natürlich auch geradezu ideal für Ihren Verein, weil Sie auf dieser Weise auch viele der immer wiederkehrenden Pannen, die aus unprofessionellem Verhalten und Strukturen entstehen, zu charmanten Elementen der Geschichten, an der Sie bauen, umdeuten können.

Große und kleine Geschichten:
zur Struktur des Storytelling

Februar 2011: In den USA geht eine Radioshow auf Sendung. Der Moderator kündigt seinen Hörern eine Sensation an: Er kennt das geheime Rezept für die Cola-Limonade und wird es über den Sender verraten. Von der „7x" genannten Formel ist bisher nur bekannt, dass sie gut behütet in einem Banktresor im US-amerikanischen Atlanta liegen soll. Jetzt wollen die Macher der Show die Bestandteile der Formel in einem alten Zeitungsartikel von 1979 gefunden haben.

Eine Geschichte, die kaum jemand in Frage stellt – und deren Entstehung eigentlich verwundert. Immerhin braucht man zur Herstellung der ungeheuren Mengen des Cola-Sirups zahlreiches Personal: Einkäufer der Rohstoffe, Spezialisten für das Mixen der Ingredienzien, Forscher, die die Rezeptur an den technischen Fortschritt anpassen, Mitarbeiter der Qualitätsprüfung. Und von diesen zahllosen Mitarbeitern niemand weiß, was er da eigentlich tut und wie man Aromen mit moderner Technik analysiert? Das ist höchst unwahrscheinlich. Und so handelt es sich bei der sorgfältig geschützten Formel weniger um ein Geheimnis – als um eine sorgfältig gepflegte Geschichte aus den Gründerjahren, die dem Verkaufserfolg der Cola-Getränke durchaus positiv ausgewirkt haben dürfte.

Bisher haben Sie verschiedene Arten des Storytelling kennengelernt. Das anekdotische Storytelling erzählt Episoden aus Ihrem Unternehmen und/oder seiner Geschichte, in denen Menschen eine Hauptrolle spielen. Die Anwendung kann sehr wirksam sein, wenn es zum Beispiel darum geht, Ihrem Unternehmen stärker als in der Vergangenheit ein „menschliches" Antlitz zu geben. Einmal angenommen, Sie arbeiten in der Öffentlichkeitsarbeit eines großen Chemieunternehmens. Ihr Unternehmen gilt als modern, groß und innovativ – soweit ist das Image schon einmal so, wie es sich viele andere Unternehmen wünschen würden und es als Ziel formulieren. Wie schon an früherer Stelle formuliert, ist es bei einem solchen Image aber noch weitgehend offen, wie Kunden oder auch Nachbarn des Unternehmens dieses bewerten. Ein solches Image kann als positiv oder auch als negativ bewertet werden. Die genannten Werte können für einen Partner gelten, der den Menschen hilft, sie können aber auch für einen „seelenlosen", global agierenden Multi gelten. Einmal angenommen, Sie haben als Verantwortlicher für die Öffentlichkeitsarbeit das Gefühl, dass ihr Image droht, in letztgenannte Richtung zu kippen. Gerade ist es zu einem Ladeunfall auf dem Firmengelände gekommen. Es gab Probleme in der Kommunikation mit den Nachbarn und der Lokalpresse und die Berichterstattung ging tendenziell in die Richtung „Multi agiert skrupellos und macht sich über die Anwohner keine Gedanken."

Dann ist anekdotisches Storytelling ein gutes Instrument, um dieser Entwicklung gegenzusteuern. Zeigen Sie anhand von Geschichten auf, wie sich konkrete Menschen in Ihrem Unternehmen um die Sicherheit gerade auch der Anwohner bemühen, wie sorgfältig Sie sind und wie pedantisch gerade in dieser Hinsicht gearbeitet wird. Geben Sie dadurch dem multinationalen Unternehmen ein menschliches Gesicht. Dazu können Sie eine Reportage über einen Lokführer auf dem Firmengelände platzieren, eine Geschichte über einen Sicherheitsbeauftragen, der 30 Berufsjahre im Unternehmen verbracht hat oder über einen Schichtleiter in einem besonders sicherheitsrelevanten Produktionsbereich. In dem Sie das Thema Sicherheit personalisieren, erscheint Ihr Unternehmen den Lesern und Nachbarn menschlicher, und Sie vermeiden den Eindruck eines seelenlos agierenden Multis. So eingesetzt ist das anekdotische Storytelling eine äußerst wirksame Technik der Pressearbeit. Es wird aber immer nur ein Mittel bleiben, das am Rande, als Zugabe zur „normalen" Pressearbeit, verwendet wird.

Anders ist das beim Storytelling, das über das anekdotische Erzählen hinausgeht und bei dem Sie Geschichten in den Köpfen der Menschen entstehen lassen. Betreibt ein Unternehmen klassisches Infotainment in der PR-Arbeit, wie es seit Jahrzehnten betrieben wird, kann es Storytelling als Ergänzung in der Pressearbeit einsetzen – genauso wie das anekdotische Storytelling. Das ist zum Beispiel in einer Krise sinnvoll. Das Unternehmen betreibt klassische PR. Kommt es zu einem Unfall auf dem Betriebsgelände, wird bewusst Storytelling eingesetzt, um steuernd in den Prozess der Geschichtenbildung in den Medien einzugreifen. Mehr dazu erfahren Sie in dem Kapitel, das sich speziell mit der Krisen-PR beschäftigt. Gleichzeitig kann zum Beispiel auch noch anekdotisches Storytelling in der oben in diesem Kapitel geschilderten Form erfolgen. Sie können Storytelling in jedem Fall und in welcher Form immer als ergänzende Technik zur herkömmlichen Infotainment-PR einsetzen. Storytelling ist also keine PR-Technik des Entweder-Oder, die Sie nur betreiben können, wenn Sie Ihre bisherige PR-Arbeit über des Haufen werfen. Storytelling ist eine Technik die sie immer ergänzend und dosiert einsetzen können. Wenn Sie sich zudem damit beschäftigen, werden das Wissen über Geschichten und Ihr Bewusstsein über deren Entstehung sich immer nützlich auch auf den Ablauf Ihrer ganz normalen Infotainment-PR auswirken.

Darüberhinaus leistet Storytelling aber noch weit mehr. Storytelling ist auch – und vor allem – eine Technik, um Ihre gesamten Public Relations auszurichten und zu strukturieren. Ein Beispiel haben Sie dabei schon kennengelernt: die Pressearbeit des Fußballvereins aus dem vergangenen Kapitel. So eingesetzt ist Storytelling ein noch mächtigeres und gleichsam wirksameres Werkzeug für Ihre Pressearbeit. Die Installation eines so verstandenen Storytellings ist gleichzeitig aber auch ein sehr komplexer Prozess. Befinden Sie sich darin, wird es sehr wahrscheinlich einen Punkt geben, an dem Sie feststellen, dass Storytelling Ihnen wesentliche Erkenntnisse über Ihr Unternehmen in seiner Gesamtheit bringt – und damit sogar noch weit über die reine PR-Arbeit hinausreichen kann. Storytelling ist ein Werkzeug, mit dem Sie den Mythos, die stärkste Kraft eines Unternehmens, freilegen können und wahrscheinlich werden. Mehr dazu im Verlauf des Buches. Ob Sie dieses Know how dann nur in der Presse- und Öffentlichkeitsarbeit anwenden oder noch darüber hinaus gehen, bleibt Ihnen überlassen und hat sicher auch damit zu tun, wie viel Einfluss und Spielraum Ihnen das Unternehmen dabei lässt. Sie können Storytelling als Mittel einsetzen, um Ihre Public Relations zu strukturieren. Im Prinzip können Sie mit den Prinzipien, die Sie bei der Arbeit damit gewinnen, aber auch ganzheitlich das gesamte Unternehmensimage verbessern oder auch installieren und damit weit über die reine PR-Arbeit hinausgehen. Dabei ist aber natürlich die Mitarbeit des kompletten Unternehmens gefordert. Storytelling in der PR-Arbeit funktioniert auch ohne diesen letzten Schritt sehr gut. Das Optimum für ein Unternehmen ist es aber natürlich, wenn das Unternehmen stimmig und ganzheitlich auf einen Unternehmensmythos eingestimmt ist und dieser im Unternehmen von allen Mitarbeitern gelebt wird. Letzteres ist übrigens nicht so schwierig, wie es vielleicht klingt. Während abstrakt festgelegte Unternehmensgrundsätze nach dem Muster „Wir sind ein innovatives Unternehmen, das in der heimatlichen Region verwurzelt ist und auf traditionellen Werten fußt" nur allzu häufig von den Mitarbeitern nicht gelebt werden, sondern kraftlose, abstrakte Botschaften bleiben, ist das bei einem Unternehmensmythos anders. Er wird in der Regeln von den Mitarbeitern gelebt, weil diese sich der Kraft eines solchen Mythos gar nicht entziehen können und wollen. Was aber genau ist der Unternehmensmythos? Was lässt sich darunter verstehen? Wesentlicher Kern des Mythos ist zunächst die Leitidee eines Unternehmens. Dazu ein persönliches Beispiel. Wenn ich als Autor dieses Buches Kunden PR anbiete, ist das meine Arbeit. Ich kann das auch ohne Unternehmensmythos tun, Pressemitteilungen schreiben, Anwendungsberichte oder auch Konzepte für die PR-Arbeit entwerfen. Jetzt habe ich aber festgestellt, dass alle News, die ein Unternehmen verlassen, letztlich außerhalb und innerhalb des Unternehmens zu neuen Geschichten oder zum Teil von bestehenden Geschichten werden. Das ist neu. Gleichzeitig bin ich Romanautor und habe ein beträchtliches Know how darüber, wie man gute und funktionierende Geschichten aufbaut. Da liegt es nahe, beide Arbeitsbereiche miteinander zu verknüpfen. Der Ansatz: Das Know how, das für den Aufbau von Romanen und anderen Geschichten gilt, muss sich doch auch auf die Geschichten anwenden lassen, die über Unternehmen in der Öffentlichkeit entstehen. Genau das ist der Fall, und damit wird das, was ein Unternehmen im Rahmen der PR an die Öffentlichkeit herausgibt, dort erstmals steuerbar. Das ist ein grundsätzlich neuer Ansatz, von dessen Erfolg und Richtigkeit ich überzeugt bin. Aufgrund meines ganz speziellen Know hows als Romanautor und PR-Fachmann gleichermaßen, dürfte es kaum eine andere Agentur geben, die in der Lage ist, diesen Ansatz gleichermaßen zu verfolgen. Das Storytelling ist Leitidee, die meine Arbeit nicht nur beschreibt, sondern ihr gleichzeitig Kraft gibt und Antrieb verleiht. Der Begriff des Unternehmensmythos deckt sich im Wesentlichen mit dem Begriff der Leitidee. Die Leitidee ist ganz wichtiger Bestandteil des Unternehmensmythos. Dieser umfasst aber mehr und geht darüber hinaus. Zum Unternehmensmythos gehört auch, was bei der Umsetzung der Leitidee in der Praxis geschieht. Damit ist der Unternehmensmythos selbst eine Geschichte, die beständig wächst, solange das Unternehmen mit seiner Leitidee am Markt agiert. Anders formuliert ist der Unternehmensmythos die Leitidee in Bewegung. Der Unternehmensmythos ist die große Geschichte, die Ihre Firma oder Organisation den Menschen erzählt. Wenn Sie Storytelling in seiner umfassenden Form betreiben, erzählen Sie den Menschen die große Geschichte Ihres Unternehmen mit Hilfe vieler kleiner Geschichten in Form von Pressemitteilungen, Anwenderberichten, Reportagen, Interviews und allen nur denkbaren weiteren Instrumenten der Pressearbeit. Die große Geschichte ergibt sich als Summe aus den Puzzlesteinen zahlloser kleiner Geschichten. Dazu ein Beispiel: Sicher kennt jeder die Umweltorganisation Greenpeace. Es sei jetzt dahingestellt, welche persönliche Meinung Sie über die Arbeit von Greenpeace haben. Es gibt da sicher durchaus geteilte Ansichten. Der Sinn oder Unsinn der Arbeit und deren moralische Bewertung soll aber an dieser Stelle nicht Thema sein. Betrachtet man die Außenwirkung der Umweltorganisation unter „handwerklichen" Aspekten der Storytelling-PR-Arbeit ist unstritten, dass Greenpeace einen Unternehmensmythos – oder besser formuliert: Organisationsmythos – besitzt. Noch dazu einen Mythos, der sehr stark ist. Greenpeace erzählt die große Geschichte eines Davids im Kampf für eine bessere Welt. Das ist die große Geschichte von Greenpeace. Wenn die Umweltaktivisten in Schlauchbooten gegen mächtige

Walfänger vorgehen, sind die entsprechenden Nachrichten jeweils für sich kleine Geschichten von Kämpfen eines Davids gegen Goliath, die zusammen die große Geschichte der Umweltorganisation in den Köpfen der Menschen formen.

Begriffsvielfalt

Der Begriff des Mythos wird heute recht schnell und umfassend verwandt. Dazu kommt, dass der Begriff häufig ganz unterschiedliche Sachverhalte bezeichnet. Mythos ist zunächst einmal ein griechischer Begriff und bedeutet „Wort, Rede, Erzählung oder Sage". Wissenschaftlich wird unter einem Mythos im weitesten Sinne eine erzählerische Verknüpfung von Ereignissen mit besonderer Bedeutung bestanden. Der Philosoph Hans Blumenberg, der sich intensiv mit Mythen beschäftigt, stellte fest: „Mythen sind Geschichten von hochgradiger Beständigkeit ihres narrativen Kerns." Wer Mythen aus aller Welt liest, stößt immer wieder auf zwei grundlegende Arten von Mythen: Mythen, die von der Reise eines oder mehrerer Helden erzählen und Schöpfungsmythen, die davon berichten, wie die Welt entstand. Der Mythenforscher Joseph Campbell hat beide Arten von Mythen ausgiebig wissenschaftlich untersucht und miteinander verglichen. Er schreibt: „Ob wir dem traumartigen Hokuspokus eines rotäugigen Hexendoktors vom Kongo mit überlegenem Wohlwollen zuhören oder uns mit kultivierter Geste dünnen Übersetzungen der mystischen Sonette des Laotse überlassen, ob es einer der gepanzerten Beweisgänge des Aquinaten ist, deren Schale wir hin und wieder einmal aufbrechen, oder ein bizarres Eskimomärchen, dessen Sinn uns jäh aufleuchtet: Immer wird es ein und dieselbe, bei allem Wechsel merkwürdig konstante Geschichte sein, auf die wir treffen …" Das gilt in besonderem Maße für die Mythen von der Reise der oder des Helden. Ist in diesem Buch von Mythen und ihren Gemeinsamkeiten die Rede, gilt das immer in Bezug auf die Mythen der Heldenreise.

Schöpfungsmythen wie die Mythen der Heldenreise treten immer im Form einer Erzählung auf. Abweichend von dieser sehr präzisen Definition von Mythen als Erzählung wird der Begriff in der Gegenwart auch in anderem Bedeutungszusammenhang verwandt. So werden heute auch Personen oder Gegenstände mit großer öffentlicher Ausstrahlung als Mythos bezeichnet. Beispiele: „Mythos Marilyn Monroe" oder „Mythos Rhein". Diese Tendenz hat sich vor allem im angelsächsischen Raum entwickelt und strahlt von daher nach Deutschland aus. Dazu kommt eine weitere Bedeutungsebene. Ursprünglich

> erzählte ein Mythos ein Wissen mit einem besonders hohen und wichtigen Wahrheitsgehalt. Heute wird der Begriff gerne auch im gegenteiligen Sinne genutzt, um etwas zu kennzeichnen, das eben keinen Wahrheitsgehalt besitzt. Eine solche Nutzung des Begriffes Mythos liegt vor, wenn Schlagzeilen zum Beispiel vom „Mythos Steuergerechtigkeit" oder „Mythos Sozialstaat" sprechen. Problematisch ist, dass diese Begriffsverwendungen in der Gegenwart parallel zueinander erfolgen. Diese Begriffsverwendung soll an dieser Stelle nicht bewertet werden. Im Sinne der sprachlichen Präzision ist es aber wichtig, sich über die Verwendung der Begriffes klar zu sein. Wenn in diesem Buch vom Mythos die Rede ist, wird der Begriff im Sinne der klassischen wissenschaftlichen Lehrmeinung, wie sie Hans Blumenberg oder Joseph Campbell vertreten, genutzt. Ein Mythos ist demnach kein Gegenstand und keine Person, sondern immer zumindest die erzählerische Verknüpfung von Ereignissen. Ein Mythos vermittelt große Bedeutung und besitzt zudem einen positiven Wahrheitsgehalt.

Ein Unternehmens- oder Organisationsmythos muss nicht so hoch aufgehängt sein wie bei Greenpeace und gleich die Rettung der Welt oder Umwelt zum Ziel haben, damit er funktioniert. Wenn Ihr Unternehmen ein neues Verfahren entwickelt hat, um Aluminium zu schweißen und sich dadurch die Kosten im Flugzeugbau deutlich reduzieren lassen, ist auch das eine Leitidee, die einen Unternehmensmythos begründet. Als sich die traditionsreiche schweizer Uhrenindustrie in einer beispiellosen Krise befand, setzten Nicolas Hayek und Ernst Thomke auf eine Uhr, die es bisher noch nicht gegeben hatte. Anders als die teuren, prestigeträchtigen Präzisionsmeisterwerke schweizer Uhrmacherkunst, die gegen die japanische Konkurrenz einen immer schwereren Stand hatten, war ihre Uhr günstig und vor allem bunt, witzig und spannend gestaltet bei gleichzeitig hoher Qualität. Die Swatch-Uhr trat ihren Siegeszug an und damit gleichzeitig der Unternehmensmythos, der auf dieser Leitidee fußte.

Auch Rudolf Diesel begründete einen Unternehmensmythos, als er einen selbstzündenden besonders effektiven Wärmemotor entwickelte und damit eine Alternative zum Otto-Motor schuf.

Fast jedes Unternehmen, jeder Verein oder Verband beginnt seine Arbeit aus einer Leitidee heraus, die Gründer, Mitarbeiter oder Mitglieder antreibt und bewegt, ihre Arbeit zu machen. Gerade bei Organisationen, die es schon sehr lange gibt, geht das Wissen um dieser Leitidee irgendwann verloren. Gleichzeitig verliert ein Unternehmen damit eine sehr wichtige ideelle Kraft- und Energiequelle. Wo einst Firmengründer und Mitarbeiter davon getrieben waren, die Welt von einem überlegenen Antriebskonzept zu überzeugen, werden heute für die Motivation der Mitarbeiter von Kommunikationsexperten künstliche Leitsätze installiert, die die Belegschaft darauf einschwören sollen, in einem „besonders innovativen, gleichzeitig mit der heimischen Region fest verwurzeltem Unternehmen" zu arbeiten. Wer die Leitidee seines Unternehmens sucht, wird meist fündig, wenn er sich mit der Geschichte der Firma, ihrer Gründung und den Menschen, die das Unternehmen gründet haben, beschäftigt. Die Leitidee steht meist am Anfang vieler Firmen. Sie lässt sich auch als Mission, Vision oder als Auftrag des Unternehmens bezeichnen.

Zusammengefasst bringt die Leitidee immer den Sinn eines Unternehmens zum Ausdruck, den Nutzen für Kunden und Gesellschaft. Die Leitidee begründet, warum ein Unternehmen überhaupt besteht, sie legitimiert es. Aus der Leitidee kann das Unternehmen Leitsätze ableiten und formulieren. Das sind Grundregeln, die Werte, Ziel und Erfolgskriterien festlegen und die für alle Mitarbeiter gelten. Die Entwicklung von Leitsätzen ist ein wichtiges Thema für ein Unternehmen, das aber über das Thema diese Buches hinausführt und deshalb nicht weiter thematisiert werden soll. Das ist beim Begriff des Unternehmensmythos anders. Dieser beinhaltet die Leitidee als wesentlichen Bestandteil, geht aber noch darüber hinaus, in dem er die Leitidee zu einer Geschichte formt, die auch den Weg des Unternehmen und zum Beispiel mögliche Widerstände, Gegner und anderes integriert. Die Leitidee von Greenpeace ist es, durch praktische Aktionen etwas für die Natur und Umwelt zu tun. Der Unternehmensmythos ist die Summe der Aktionen und Erlebnisse, die die Organisation auf diesem Weg erlebt.

Noch einmal zusammengefasst: Beim Storytelling gibt es unterschiedliche Formen, die mit unterschiedlichen Begriffen bezeichnet werden. Zunächst einmal haben Sie das anekdotische Storytelling kennengelernt. Neben dem anekdotischen Storytelling gibt es das Storytelling der „kleinen Geschichten". Ein Beispiel ist das Fall des Autohauses und des Zeitungsartikels, der in der Folge des Telefonates entsteht. Es ist natürlich besser, wenn das Storytelling der kleinen Geschichten von einem Unternehmen gesteuert erfolgt.

Das Storytelling mit kleinen Geschichten ist pragmatisch und setzt von Fall zu Fall Fakten und Informationen ein, um gewünschte Geschichten zu erzielen. Das Storytelling der kleinen Geschichten kann für sich stehen und ein genau abgegrenztes Ziel verfolgen (z. B. im Fall einer Krise den Mutmaßungen der Journalisten eine neue Richtung geben). Es kann sich ungesteuert bilden oder auch Teilelement oder „Puzzlestein" einer größeren Geschichte sein, wie im Beispiel des sympathischen Fußballvereins.

Dieses Storytelling „der großen Geschichte" fußt auf dem Unternehmensmythos und vermittelt diesen mittels Fakten als fortlaufende Geschichte an die Öffentlichkeit. Diese erlebt die Schritte des Unternehmens als Teil einer größeren Geschichte, die sie mit Interesse verfolgt. Im Idealfall erfolgt die laufende Pressearbeit in Hinblick und unter Berücksichtigung des Unternehmensmythos. Dabei kommen zahlreiche kleine Geschichten zum Einsatz genauso wie anekdotisches Storytelling und Infotainment, wobei die Maßnahmen immer mit der großen Geschichte abgestimmt sein müssen. Ist das nicht möglich, können Sie anekdotisches Storytelling und das Storytelling der kleinen Geschichten auch in die klassische PR-Arbeit als zusätzliche Instrumente integrieren.

Auf den Plot kommt es an:
die Struktur von guten Geschichten

10. April 2010: Im russischen Smolensk herrscht dichter Nebel. Trotz der extrem schlechter Sichtverhältnisse setzt ein dreistrahliges Passagierflugzeug vom Typ Tupolev Tu-154 zur Landung an. Für die Piloten im Cockpit ist der Anflug auf den Flughafen harte Arbeit. Während die Maschine weiter sinkt, sehen sie durch die Scheiben des Cockpits nur das graue Einerlei des Nebels. Es ist, als wären die Fenster des Flugzeuges mit grauer Folie abgeklebt. Die Landebahn ist schon ganz nah, als plötzlich Baumwipfel unmittelbar vor dem Flugzeug in die Höhe ragen – und mit der Maschine kollidieren. Das Flugzeug stürzt zu Boden und fängt sofort Feuer. 96 Menschen sterben, unter ihnen Polens Präsident Lech Kaczynski. Die Untersuchung des Absturzes dauert viele Monate. Als der Abschlussbericht der russischen Unfalluntersucher letztlich vorliegt, wird dieser in Polen heftig kritisiert. Für viele Medien ist die Suche nach der Unfallursache weniger kompliziert. Schon kurz nach dem Absturz spekulieren diese, dass Präsident Kaczynkski Druck auf die Piloten ausgeübt und sie zur Landung gezwungen haben könnte, um sich einen längeren Umweg und eine Verspätung durch die Landung an einem Ausweichflughafen zu ersparen. Wieder entsteht sofort nach einem Unglück eine Geschichte und verbreitet sich schnell in den Medien. In diesem Fall lag das journalistische Storytelling nicht ganz falsch – wie es sonst häufig bei ähnlichen Unglücken. Der spätere Untersuchungsbericht stellte fest, dass tatsächlich im Cockpit massiv Druck aus die Piloten ausgeübt worden war. Allerdings nicht durch den Präsidenten, sondern durch den Chef der polnischen Luftwaffe, der zu diesem Zeitpunkt 0,6 Promille Alkohol im Blut hatte. Desweiteren hatte die Besatzung überhaupt keine Landeerlaubnis für den Flughafen von den Fluglotsen erhalten.

Wenn Sie in der Pressearbeit oder als Journalist arbeiten, wissen Sie, was eine gute „Geschichte" ausmacht – wobei mit Geschichte je nach Fall ein Bericht, ein Feature eine Reportage oder auch ein Anwenderbericht gemeint sein kann. Gut ist ein Artikel dann, wenn die Sprache stimmt, wenn der Bericht oder das Feature gut aufgebaut ist und der Spannungsbogen den Leser bis zum Schluss fesselt. Wesentliche Regeln, um einen guten Bericht oder ein gutes Feature zu verfassen, haben Sie bereits kennengelernt. Das, was in einer Redaktion als „gute Geschichte" bezeichnet wird, hat aber nichts mit einer Geschichte im Sinne des Storytellings zu tun. Der Begriff bezeichnet lediglich im Redaktions-Jargon einen guten Artikel. Was aber macht eine guten Text aus, der eine Geschichte erzählt, wie sie im Storytelling nötig ist, wie sie im Kino, als Kurzgeschichte oder Roman überzeugt? Für erstaunlich viele Menschen ist diese Kunst ausschließlich eine Frage von Talent und Eingebung, über die einige wenige Menschen verfügen, andere wiederum nicht. Das Drehbuch für einen Hollywoodfilm zu verfassen oder einen packenden Roman zu schreiben, erscheint als geradezu magischer Schöpfungsprozess, der nur wenigen Menschen offen steht.

Da ist durchaus etwas dran. Nur, dass sich hinter der Magie des Schöpfungsprozesses weniger Intuition und Talent verbergen (auch wenn diese ebenfalls nötig sind), sondern vor allem harte Arbeit, viel Erfahrung und Know how, die in zahllosen Jahren des Schreibens und Entwickelns von Geschichten erworben werden. Das Schreiben kann man lernen. Es ist zu 90 Prozent Handwerk und nur zu zehn Prozent Talent. Das gilt für das journalistische Schreiben genauso wie für das Schreiben von Geschichten. Wenn Sie bisher journalistisch geschrieben haben, gibt es für Sie eine gute Nachricht: Das Wissen um das Verfassen von guten Texten, all das Know how vom guten Deutsch, von kurzen Sätzen, starken Verben und dem Verzicht auf unnötig schmückende Adjektive gilt genauso beim Verfassen von Romanen. Wenn Sie journalistisch schreiben, kennen Sie schon einen Großteil des Rüstzeugs zum Schreiben von Geschichten. Alle Regeln für eine gute deutsche Sprache, die Sie im Journalismus gelernt haben und anwenden gelten natürlich auch beim Schreiben eines Romanes. Darüberhinaus gibt es Regeln für den Aufbau einer guten Geschichte. Diese kennen Sie wahrscheinlich noch nicht. Genauso wie es auch im journalistischen Schreiben Regeln gibt, um einen Bericht, eine Meldung oder ein Feature aufzubauen, gibt es beim Schreiben (oder dem Erzählen) von Geschichten Regeln und Grundsätze für deren Aufbau. Das Schöne dabei ist, dass diese Regeln für das Verfassen eines Drehbuches genauso gelten wie für einen Roman, eine Kurzgeschichte, eine mündliche Erzählung oder eben die Geschichten, die in den unterschiedlichen Formen des Storytelling zum Einsatz kommen. Wollen Sie erfolgreich Storytelling betreiben, müssen Sie diese Regeln für das Schreiben von Geschichten kennen und anwenden können. Manche dieser Regeln und Grundsätze sind so verbindlich, wie das bei einer Kunst wie dem Schreiben nur sein kann. Natürlich können Sie auch diese Regeln ignorieren. Dafür wird Sie niemand vor Gericht zerren. Letztendlich sind Sie völlig frei darin, was Sie wie schreiben. Aber sehr wahrscheinlich wird Ihre Geschichte in diesem Fall nicht funktionieren. Der Grund dafür liegt darin, dass sich diese Regeln für das Schreiben von Geschichten in der Arbeit zahlloser Autoren teilweise seit der Antike als erfolgreich, funktionierend und praktikabel erwiesen haben. Andere Regeln sind eher Rezepte. Sie können sie anwenden, müssen es aber noch weniger als das für die schon erwähnten elementaren Regeln gilt. Auf den folgenden Seiten werden Sie die wichtigsten Grundsätze kennenlernen, die sie brauchen, um gute Geschichten zu erzählen. Zunächst erfahren Sie einige grundlegende Regeln, die Sie beim Verfassen Ihrer Geschichten berücksichtigen sollten. Anschließend lernen Sie die beiden wichtigsten Modelle kennen, nach denen heute erfolgreich Geschichten konzipiert werden: Das so genannte Drei-Akt-Modell und die Heldenreise. Beide Modelle werden gerade von Laien immer wieder kontrovers diskutiert und als Entweder-Oder gesehen. In Wirklichkeit lassen sich beide Modelle ganz hervorragend kombinieren. Sie sind nicht alternative Konzepte, um eine Geschichte zu entwickeln, sondern bilden Ergänzungen, mit denen sich gleichzeitig arbeiten lässt.

> **Ratgeber zum Thema**
>
> Es gibt im Buchhandel eine ganze Reihe von Ratgebern, die ihren Lesern erklären möchten, wie man einen guten Roman oder gar gleich einen Bestseller schreibt. Inhaltlich sind die Bücher von unterschiedlicher Qualität – einige, durchaus empfehlenswerte – findet der Leser in der Literaturliste am Ende dieses Buches. Auffällig dabei: Bis auf wenige Ausnahmen hat keiner der Autoren selbst einen Bestseller geschrieben. Das sollte Ihnen zu denken geben. Denn wären die vermittelten Regeln wirklich so gut, würde der Autor Sie doch ganz sicher selbst anwenden und entsprechend erfolgreich schreiben. Zu den erwähnten Ausnahmen gehört Stephen King und sein Buch „Das Leben und das Schreiben". Interessanterweise bekennt er sich darin ausdrücklich dazu, seine Bücher ohne zuvor festgelegtes Konzept zu schreiben, als Abenteuer, an dem er während des Schreibprozesses aktiv teilnimmt.

Definition: Was eine spannende Geschichte ist

Was ist eine Geschichte? Oder anders gefragt: Wann wird ein Text zu einer Geschichte? Wer Geschichten schreibt, sollte diese Frage beantworten können. Genau damit fangen aber auch schon die Schwierigkeiten an. Die Kunst eine Geschichte zu erzählen – ob nun mündlich oder in Schriftform – ist keine Ingenieurswissenschaft. So gibt es keine verbindliche Definition für die im ersten Moment so simpel erscheinende Frage, was denn nun eigentlich eine Geschichte ist. Sichten Sie die Literatur zum Thema, zum Beispiel die schon erwähnten Ratgeber über das Schreiben und auch solche über das Erzählen, fällt auf, dass häufig überhaupt ganz auf eine saubere Definition verzichtet wird. Es scheint den Autoren völlig klar, was eine Geschichte ist – vielleicht, weil der Begriff uns aus der Alltagserfahrung umgangssprachlich so geläufig ist. Finden sich Definitionen oder manchmal lange Erklärungen, unterscheiden die sich voneinander. Jeder Autor, jeder, der sich mit Geschichten und Literatur befasst, scheint zumindest in Nuancen seine eigene Auffassung davon zu haben, was eine Geschichte ausmacht und wie Sie zu definieren ist. In seinem Buch „Wie man einen verdammt guten Roman schreibt" definiert James N. Frey eine Geschichte zum Beispiel so: „Ein Geschichte ist eine Schilderung von folgenschweren Ereignissen, an denen bemerkenswerte menschliche Figuren beteiligt sind, die sich infolge dieser Ereignisse verändern."

Karolina Frenzel, Michael Müller und Hermann Sottong schreiben in ihrem Buch „Storytelling" unter der Überschrift „Die Grundelemente einer Geschichte": „Jede Geschichte hat einen Protagonisten (Helden), eine Ausgangssituation; eine Endsituation. Zwischen Ausgangs- und Endsituation geschieht eine Transformation (Veränderung), die dazu führt, dass Ausgangszustand und Endzustand sich unterscheiden." Das klingt gut und genauso plausibel wie die Definition von Frey. Aber stimmen die Definitionen wirklich? Nehmen wir dazu als Beispiel folgenden kurzen Text:

Beispiel

Klaus wacht wie jedem Morgen in seinem Bett auf. Er steht auf, geht auf die Toilette und dann in die Küche. Hier macht er sich Frühstück.

Nach der Definition von Frenzel, Müller und Sottong ist das eine Geschichte. Es gibt einen Protagonisten, eine Ausgangs- und eine Endsituation und dazwischen eine Veränderung. Immerhin ist Klaus bei der Anfangssituation im Bett und am Ende des Textes in der Küche. Vielleicht findet der ein oder andere Leser auch, dass das eine Geschichte ist und man so den Begriff Geschichte definieren kann. Das ist auch in Ordnung so. Die meisten Menschen aber werden sehr wahrscheinlich denken, dass das noch keine Geschichte ist und noch etwas fehlt. Aber was? Die Definition von Frey ist sehr viel enger gefasst – aber damit nicht unbedingt gültiger. Müssen sich die Figuren wirklich infolge der Ereignisse verändern, damit man von einer Geschichte sprechen kann? Was ist dann mit James Bond. James Bond ist ein Held, der sich gerade dadurch auszeichnet, dass er sich eben im Ablauf der Geschichte überhaupt nicht verändert. Erzählen deshalb James-Bond-Filme keine Geschichten? Man kann über dieses Thema herrlich endlos diskutieren – ohne zu einem Ende kommen. Fakt ist, dass es sehr viele verschiedene Definitionen darüber gibt, was zu einer Geschichte gehört. Tatsache ist weiter, dass es bei aller Verschiedenheit der Definitionen eine Reihe von Gemeinsamkeiten gibt, die in vielen Stellungnahmen zum Thema wiederkehren und über die sich zumindest die meisten Autoren und andere Fachleute, die sich mit der Thematik beschäftigen, einig sind. Letztlich sind auch die Definitionen und Regeln, die in diesem Buch verwendet werden, keine gesetzesähnlichen Wahrheiten, die einen Absolutheitsanspruch erheben, sondern individuell getroffene Regeln und Definitionen, entstanden aus der langjährigen Beschäftigung mit Texten und deren Analyse, vor allem aber aus der praktischen Arbeit des Schreibens. Sie können diese Regeln für sich übernehmen, genauso aber auch Ihre eigenen Definitionen finden – und in Ihrer Arbeit anwenden. Letztlich kommt es darauf an, dass Ihre Geschichten in der Praxis funktionieren und Sie mit Ihrem Regelwerk vernünftig arbeiten können.

Jetzt aber zurück zur Definition von Geschichten. Was lässt sich als kleinster gemeinsamer Nenner von Geschichten definieren? Was ist in jeder Geschichte enthalten? Eine Geschichte ist zunächst einmal die Schilderung von Ereignissen, die sich zwischen einem Anfang und einem Ende abspielen. Ausdrücklich erwähnt sei an dieser Stelle, dass unter Ereignissen auch Gedanken, Fühlen und das innere Erleben von Figuren verstanden werden sollen – auch wenn diese Formen der Handlung sehr viel seltener in Geschichten vorkommen als Ereignisse, die sich in der körperlichen Welt manifestieren. Gibt es kein Ereignis in einem Text, handelt es sich um ein Stillleben, eine reine Beschreibung. Das kann nett sein oder hilfreich zum Beispiel im Rahmen einer Bedienungsanleitung, aber es ist keine Geschichte. Aber ist diese Minimaldefinition schon ausreichend, um das „Phänomen Geschichte" ausreichend zu beschreiben? Dazu als Beispiel den Anfang eines historischen Romans:

Beispiel

Seit dem Morgengrauen marschierten die Soldaten auf der alten Landstraße am Fluss entlang. Seit dem Morgengrauen hallte der monotone Rhythmus der marschierenden Schritte durch den Wald, mischte sich mit dem Knarren, Klirren und

Ächzen der Rüstungen, Schilde, der Waffen und des Essgeschirrs der Soldaten. Es regnete. Die Männer hielten die Augen gesenkt, immer auf den Rücken des jeweiligen Vordermanns gerichtet, auf den schweren viereckigen Schild, den dieser dort von einer Lederhülle geschützt über dem Umhang trug. Flüche waren in dem scheinbar endlosen Heerwurm zu hören. Schon seit Tagen marschierten sie durch dieses kalte Land mit seinen unendlichen Wäldern, seinen bodenlosen Sümpfen und nur wenigen Pfaden, die meist, wie jetzt auch, am Ufer der großen Ströme entlang führten. Und an jedem Tag regnete es, so dass sie an diesem Morgen zum ersten Mal seit langem hofften, nach einer Nacht in klammen Zelten und nassen Kettenhemden ihre Ausrüstung und Kleidung im Sonnenschein trocknen zu können.

Es würde wieder nichts werden. Die Wolken bedeckten den ganzen Himmel, keine Auflockerung war in Sicht. Mit grimmigem Gesichtsausdruck marschierten die Soldaten entschlossen weiter.

Auch auf dem nahen Hügel zogen sich zwei Reiter die wärmenden Umhänge um die Schultern.

„Tagelang dieser Regen. Und immer noch kein besseres Wetter in Sicht", klagte der eine der beiden Männer. Mit dem grauen Stoppelhaar und den zahllosen Falten im braungebrannten Gesicht, vor allem um Augen und Mund, sah er wie das Musterexemplar eines Zenturios aus, eines seit Jahrzehnten dienenden, kampferfahrenen Offiziers. Seine stählern blickenden Augen musterten die Ebene unter ihnen. Der Reiter neben ihm nickte. Er war jung, so jung, dass er der Sohn des anderen hätte sein können – und doch führte er als Feldherr, als Legat, dieses Heer an. Unter ihnen zogen am Fluss die römischen Soldaten in Sechserreihen vorbei.

„Trotz des Wetters ist die Marschleistung der Männer kaum gesunken", betonte der Zenturio stolz.

„Wir werden Mogontiacum morgen Abend – wie vorgesehen – erreichen."

Durch das markante, scharf geschnittene Gesicht des Jüngeren flog der Anflug eines Lächelns.

„Die Männer sind gut ausbildet und motiviert. Das ist auch mit ihr Verdienst."

Der Zenturio salutierte zackig. Dann ritt er sein Pferd an und trabte den Hügel herunter, zurück auf seine Position an der Spitze des Hauptheeres.

Der Zenturio sollte Recht behalten. Das Heer lagerte in dieser Nacht noch einmal unter freiem Himmel. Schon am frühen Abend des nächsten Tages erreichten die Männer Mogontiacum – und damit ihr Ziel.[6]

Ist das eine Geschichte? Bei dem Text handelt sich ohne Zweifel um eine Schilderung von Ereignissen. Sie werden wahrscheinlich aber instinktiv denken, dass wenig passiert. Ein Heer zieht an einem Fluss entlang. Es regnet und zwei Offiziere beobachten die Männer bei ihrem Marsch. Es ist eine Abfolge von Ereignissen und gleichzeitig eine Beschreibung. Geschildert wird eine Routinehandlung ohne besondere Vorkommnisse. Das ist keine Geschichte. Ein Text muss also mehr sein als die Schilderung von Ereignissen, damit er zu einer Geschichte wird. Lesen Sie zum Vergleich den folgenden Text, bei dem das Beispiel verändert wurde.

Beispiel

Ein Sturm zog auf. Aus Nordwesten, dort wo hinter den endlosen, sumpfigen Wäldern das geheimnisvolle Nordmeer begann, jagten dunkle, fast schwarze Wolken über den Himmel. Als sich die ersten vor die Sonne schoben, hoben viele Männer überrascht den Kopf. Schatten senkten sich über das Land, ein erster Windstoß riss und schüttelte an den Kronen der Buchen und Eichen rechts des ausgetretenen Pfades, auf dem die Männer nach Norden marschierten.

Mit dem Wind wurde es kühl. Kräftige Hände zerrten überall in den dicht geschlossenen Reihen der Soldaten an wärmenden Umhängen und zogen sie vom Rücken um die Schultern herum, die nackten Arme zu bedecken. Nirgendwo verlangsamte sich der Schritt der Kolonne, nirgendwo änderte sich der monotone Rhythmus der marschierenden Schritte, der seit dem Morgengrauen durch den Wald hallte und sich mit dem Knarren, Klirren und Ächzen der Rüstungen, Schilde, der Waffen und des Essgeschirrs der Soldaten mischte. Nach einem kurzen Blick auf die sich zusammenbrauenden Wolken hielten die Männer die Augen wieder gesenkt, immer auf den Rücken des jeweiligen Vordermanns gerichtet, auf den schweren viereckigen Schild, den dieser dort von einer Lederhülle geschützt über dem Umhang trug. Flüche waren in dem scheinbar endlosen Heerwurm zu hören. Schon seit Tagen marschierten sie durch dieses kalte Land mit seinen unendlichen Wäldern, seinen bodenlosen Sümpfen und nur wenigen Pfaden, die meist, wie jetzt auch, am Ufer der großen Ströme entlang führten. Und an jedem Tag regnete es, so dass sie an diesem Morgen zum ersten Mal seit langem hofften, nach einer Nacht in klammen Zelten und nassen Kettenhemden ihre Ausrüstung und Kleidung im Sonnenschein trocknen zu können.

Es würde wieder nichts werden. Die Wolken bedeckten jetzt schon fast den ganzen Himmel. Mit grimmigem Gesichtsausdruck marschierten die Soldaten entschlossen weiter.

Auch auf dem nahen Hügel zogen sich zwei Reiter die wärmenden Umhänge um die Schultern.

„Wir müssen den Marsch abbrechen und lagern", forderte der eine der beiden Männer. Mit dem grauen Stoppelhaar und den zahllosen Falten im braungebrannten Gesicht, vor allem um Augen und Mund, sah er wie das Musterexemplar eines Zenturios aus, eines seit Jahrzehnten dienenden, kampferfahrenen Offiziers. Seine stählern blickenden Augen forderten eine Antwort. Der Reiter neben ihm wandte den Blick in seine Richtung. Er war jung, so jung, dass er der Sohn des anderen hätte sein können – und doch führte er als Feldherr, als Legat, dieses Heer an. Sein Schimmel tänzelte unruhig, der Wind hatte zugenommen, blies jetzt kräftig aus Nordwest. Unter ihnen zogen am Fluss die römischen Soldaten in Sechserreihen vorbei.

„Die Männer frieren, die Männer sind durchnässt. Sie haben keine Kraft mehr", setzte der Zenturio noch einmal nach.

Durch das markante, scharf geschnittene Gesicht des jüngeren flog der Anflug eines Lächelns.

„Und sie setzen sich wie immer für sie ein?"

„Nicht vor den Männern", stellte der Zenturio fest. Als erster unter den Zenturios des Heeres war er der Stellvertreter des Befehlshabers. Sein Blick glitt über die Marschreihen am Fuß des Hügels.

„Nur im Gespräch mit Ihnen."

Der Legat nickte leicht.

„Dabei sollen Sie auf dem Exerzierplatz ein wahrer Schinder sein."

Der so Angesprochene versteifte sich leicht.

„Ich tue nur meine Pflicht."

„Die Männer sollten Ihnen danken, statt Sie zu verfluchen."

Der Feldherr wies mit seinem Arm zum Fluss.

„Wann erreichen wir die Furt über den Strom?"

„Wenn wir in diesem Tempo weitermarschieren, schaffen wir es bis kurz vor Einbruch der Dunkelheit."

Der Zenturio sah den Feldherrn an.

„Das aber würde den Männern nicht gefallen."

Die Züge des jüngeren Mannes verhärteten sich.

„Die Aufgaben Roms sind nicht dazu dar, den Legionären zu gefallen. Sie kennen unseren Auftrag."

Der Zenturio salutierte zackig, indem er die Hand an die Schläfe führte.

Der Wind nahm zu. Kräftige Böen zausten die mächtigen Kronen der Eichen direkt neben den beiden Männern. Plötzlich spähten beide beinahe gleichzeitig in die Ferne. Auf dem Pfad zu ihrer Linken, noch weit entfernt, kam Unruhe in die Kolonne der Legionen. Ein Reiter drängte sich entgegen der Marschrichtung an den Soldaten vorbei. Rücksichtslos galoppierte er immer wieder, sobald er auch nur kleines Stück freien Weges vor sich sah, sein Pferd an. Schon einen Moment später jagte er die kleine Anhöhe hinauf und kam vor dem Feldherrn und seinem Stellvertreter zum Stehen. Das Pferd dampfte, die Rippen bogen sich bei jedem Atemzug.

„Legat", stieß der Bote nach Luft ringend hervor. Der so Angesprochene nickte auffordernd.

„Meldung von der Ala Flavia. Der Präfekt bittet Sie, nach vorn zu kommen. Es ist dringend. Die Hilfstruppen sind unruhig, viele Männer haben Angst. In Kürze wird es den nachfolgenden Legionen nicht anders ergehen."

„Der Präfekt bittet mich, zu ihm zu kommen?"

„Ich weiß nichts Genaues. Ich kam gerade von einem Erkundungsritt zurück, als er mich auch schon mit dieser Botschaft zu Ihnen schickte."

Der Zenturio blickte erst den Boten, dann seinen Feldherrn fragend an. Dieser nickte, und schon galoppierten beide los.

Entlang der Marschkolonne trabten sie in Richtung Spitze des Heeres.

Der Bote hatte Recht: Irgend etwas stimmte nicht. Der gleichmäßige Rhythmus, der sonst den Marsch des Heeres bestimmte, war verlorengegangen, der Schritt der Männer hatte sich verlangsamt. Einige Male kam die Kolonne sogar ganz zum Stehen. Die Männer wurden unruhiger, je weiter nach vorne die beiden Offiziere ritten, Gemurmel hob an, die Zahl der Flüche wuchs. Plötzlich waren Gerüchte zu hören, von einem germanischen Angriff auf die Vorhut, die sich viele Meilen vor ihnen befand, von einem schlechten Vorzeichen, vielen Toten und Gefahr. Ehrfürchtig zwängten sich die Legionäre zur Seite und verstummten, als sie so überraschend ihren Feldherrn erkannten.

Nach zwei Meilen erreichten sie die führenden Legionseinheiten, die direkt hinter den Hilfstruppen, angeworbenen Söldnern aus Germanien, Gallien und anderen Teilen des römischen Reichs, marschierten. In einer scharfen Kurve folgte der Pfad dem Flusslauf. Bäume versperrten den Blick auf den weiteren Verlauf des Gewässers. Hier vorn kamen die Soldaten fast zum Stehen, gingen nur noch schubweise langsam voran. Wer die Biegung passiert hatte, hob überrascht den Kopf, als er das gegenüberliegende Ufer sah. Viele Legionäre griffen beherzt nach den Amuletten, die sie um den Hals oder am Gürtel trugen. Viele Lippen murmelten ein Gebet – an welche Gottheit auch immer. Auch der Feldherr und der Zenturio verharrten erstaunt.[6]

Der Textauszug liest sich sehr viel spannender als die erste Fassung. Woran liegt das? Im zweiten Text hat sich etwas Außergewöhnliches ereignet. Während die Soldaten in der ersten Textvariante am Fluss entlangmarschieren, wie sie es wahrscheinlich tagtäglich machen und die Befehlshaber dann wegen des schlechten Wetters beschließen, ein Lager aufzuschlagen, geschieht in der zweiten Variante etwas Ungewöhnliches: Die Marschreihen kommen durcheinander. Irgendwo weiter vorn im Heerzug ist etwas geschehen, so dass der Feldherr selbst eingreifen muss. Als er die Stelle erreicht, sieht er Erstaunliches. Die Unruhe unter den Soldaten lässt den Leser aufhorchen. Etwas ist geschehen. Und der Leser möchte – wie der Feldherr – erfahren, worum es sich dabei handelt. Daraus lässt sich die erste Regel für das Geschichtenerzählen ableiten: Damit eine Geschichte funktioniert, muss sich in ihr etwas Besonderes, Außergewöhnliches oder Merkwürdiges ereignen, etwas, dass vom normalen Routinealltag abweicht. James N. Frey spricht davon, dass das Ereignis „folgenschwer" sein muss. Ohne außergewöhnliches Ereignis kann ein Text trotzdem interessant und erzählenswert sein. In diesem Fall zum Beispiel für den historisch Interessierten, der wissen möchte, was die Legionäre im Alltag tun. Ohne besonderes Ereignis ist er aber keine Geschichte.

Nur der Vollständigkeit halber sei erwähnt, dass im Beispieltext noch weitere Änderungen vorgenommen wurden, die im Text zusätzlich Spannung aufbauen – aber eher schon zu den Rezepten gehören, die nicht unter die enge Basisdefinition dessen fallen, was eine Geschichte ausmacht und unbedingt dazugehört. So weckt am Anfang der aufkommende Sturm das Interesse des Lesers. Der Leser spürt, dass wortwörtlich etwas in der Luft liegt und fragt sich, ob und wie das Auswirkungen auf die Soldaten hat. Zwischen beiden Offizieren entwickelt sich ein kurzer Konflikt, der schließlich mit der Anweisung zum Weitermarschieren entschieden wird. Das ist eine kurze Geschichte innerhalb der größeren – im Beispiel noch nicht zu Ende erzählten – Geschichte um das merkwürdige Ereignis, das die Truppen in Unruhe versetzt.

Nach der Lektüre der Beispiele muss die Ausgangsdefinition also erweitert werden. Sie lässt sich jetzt so formulieren: Eine Geschichte ist die Schilderung von besonderen Ereignissen.

Vorarbeiten zur Handlung

Egal, was für eine Geschichte zu entwickeln wollen: In jedem Fall müssen Sie die Handlung, über die Sie schreiben möchten, beherrschen. Schreiben Sie einen Roman über einen Fußballprofi, gibt es viele Fragen zum Stoff. Soll Ihre Geschichte in der Gegenwart oder zum Beispiel in den 1970er Jahren spielen? Spielt ihr Held in der ersten oder zweiten Bundesliga? In welcher Stadt, für wel-

> chen Verein? Was hat er für einen Vertrag? Wie kommen Fußballprofis an ihre Verträge? Ist Ihr Held ein Stammspieler oder sitzt er meist auf der Reservebank? Wie oft trainieren Fußballprofis in der Woche und am Tag? Wie sieht das Training aus? Auf welcher Position spielt ihr Held? Was zeichnet Spieler auf dieser Position aus? Es gibt noch viele weitere Fragen. Um diese Fragen zu beantworten, müssen Sie sich zum einen Gedanken machen. Zum anderen müssen Sie recherchieren. Einiges werden Sie in Büchern finden. Oft aber ist es auch hilfreich, vor Ort zu recherchieren oder mit Personen, die etwas zum Thema sagen können, zu sprechen. Im Beispiel des Fußballers sollten Sie sich zum Beispiel einmal ein Training bei einem Bundesliga-Verein ansehen. Geht es darum, was ein Nachwuchsspieler in der Profiliga erlebt, kann es hilfreich sein, sich das Training von leistungsorientierten Jungspielern anzusehen zum Beispiel in einem DFB-Stützpunkt oder eines der Internate der deutschen Bundesliga-Vereine zu besuchen. All das führt dazu, dass Sie ihren Stoff beherrschen und später beim Entwerfen der Geschichte damit spielen können. Oft ergeben sich aus den Recherchen neue Aspekte, auf die Sie ohne die entsprechende Arbeit vor Ort nie gekommen wären. Zu guter Letzt ist es oft sehr inspirierend, die Atmosphäre bei solchen Recherchen vor Ort zu spüren.

Auch diese Definition reicht aber nicht aus. Damit ein Text zu einer Geschichte wird, bedarf es außerdem eines Protagonisten, eines Helden, der an der Handlung beteiligt ist. Einmal angenommen, ein Text handelt vom Bau eines Hochhauses und einer neuartigen Form des Innenskeletts aus Stahl, das dabei zur Anwendung kommt. Dann würde auch darauf die Definition passen. Auch dieser Text wäre eine Schilderung von besonderen Ereignissen – und für einen Architekten sicher lesenswert. Sie würden den Text aber mit großer Wahrscheinlichkeit völlig uninteressant finden – so wie die Mehrzahl der Menschen. Dem Text fehlt eine weitere sehr wesentliche „Zutat" von Geschichten: den Protagonisten. Der Protagonist ist der Held der Geschichte, die Figur, die die Handlung erlebt. Ohne Protagonisten gibt es keine Geschichte. Der Protagonist muss dabei nicht menschlich sein. Es gibt zahlreiche Beispiele für Helden, bei denen es sich um Tiere oder Gegenstände handelt – zum Beispiel in Kindergeschichten, aber auch Erzählungen für Erwachsene. Denken Sie an Cars oder die Möwe Jonathan. In all diesen Fällen haben die Tiere oder Gegenstände, die als Protagonisten auftreten, menschliche Eigenschaften. Auch Organisationen oder Unternehmen als Zusammenschluss vieler Menschen können Protagonisten einer Geschichte sein.

Mit dieser Erkenntnis lässt sich die bestehende Definition für Geschichten jetzt ausbauen: Sie lautet: Eine Geschichte ist die Schilderung von besonderen Ereignissen, an denen ein oder mehrere Protagonisten beteiligt sind.

Das Interesse des Lesers oder Zuhörers an einer Geschichte wächst, wenn es sich bei der Figur, die als Protagonist auftritt, um eine interessante Persönlichkeit handelt. Der Aspekt der „interessanten Persönlichkeit" ist nicht zwingend, damit ein Text unter die Definition einer Geschichte fällt. Er bildet aber eine Voraussetzung dafür, dass eine Geschichte als spannend und interessant empfunden wird. Man könnte formulieren: Eine besonders lesenswerte Geschichte ist eine Schilderung von besonderen Ereignissen, an denen ein oder mehrere interessante Protagonisten beteiligt sind.

Entwurf der Hauptpersonen

Wenn Sie eine Geschichte entwickeln, müssen Sie die Personen kennen. Kennen bedeutet dabei, dass Sie wissen sollten, wie die Personen aussehen, wie sie sich verhalten, denken und fühlen. Es ist gut, wenn Sie sich auch in der Vorgeschichte der jeweiligen Person auskennen. Manche Autorenratgeber empfehlen, eine ausführliche Biographie der einzelnen Hauptpersonen zu entwerfen und diesen gedanklich wie in einem Interview Fragen zu stellen, um sie besser kennenzulernen. Das kann durchaus empfehlenswert sein. Je mehr Sie sich über die Person, die Sie für eine Geschichte schaffen, wissen, umso besser ist das für die Geschichte. Zentral ist dabei, dass Sie die beherrschende Leidenschaft – so nennt es James N. Frey – einer Hauptfigur kennen. Die beherrschende Leidenschaft ist die zentrale Triebkraft, die die Figur durch die Handlung der Geschichte treibt. In „Der alte Mann und das Meer" von Hemingway hat der alte Fischer seit Tagen keinen Fisch mehr gefangen. Abgesehen davon, dass er kein Geld mehr hat, steht seine Ehre auf dem Spiel. Er droht, zum Gespött der Leute zu werden. Er muss unbedingt einen großen Fisch fangen. Das ist seine beherrschende Leidenschaft in der Geschichte. In „Der Pate" von Mario Puzo steht die über alles geliebte Familie von Michael Corleone am Abgrund und droht, von ihren Feinden vernichtet zu werden. Corleone wird alles tun, um zu retten. Das ist seine beherrschende Leidenschaft.

Der Konflikt: Kraftstoff für gute Geschichten

Damit steht jetzt fest, welche Minimalvoraussetzungen erfüllt sein müssen, damit eine Text eine Geschichte ist. Sie haben damit schon einige wichtige Zutaten für das Entwerfen einer Geschichte kennengelernt. Sie brauchen besondere Ereignisse – die Handlung – und Sie brauchen zumindest einen Protagonisten oder Helden, der zudem interessant sein sollte. Darüber hinaus benötigen Sie aber noch weit mehr. Besonders dann, wenn Sie ein gute, spannende und lesenswerte Geschichte entwerfen wollen.

Eine der wichtigsten Zutaten für das Entwicklung von Geschichten sind Konflikte. Haben Sie nur Personen und eine Handlung, erzählen sie zwar eine Geschichte. Aber es ist keine spannende Geschichte. Erst wenn sich die Handlung, also die Ereignisse, in Form eines oder mehrerer Konflikte entwickelt, wenn es Konfrontationen gibt und die Personen kämpfen müssen, wird aus einer Geschichte eine spannende Geschichte. Und nur die ist lesenswert, wie James N. Frey in seinem Buch über das Schreiben von Romanen zu Recht feststellt. Was genau ist ein Konflikt? Ein Konflikt ist das Zusammentreffen von gegensätzlichen Kräften. Konflikt entsteht, wenn die Wünsche einer Figur auf Widerstand treffen. Konflikt ist eine Auseinandersetzung zwischen Menschen, aber auch zwischen Menschen und Normen, dem Mensch und der Gesellschaft, der Natur, der Technik oder gar dem Schicksal, um nur einige Beispiele zu nennen. Ein Konflikt kann auch der innerer Widerstreit eines Menschen von Motiven, Wünschen und Werten sein. Ein Konflikt ist eine gestörte Ordnung, die auf eine Lösung drängt. In einem Konflikt treffen die Wünsche einer Figur häufig auf Widerstand und sie muss kämpfen. Jeder Konflikt in einer Geschichte drängt auf eine Auflösung, die in der Geschichte erfolgen sollte. Damit bringt der Konflikt die Handlung voran. Er ist der Treibstoff jeder Geschichte.

Es kann in einer Geschichte einen oder auch viele Konflikte geben. Diese können unterschiedlich groß sein. Hierbei ist so ziemlich alles möglich, was sich ein Autor ausdenken kann und der Geschichte dient. In vielen Romanen gibt es mehrere große Konflikte, die sich parallel entwickeln und gleichzeitig miteinander verwoben sind. Gleichzeitig gibt es in vielen Szenen kleine Konflikte, durch die die jeweilige Szene zusätzlich spannend wird. Dialoge zum Beispiel werden deutlich attraktiver, wenn die Figuren in ihnen nicht nur Informationen austauschen, sondern sich auch ein Konflikt abspielt. Das muss nicht immer in einen Streit ausarten. Oft reicht schon die Andeutung von unterschiedlichen Ansichten, um Spannung im jeweiligen Dialog aufzubauen. Ein gutes Beispiel ist der Dialog aus dem vorgestellten historischen Roman zwischen dem Zenturio und dem Legaten.

Rezepte für funktionierende Konflikte

Konflikte in einer Geschichte sind keine Selbstläufer. Damit sie funktionieren, die Geschichte vorantreiben und lesenswert machen, müssen sie einige Voraussetzungen erfüllen.

- Damit ein Konflikt funktioniert muss der Leser ihn verstehen können.
- Gegnerische Kräfte in einem Konflikt sollten etwas gleich stark sein, wobei der Gegner des Helden sogar noch etwas stärker wirken darf. Niemand hat Interesse daran, zu sehen, wie Rocky gegen einen 60 kg schweren 14jährigen Highschool-Schüler boxt.
- Die Figuren, die am Konflikt beteiligt sind, dürfen nicht die Möglichkeit haben, sich dem Konflikt einfach zu entziehen, statt ihn durchzustehen. Einmal angenommen, eine Geschichte erzählt über 500 Seiten von einem Mann, der in seiner Firma gemobbt wird. Der Leser fragt sich sofort, warum der Mann nicht einfach kündigt. Die Geschichte muss eine plausible Erklärung bieten, warum dem Mann dieser Weg nicht offen steht. Gibt es diese Erklärung nicht, verliert der Leser sehr schnell das Interesse.
- Der Entwicklungsverlauf des Konfliktes muss funktionieren. Grundsätzlich kann ein Konflikt in einer Geschichte drei Formen annehmen: Es kann sich sprunghaft entwickeln, dynamisch oder statisch sein. Statische Konflikte funktionieren nicht. Sie langweilen den Leser. Beispiel: Zwei Kleinkinder schreien sich an:
„Du hast den Teller genommen."
„Habe ich nicht."
„Hast du doch."
„Nein."
„Doch."
„Hast du."
„Habe ich nicht."

In diesem Fall liegt ein Konflikt vor, aber er kommt nicht voran. Ein solcher Text kann in einem Roman vorkommen. Dann aber als unterhaltendes Element, oder

um Personen zu charakterisieren, nicht aber als Konfliktelement, das die Handlung vorantreibt.
Sprunghafte Konflikte entwickeln sich plötzlich und überraschend. Eben war bei der Romanfigur noch alles ruhig, plötzlich steht ein Werwolf in seinem Zimmer. Das kann man machen, wenn es zur Situation und Handlung passt. Passt es nicht, besteht bei sprunghaften Konflikten das Risiko eines Fehlgriffs.
Dynamische Konflikte entwickeln sich langsam und allmählich und bieten hinsichtlich der Entwicklung der Personen und des Spannungsaufbaus die besten Voraussetzungen für das Scheiben einer guten Geschichte.

- Der Konflikt sollte nach Möglichkeit von den Helden und mit ihren Möglichkeiten gelöst werden. Lösungen von außen – der Held und sein Gegner duellieren sich, der Böse steht kurz vor dem Sieg, als sich plötzlich im Erdboden eine Spalte öffnet und ihn verschlingt – kommen vor, sind aber für den Leser nicht wirklich befriedigend.

Handlung: Alles hat seine Bedeutung

Eine weitere wichtige Regel für das Schreiben von Geschichten hat Syd Field in seinem Ratgeber über das Drehbuchschreiben recht treffend formuliert: „Wenn Sie anfangen, Ihren Stoff zu erkunden, werden Sie bemerken, dass alles mit allem in Verbindung steht. Nichts gerät aus Zufall in das Drehbuch, oder weil es hübsch oder clever ist." Das gilt nicht nur für das Drehbuch. Es gilt genauso für einen Roman und jede Geschichte. In einer Geschichte sind alle Handlungen und Ereignisse aufeinander bezogen und hängen voneinander ab. Im Prinzip darf es keine „losen Enden" geben, kein Element, das keinen Stellenwert im Gesamtgefüge hat. Dabei ist der Gesamtzusammenhang oft nicht sofort erkennbar – gerade bei längeren Geschichten. In einem Roman oder in einem Drehbuch kann ein Element, das im ersten Drittel auftaucht, zum Beispiel erst im letzten Drittel der Geschichte wieder aufgenommen werden. Textstellen ohne wirklichen Stellenwert für die Geschichte sollten Sie unbedingt vermeiden. Einmal angenommen, Sie schreiben die Geschichte über einen Mann, der von A nach B fährt und dabei Hindernis X zu überwinden hat, das sich ihm überraschend in den Weg stellt. Dann tut es nichts zur Sache, dass am Straßenrand Mädchen Blumen pflücken und diese Blumen ein wunderschönes Rot haben – es sei, diese Beobachtung hat unmittelbare Auswirkungen auf die Handlung und führt zum Beispiel dazu, dass Hindernis X entsteht. Ansonsten sollten Sie die Blumen dringend aus der Geschichte heraushalten. Vergleichen Sie jetzt einmal zwei Textpassagen und achten Sie dabei auf überflüssige Textpassagen.

Beispiel

Max gab Gas und lenkte den Porsche auf die Straße. Es regnete immer noch. Schon von weitem sah er den Anhalter, der im Regen an der Straße stand und den Daumen hochhielt. Armer Kerl, dachte Max und bremste.

„Danke, das ist ja nett", stieß der Tramper nur hervor, als er die Tür des Wagens aufriss und sich auch schon auf den Sitz warf. Einige Regentropfen spritzten Max ins Gesicht. Er schaltete das Gebläse vorbeugend eine Stufe höher. Krachend schlug die Tür wieder zu. Sein Gast setzte eine Mütze ab.

„Tja, hallo", begrüßte ihn Max. „Und wo wollen sie hin?"

„Ich muss nach Stade", stellte dieser fest.

„Da fahre ich nicht hin."

„Wenn Sie mich an einer Bushaltestelle an der Bundesstraße rauslassen, käme ich anschließend gut weiter."

„Kein Problem", brummte Max. Er fädelte den Wagen wieder in den Verkehr ein.

„Sauwetter. Schon lange hier gestanden?", wollte er von dem Anhalter wissen.

„Gut eine Dreiviertelstunde, ich bin völlig durchnässt."

Er nieste, zog ein Taschentuch hervor und schniefte kräftig herein. Max drehte die Heizung höher.

„Danke", nickte sein Mitfahrer, knöpfte seinen Mantel auf und begann ihn auseinander zu schlagen. Überrascht stellte Max beim Blick aus den Augenwinkeln fest, dass sein Gast darunter eine Uniformjacke trug.

„Kapitän?", wollte Max wissen."

„Pilot", entgegnete sein Gast, „oder Copilot, um ganz korrekt zu sein." Erst jetzt sah Max die Mütze in seiner Hand.

„Ist bestimmt ein interessanter Beruf", stellte er fest und warf seinem Sitznachbarn einen kurzen Blick zu.

„Schon", bestätigte der Anhalter. „Aber auch viel Routine – so wie wohl in jedem Beruf heute."

Ein Lächeln lief über das Gesicht des Anhalters. Der Mann sah gut aus, wie Max erst jetzt auffiel. Er war groß und schlank, hatte lange, trotzdem harmonisch gegliederte Hände, ein markantes, fein geschnittenes Gesicht und dunkle Locken, die sehr sorgsam geschnitten waren.

„Mein Name ist übrigens Marc. Wir sind etwa gleich alt. Ich denke, wir können uns ruhig duzen."

„Ok, ich bin Max", nickte dieser.

„Von wo kommst du jetzt?"

„Johannesburg. Ich bin gestern aus Südafrika zurückgeflogen."

„Tolles Land. Ich habe vor zwei Jahren dort Urlaub gemacht."

Es regnete immer noch. Die Bundesstraße lag nicht mehr weit entfernt. Eine Straßenlaterne markierte eine Abzweigung nach rechts, eine Straße, die von großen Bäumen gesäumt wurde. Komisch: Max kannte die Straße, war schon einmal zwischen den Bäumen hindurchgefahren. Und plötzlich wusste er wo das gewesen war: in einem Traum. Er hatte in der Nacht von dieser Straße geträumt. Irgendwie hatte diese Allee für ihn große Bedeutung gehabt. An ihr gab es etwas Wichtiges zu entdecken. Ihm fiel nicht ein, was das sein mochte. Aber egal. Die Straße würde den Weg zur Bundesstraße auf jeden Fall etwas abkürzen. Max nahm das Gas weg und setzte den Blinker. Schon bog er nach rechts ab, gerade als Marc zu einer Antwort ansetzte. „Wo willst du hin?", wollte dieser überrascht stattdessen wissen.

„Ich denke, es müsste eine Abkürzung sein – zur Bundesstraße."

„Hm. Kenne ich nicht. Dabei bin in dieser Gegend aufgewachsen und schon unzählige Male hier langgefahren. Ist ja seltsam."

Max gab Gas. Der Wagen beschleunigte, beide wurden in die Sitze gedrückt.

„Dahinten könnte eine Kurve kommen. Sieht ganz so aus", bemerkte Marc, während die Tachonadel weiter kletterte.

Max nahm das Gas ein wenig zurück. So wild würde es schon nicht werden. Und er war ein guter Fahrer. Die Kurve sah ganz so aus, als könnte er sie recht zügig durchfahren – gerade mit seinem Wagen. Wahrscheinlich war Marc ein bisschen schreckhaft. Die Kurve kam schnell näher. Der Wagen machte einen Satz, dann noch einen. Schlaglöcher, wie Max still fluchte. Die Straße wurde plötzlich schlagartig schlechter – und er war nun deutlich zu schnell. Aus dem Augenwinkel sah Max, wie Marc neben ihm die Hände zu Fäusten ballte und sie auf die Oberschenkel drückte. Jetzt wurde die Straße auch noch schmaler. Die Kurve kam. Noch immer fuhr der Porsche zu schnell. Jetzt nur nicht zu drastisch bremsen. Die Straße sah glatt aus. Und in der Kurve konnte der Wagen bei der Nässe schnell ausbrechen. Aber was war das? Zwei grelle Lichter rasten ihnen plötzlich von links entgegen.

„Verdammt", brüllte Max und riss das Steuer nach rechts. Mit einem Schlag tauchte der Wagen ächzend in die Federung ein, als die Räder auf den unebenen Seitenstreifen gerieten. Dann setzte er zu einem Sprung an. Der Motor heulte auf, das Auto landete wieder auf den Rädern. Vor sich sah Max einen dicken Baum näherkommen. Mit voller Kraft trat er in die Bremse. Der Porsche schleuderte herum, drehte sich um die eigene Achse und stand einen Moment später. Im selben Augenblick schoss etwas gleißend Helles an ihnen vorbei und explodierte in einiger Entfernung zur Straße in einen Lichtblitz. Die Wucht einer Detonation schüttelte das Auto, Dreck spritzte gegen die Seitenscheiben. Benommen drehte Max den Kopf. Was war das? Wie durch ein Wunder war ihm nichts geschehen – beim Abkommen von der Straße und auch bei dem, was danach kam. Marc schien ebenfalls wohlauf, wie er mit einem schnellen Blick feststellte.

„Alles noch ganz?"

„Sieht so aus. Und bei dir?"

Max nickte nur.

„Nimmst Du prinzipiell keine Ratschläge an?"

Max brummte etwas Unverständliches.

„Aber mit dem komischen Licht und der Explosion hattest du ja wohl nichts zu tun. Was war das denn eben?"

„Das wüsste ich auch gerne."

Dort, wo die Explosion stattgefunden hatte, loderte nun ein Feuer, das schnell kleiner wurde.

Max blickte aus der Frontscheibe des Wagens. Vor ihnen stand ein Haus mit einem großen Garten. Hinter einem der Fenster schimmerte Licht. Vielleicht beobachteten sie von dort schon die Bewohner des Hauses.

„Dann lass uns gucken was hier los ist", forderte Max seinen Beifahrer auf und stieg auch schon aus. Das Heck des Wagens war nur wenige Zentimeter vor dem Baum zum Stehen gekommen. Links von ihnen glommen immer noch die Überreste des Geschosses. Ein Geschoss? War es das überhaupt? Es musste von hinten gekommen sein. Max drehte sich um. In einiger Entfernung, auf der anderen Straßenseite ragte das Heck eines anderen Pkw in die Höhe. Offensichtlich ein alter Renault 4. Dort schien es einen Graben zu geben, in den der Wagen mit dem Vorderteil gerutscht war. Idiot, dachte Max. Der Fahrer war ganz klar zu schnell gefahren und hatte seine Fahrbahn geschnitten. Ein Kopf erschien über dem Rand des Grabens, dann der Oberkörper – der Fahrer des anderen Wagens erklomm die Straße, klopfte sich die Kleidung ab und kam anschließend näher – erst langsam, dann zielstrebig, energisch. Es war eine Frau. Sie hob die Hand und wies in Richtung auf Max und Marc.

„Sie haben diesen Wagen dort gefahren?", rief sie über die Straße. Ihre Stimme verhieß nichts Gutes.

Die Frau sah gut aus, geradezu phantastisch, wie Max selbst auf die Distanz erkannte. Sie hatte dunkles, lockiges Haar. Es fiel offen auf ihren Rücken.

„Natürlich war ich das. Und Sie ….", brüllte er zurück, kam aber nicht weiter … Während er einen Schritt auf sie zu ging, zerriss ein Schuss die Stille. Mit einem metallischen Klacken schlug die Kugel im Wagen ein.

„Hinlegen", brüllte Marc, der sich offensichtlich als erster gefangen hatte, hechtete nach vorn und riss Max mit sich zu Boden. Sie kamen neben der Straße zu liegen, wo der Boden schräg in einen Graben abfiel. Gerade rechtzeitig. Ein weiterer Schuss peitschte durch die Nacht. Max hob den Kopf. Die junge Frau rannte jetzt auf sie zu. Wo war der Schütze? Erst nach einem kurzen Moment konnte Max ihn sehen. Es war ein Mann in einem weiten Mantel. Ruhig schritt er auf der Straße, noch ein ganzes Stück entfernt, auf sie zu.

„Das gibt es ja wohl nicht", schnaubte Marc entsetzt, „was ist denn hier los?"

„Der meint es ernst, wirklich ernst", stellte Max fest.

„Das glaube ich allerdings auch. Verdammt!"

Beide rissen gleichzeitig die Köpfe runter, als ein weiterer Schuss durch die Luft peitschte. Vorsichtig hoben sie anschließend den Kopf. Auf der gegenüberliegenden Straßenseite rappelte sich die Frau vom Boden, auf dem sie sich in Deckung geworfen hatte, auf, sah sich mit einer hektischen Bewegung nach dem Fremden um und rannte auf sie zu.

„Scheiße", fluchte Marc. „Sie gibt eine prima Zielscheibe ab."

Er drückte sich etwas höher.

„Liegenbleiben – verdammt, was machen Sie denn?", brüllte er über die Straße.

Nur einen kurzen Moment später warf sie sich auch schon neben ihnen zu Boden.

„Und? Was soll das alles? Was haben Sie sich dabei gedacht?", zischte sie und war schon dabei, sich auf den Armen hochzustemmen. Ihre Augen sprühten Funken.

Ihr Angreifer stand aufreizend locker und selbstsicher auf der Straße, eine Pistole mit beiden Händen vor sich haltend und spähte in ihre Richtung. In einer fließenden, schnellen Bewegung hob er die Waffe.

„Runter", konnte Max nur noch brüllen. Während er sich zu Boden presste drückte er geistesgegenwärtig mit seiner Rechten den Kopf der jungen Frau nach unten.

Dann peitschte auch schon ein Schuss über ihre Köpfe, dann weitere in schneller Folge.

„Mein Gott." Die junge Frau hob den Kopf zögernd ein kleines Stück und musterte Max. Ihre großen Augen verengten sich zu schmalen Schlitzen, durch die sie ihn verärgert und kritisch musterte.

„Er hat sein ganzes Magazin verschossen", stieß Marc hervor, kaum das der Lärm verklungen war.

„Schnell jetzt, zum Haus."

Er sprang auch schon auf und stürzte in die angekündigte Richtung.

„Was?" Die Frau folgte Marc mit ihrem Blick, drehte sich dann zu Max und warf ihm einen verwirrten Blick zu.

„Er hat Recht", schnaubte Max, „wenn wir hier wegwollen, dann jetzt." Er packte sie mit einer Hand am Arm und riss sie mit sich, als er aufsprang und losstürmte. Schon hatte sie sich gefangen und rannte neben Max.

„Hinter die Hecke und dann sofort runter", kommandierte Marc, sprang über ein flaches, geschlossenes Gartentor und hechtete sofort nach rechts hinter die sich an das Tor anschließende Hecke. Die Frau warf sich neben ihn. Einen Augenblick später sprang Max, berührte wieder den Boden und ließ sich zur anderen Seite fallen. Gerade rechtzeitig. Schon peitschte eine ganze Salve von Schüssen durch die Dunkelheit.

„Was machen wir jetzt?", wollte er von Marc wissen.

„Ins Haus. Die Leute werden die Schüsse gehört haben. Wahrscheinlich haben sie schon bei der Polizei angerufen."

„Und wenn niemand da ist?", warf die Frau energisch ein, „wenn keiner die Tür öffnet?" Sie blickte erst Max, dann Marc an. Dieser wies stumm mit dem Arm zur Tür. Diese stand einen Spaltbreit offen.

Marc drehte sich zur Hecke um, dann wieder zu Max und der Frau.

„Wir müssen los, jetzt sofort. Ich kann ihn sehen, wenn ich die Zweige hier ein bisschen auseinander schiebe. Er dürfte noch nicht in den Garten sehen können." Mit einem Satz stemmte sich Marc auf die Beine und rannte los. Die Frau heftete sich sofort an seine Fersen und auch Max stürmte los.

„Runter, runter", riss ihn auch schon Marc von den Beinen, kaum dass er das Haus betreten hatte. Er fühlte kalte Fliesen unter seiner linken Wange, als auch schon Schüsse zu hören waren und die Einschläge trocken über ihnen in die Wand einschlugen. Putz rieselte zu Boden. Mit einem Tritt schlug die junge Frau, die Eingangstür zu. Sie befanden sich in einem Windfang. Hinter einer weiteren Tür musste sich der eigentliche Wohnungsbereich des Hauses anschließen. Wie auf ein geheimes Kommando hoben die drei gleichzeitig ihre Köpfe. Ihre Blicke trafen sich. Einen Moment später sprangen sie auf, Max öffnete die Tür, und hechteten auch schon in das Innere der Villa. Marc schloss die Tür. Vor ihnen lag ein langer Flur, durch den in ganzer Länge ein roter Teppich lief. An den Wänden hingen Bilder.

„Niemand zu sehen", stellte die Frau fest.

„Würde ich hier wohnen, wäre ich wahrscheinlich auch in Deckung gegangen", brummte Marc und lehnte sich sitzend mit dem Rücken an die Wand. Er zog sein Handy aus der Tasche und wählte die Notrufnummer. „Wir können nicht auf irgendwelche Bewohner warten", stellte Max fest und war auch schon wieder auf den Beinen. Er lief weiter. Am Ende des Flures war eine Stahltür. Er öffnete sie. Dahinter führte eine Treppe in den Keller. Ein Schlüssel steckte im Schloss. Erleichtert rief Max seine beiden Begleitern heran. Marc steckte noch das Handy zurück in seine Jackentasche. Dann war auch er an ihm vorbei. Max schloss die Tür und verriegelte sie. Hier würden Sie bis zum Eintreffen der Polizei sicher sein.[7]

Zum Vergleich dazu eine zweite Variante.

Beispiel

Max gab Gas und lenkte den Porsche auf die Straße.

Es regnete immer noch. Schon von weitem sah er den Anhalter, der im Regen an der Straße stand und den Daumen hochhielt um ihn anzuhalten. Armer Kerl, dachte Max und bremste.

„Danke, das ist ja nett", stieß der Tramper nur hervor, als er die Tür des Wagens aufriss und sich auch schon auf den Sitz warf. Einige Regentropfen spritzten Max ins Gesicht. Er schaltete das Gebläse vorbeugend eine Stufe höher. Krachend schlug die Tür wieder zu. Sein Gast setzte eine Mütze ab.

„Tja, hallo", begrüßte ihn Max. „Und wo wollen Sie hin?"

„Ich muss nach Stade", stellte dieser fest.

„Da fahre ich nicht hin."

„Wenn Sie mich an einer Bushaltestelle an der Bundesstraße rauslassen, käme ich anschließend gut weiter."

„Kein Problem", brummte Max. Er fädelte den Wagen wieder in den Verkehr ein.

„Sauwetter. Schon lange hier gestanden?", wollte er von dem Anhalter wissen.

„Gut eine Dreiviertelstunde, ich bin völlig durchnässt."

Er nieste, zog ein Taschentuch hervor und schniefte kräftig herein. Max drehte die Heizung höher.

„Danke", nickte sein Mitfahrer, knöpfte seinen Mantel auf und begann ihn auseinander zu schlagen. Überrascht stellte Max beim Blick aus den Augenwinkeln fest, dass sein Gast darunter eine Uniformjacke trug.

„Kapitän?", wollte Max wissen.

„Pilot", entgegnete sein Gast, „oder Copilot, um ganz korrekt zu sein." Erst jetzt sah Max die Mütze in seiner Hand.

„Ist bestimmt ein interessanter Beruf", stellte er fest und warf seinem Sitznachbarn einen kurzen Blick zu.

„Schon", bestätigte der Anhalter. „Aber auch viel Routine – so wie wohl in jedem Beruf heute."

Ein Lächeln lief über das Gesicht des Anhalters. Der Mann sah gut aus, wie Max erst jetzt auffiel. Er war groß und schlank, hatte lange, trotzdem harmonisch gegliederte Hände, ein markantes, fein geschnittenes Gesicht und dunkle Locken, die sehr sorgsam geschnitten waren.

„Mein Name ist übrigens Marc. Wir sind etwa gleich alt. Ich denke, wir können uns ruhig duzen."

„Ok, ich bin Max", nickte dieser.

„Von wo kommst du jetzt?"

„Johannesburg. Ich bin gestern aus Südafrika zurückgeflogen."

Er lächelte wieder. Dann sprach er weiter.

„Habe ich gerade von Routine gesprochen? Die Landung in Johannesburg hatte damit allerdings nichts zu. Die hatte es wirklich in sich. So etwas erleben aber selbst erfahrene Piloten nur äußerst selten oder nie."

„Was ist denn passiert?"

Marc wartete einen Augenblick, bevor er weitersprach. Er schien seine Gedanken zu ordnen.

„Das Wetter war schlecht. Wir kamen im Landeanflug in ein Gewitter. Ich konnte die Maschine in den starken Sturmböen kaum auf dem richtigen Kurs zur Landebahn halten. Es waren Windshears zu erwarten, starke Fallwinde, die das Flugzeug plötzlich in ihrem Sog in die Tiefe reißen können."

Er sah Max an.

„Wenn man nur noch ein paar hundert Meter über dem Boden fliegt, ist das ziemlich gefährlich."

„Kann ich mir vorstellen", murmelte Max.

„Ich war angespannt. Aber solche und ähnliche Situationen hatten wir hundertfach zuvor am Simulator geübt. In der Realität habe ich ein solches Wetter allerdings noch nicht erlebt. Plötzlich kam alles zusammen: Das Wetter, die Anweisung des Fluglotsen, auf eine andere Landebahn zu wechseln und dann auch noch eine Warnung des TCAS. Ich …"

„Des was?"

„Des TCAS. Es warnt vor dem Zusammenstoß mit einem anderen Flugzeug. Die Computerstimme ruft immer wieder ‚Traffic … Trafik … traffic'."

„Ihr wärt fast mit einem anderen Flugzeug zusammengestoßen?"

„So ist es. Ich musste mich schon vorher ungeheuer konzentrieren, um die Maschine bei dem Wetter auf Kurs zu halten. Das war echter Stress. Du musst immer auf Geschwindigkeit, Kurs und Höhe achten. Wandert einer der Parameter auf den Anzeigen im Cockpit aus, ist schnelle Korrektur gefragt. Sonst laufen auf die anderen Anzeigen schnell aus dem Ruder. Dann ist die Maschine schnell tief, kommt nach links vom Kurs ab und wird zu schnell – und du steuerst immer hinterher. Als mir dann der Fluglotse eine neue Anflugroute nannte, war das dann schon fast zu viel. Ich hatte den Funkspruch noch nicht bestätigt, als dann das TCAS auch schon Alarm schlug."

„Und wie das ausgegangen?"

„Der Kapitän hat übernommen – und den Flug weitergeführt. Er hat entsprechend der Vorgaben des TCAS ein Ausweichmanöver geflogen und mich angewiesen, die Situation mit dem Fluglosten zu klären. Ich wollte gerade damit anfangen, als dieser uns anfunkte und vor der Maschine auf Kollisionskurs warnte. Der muss zuvor geschlafen haben …"

„Erstaunlich", stellte Max fest.

Es regnete immer noch. Die Bundesstraße lag nicht mehr weit entfernt. Eine Straßenlaterne markierte eine Abzweigung nach rechts, eine Straße, die von großen Bäumen gesäumt wurde. Komisch: Max kannte die Straße, war schon einmal zwischen den Bäumen hindurchgefahren. Und plötzlich wusste er, wo das gewesen war: in einem Traum. Er hatte in der Nacht von dieser Straße geträumt. Irgendwie hatte diese Allee für ihn große Bedeutung gehabt. An ihr gab es etwas Wichtiges zu entdecken. Ihm fiel nicht ein, was das sein mochte. Aber egal. Die Straße würde den Weg zur Bundesstraße auf jeden Fall noch etwas abkürzen. Max nahm das Gas weg und setzte den Blinker. Schon bog er nach rechts ab

„Wo willst du hin?", wollte dieser überrascht stattdessen wissen.

„Ich denke, es müsste eine Abkürzung sein – zur Bundesstraße."

„Hm. Kenne ich nicht. Dabei bin in dieser Gegend aufgewachsen und schon unzählige Male hier langgefahren. Ist ja seltsam."

Max gab Gas. Der Wagen beschleunigte, beide wurden sanft in die Sitze gedrückt.

„Dahinten könnte eine Kurve kommen. Sieht ganz so aus", bemerkte Marc, während die Tachonadel weiter kletterte.

Max nahm das Gas ein wenig zurück. So wild würde es schon nicht werden. Und er war ein guter Fahrer. Die Kurve sah ganz so aus, als …[7)]

Was halten Sie von dem Einschub mit dem TCAS? Wahrscheinlich haben Sie ihn als höchst überflüssig empfunden. Mit dieser Ansicht stehen Sie nicht allein. Die Passage trägt nichts zum eigentlichen Thema bei. Was dem Autor beim Schreiben vielleicht höchst interessant und wichtig vorkam, ist für den Leser uninteressant und langweilig. Wenn Sie eine Geschichte schreiben, kann es Ihnen im Eifer der Arbeit schnell passieren, dass Sie vergleichbar überflüssige Passagen in Ihre Geschichte einbauen – selbst dann, wenn Sie das Thema klar im Kopf haben. In diesem Fall ist die spätere Überarbeitung des Textes ein guter Zeitpunkt, um solche Textstellen wieder herauszunehmen. Um das Entstehen solcher „loser Enden" im Text zu vermeiden, ist es wichtig, dass Ihnen als Autor das Thema Ihrer Geschichte klar ist. Das Thema besagt, worum es in einer Geschichte geht, wovon sie handelt. Eine verschwommene Idee vom Thema zu haben, reicht nicht. Sie müssen das Thema ganz präzise in wenigen Sätzen zusammenfassen können. Wenn Sie nicht wissen, wovon die Geschichte handelt, wer denn dann? Der Leser? Wie soll er das Thema begreifen, wenn nicht einmal der Autor es kann. Das Thema einer Geschichte lässt sich definieren als das, was mit den Figuren auf ihrem Weg durch den zentralen Konflikt der Geschichte geschieht. Das Thema ist der „rote Faden" einer Geschichte.

Sie müssen das Thema – selbst wenn es sich um einen Roman von 500 Seiten handelt – in wenigen Sätzen zusammenfassen können. Das Formulieren des Themas in Kurzform ist ein wichtiges Instrument für Sie als Autor, um ein Ausufern der Handlung einer Geschichte zu vermeiden. Das Formulieren des Themas kann dabei eine durchaus mühsame Arbeit sein. Wer schon einmal einen Roman geschrieben hat, weiß, wie schwer es fallen kann, den Inhalt von 500 Seiten in wenigen Sätzen zusammenzufassen. Die entsprechende Denkarbeit leisten Sie am besten schon, bevor Sie sich an das Verfassen einer Geschichte machen. Haben Sie dann das Thema kurz und prägnant formuliert, wird es Ihnen anschließend bei der Arbeit an der Geschichte sofort auffallen, wenn Sie thematisch vom roten Faden der Geschichte abweichen. Im Zweifelsfall können Sie sich auch ganz bewusst fragen, ob und wie bestimmte Textpassagen in Bezug zum Thema der Geschichte stehen. Damit kein Missverständnis entsteht: Sie dürfen – und sollen – natürlich eine Geschichte ruhig mehrdimensional entwickeln. Es darf durchaus verschiedene Ebenen und Handlungsfäden geben. Nur müssen diesen dann auch Sinn haben und mit der Gesamtgeschichte und anderen Handlungselementen verwoben sein.

In dem vorgestellten Beispiel lautet das Thema: Bei einer Fahrt mit dem Auto werden die Helden mit Schusswaffen angegriffen und können sich in einem Keller in Sicherheit bringen. Bei dem Text handelt es sich um den Auszug aus einem größeren Roman. Betrachtet man nur die Szene als solche hätte das Auftreten der Frau auch entfallen können. Für den Gesamtroman ist der Auftritt aber bedeutsam, weil damit eine der Hauptfiguren eingeführt. wird. Und wie lautet das Thema des vorgestellten Beispiels aus der Zeit der Römer? Dazu muss man zunächst wissen, wie die Geschichte weitergeht.

Beispiel

... und der Zenturio verharrten erstaunt.

Hoch auf ihren Rössern sitzend blickten sie auf die Wiese, die sich am andere Ufer, viele hundert Fuß entfernt, erstreckte: Auf einem Schimmel saß dort eine Frau, ganz in weiß gekleidet. Das Pferd unter ihr tänzelte unruhig. Mit hoch erhobenem Kopf musterte sie die Legionen. Stumm, der Welt entrückt, schien sie ihre Kraft aus der Erde zu schöpfen und doch dabei gleichzeitig über ihr zu schweben. Ihr langes blondes Haar wehte im aufkommenden Sturm, und wer von den Legionäre sie auf ihrer Höhe passierte, beschwor später, nie eine schönere Frau gesehen zu haben. Ihr Blick aber drang in das Herz eines jeden Mannes und ließ ihn nach dem Sinn dessen, was er tat, fragen. Vielen Soldaten kamen dabei Gedanken an die eigene Sterblichkeit, die Gefahren und Unergründlichkeit dieses Landes in den Sinn. Die meisten fürchteten sich und deuteten den Anblick als schlechtes Vorzeichen für die kommenden Unternehmen.

Von der Erscheinung gefangen starrte der Legat die Frau an – auch noch, als der Zenturio neben ihm seine Überraschung bereits wieder überwunden hatte.

Auch den Feldherrn traf ihr Blick mit einer Kraft, die über diese Welt hinausreichte. Aber da war noch etwas, ein Gefühl, eine Ahnung, noch sehr schwach, die er sich nicht erklären konnte. Für den Moment eines Lidschlags hatte er das Gefühl, die Frau zu kennen und gleichzeitig das alles schon einmal erlebt zu haben. Ihm war, als bestände zwischen ihm und der Germanin ein unsichtbares Band. Aber wie konnte das sein? Der altgediente Soldat an seiner Seite räusperte sich leise und riss ihn damit wieder in den Alltag des Marsches zurück. Er wollte gerade den Blick von der Frau wenden, als er eine winzige Bewegung der Reiterin bemerkte. Er wusste: Sie hatte ihn bemerkt – und war ebenso überrascht wie er. Wieder spürte er einen Anflug der seltsamen Ahnung, von der er sich gerade gelöst hatte.

Er wischte sie fort. Darüber konnte er später nachsinnen. Jetzt musste er an die Truppe denken. Er straffte sich, ritt sein Pferd an und trieb es zwischen die verwirrten Soldaten. Der Zenturio folgte nicht minder verwundert. Mit einer energischen Armbewegung befahl der Feldherr den Männern zu halten und abzuwarten.

Einen Moment entstand Unruhe. Dann sahen ihn die Legionäre erwartungsvoll an.

„Marschieren so die Legionen, die die Welt erobert haben?"

Die Stimme hallte klar über die Ebene.

Die Männer blickten zu Boden.

„Wer immer uns auch vom anderen Ufer aus beobachtet, die Chatten, ihre Frauen – oder sogar ihre Göttinnen: Zeigen wir ihnen, warum Roms Legionen immer siegen."

Er zog sein Schwert und schaute suchend durch die Reihen der Soldaten. An einem Helmbusch blieb sein Blick hängen.

„Zenturio!"

Der Angerufene salutierte.

„Wollen wir den Barbaren zeigen, wie fröhlich uns ein Lied selbst in diesen dunklen Wäldern marschieren lässt?"

„Das wollen wir."

„Dann lasst die Truppe singen und die Männer so zur Furt marschieren."

Sofort übernahm der Zenturio das Kommando. Seine raue Stimme hallte durch die Reihen. Ein Ruck lief durch die stehenden Kolonnen. Der Legat und sein Begleiter ritten an den Rand des Weges, und die Legionen setzten sich singend wieder in Bewegung.

Die ersten Regentropfen fielen. Der Legat blickte zu der Frau auf dem Schimmel. Sie hatte Mühe, ihr Pferd unter Kontrolle zu halten. Es drehte sich zweimal im Kreis und stellte sich dann auf die Hinterläufe. Sie drückte es wieder zu Boden, und – er war sich ganz sicher – sah ihn an. Dann wendete sie und galoppierte davon.[6]

Das Thema: Auf einem Marsch durch Feindesland werden die für ihren Aberglauben bekannten römische Legionäre mit der Erscheinung einer ganz in weiß gekleideten Reiterin konfrontiert und reagieren darauf, in dem sie sich an ihre Disziplin halten.

Von Punkt zu Punkt: das Drei-Akt-Modell

Beim Entwickeln einer Geschichte gibt es heute im Wesentlichen zwei Modelle, die Ihnen bei der Arbeit helfen. Die so genannte Heldenreise und das 3-Akt-Modell. Letzteres wurde von Syd Field entwickelt, einem US-amerikanischen Schriftsteller, der zu einem der einflussreichsten Drehbuchautoren der Filmgeschichte geworden ist. Field hat sein Konzept ursprünglich zum Verfassen von Drehbüchern von Filmen erarbeitet. Es wird heute aber auch erfolgreich bei der Erstellung aller möglichen anderen Arten von Geschichten – zum Beispiel auch Romanen – angewandt und ist auch beim Entwickeln von Geschichten im Storytelling ein sehr wichtiges Hilfsmitteln. Nach dem Drei-Akt-Modell gibt es in jeder Geschichte zunächst zwei wesentliche Faktoren: Handlung und Figuren. Handlung meint dabei, was geschieht, Figur, mit wem es geschieht. Bei der Handlung gibt es zwei Arten: physische und emotionale Handlung. Nach Syd Field ist „ein Drehbuch eine in Bildern erzählte Geschichte. Es geht um eine Person – oder Personen – an einem Ort – oder mehreren Orten – die ihre Sache durchziehen." Syd Field fährt fort: „Man könnte dramatische Struktur definieren als eine lineare Anordnung aufeinander bezogener Vorfälle, Episoden oder Ereignisse, die zu einer dramatischen Auslösung hinführen." Die Geschichte hat einen Anfang, eine Mitte und ein Ende und setzt sich damit aus drei Akten zusammen. Der erste Akt ist die Exposition, der zweite Akt die Konfrontation und der dritte Akt die Auflösung der Geschichte. Die Akte haben dabei nicht die gleiche Länge. Die Konfrontation ist nach diesem Modell der eigentliche Hauptteil einer Geschichte und etwa doppelt so lang wie jeweils Exposition und Auflösung. Im 1. Akt wird der Leser/Zuschauer in die Geschichte eingeführt. Er lernt die Hauptfigur und die Umgebung, in der die Geschichte angesiedelt ist, kennen. Außerdem erfährt er, worum es geht. Am Ende des ersten Aktes dann gibt es ein Ereignis, dass Syd Field als Plot Point bezeichnet. Ein Plot Point ist ein Vorfall oder Ereignis, das die Geschichte in eine andere Richtung lenkt. Anschließend tritt die Geschichte in den 2. Akt ein, der den Großteil der Geschichte ausmacht. Die Hauptfigur der Geschichte hat jetzt – ausgelöst durch den Plot Point am Ende des 1. Aktes ein Ziel vor Augen, das sie erreichen will. Dabei stößt sie auf Widerstand und Hindernisse, die es zu überwinden gilt. Diese dramatische Handlung bestimmt den zweiten Akt und mündet in einen weiteren Plot Point, der schließlich zur Auflösung der Geschichte führt. Der 3. Akt der Geschichte ist dann die Auflösung. Der Leser oder Zuschauer erfährt, was mit der Hauptfigur geschieht, ob sie ihr Ziel erreicht oder nicht, ob sie überlebt oder nicht, gewinnt oder verliert. Das Schluss löst die Geschichte auf und schafft in den meisten Fällen für den Leser/Zuschauer Klarheit in Hinblick auf die Fragen, die er zuvor zur Handlung hatte. Als Kunstgriff sind natürlich auch ein offenes Ende oder ein Ende, das einen Teil der Auflösung offen lässt, möglich – wobei ein entsprechender Schluss dann sehr gekonnt entwickelt werden muss.

Kritik an Schreibmodellen

Haben Sie das Gefühl, dass das 3-Akt-Modell das Entwickeln von Geschichten zu sehr schematisiert? Mit dieser Kritik stehen Sie nicht allein. Das 3-Akt-Modell von Syd Field wurde und wird genauso wie das Modell der Heldenreise immer wieder von Menschen kritisiert, die sich mit Geschichten, Literatur und Filmen beschäftigen. Es wird dem 3-Akt-Modell zum Beispiel vorgeworfen, dass es letztlich dazu führt, dass immer dieselbe Art von Drehbuch und Geschichte erstellt wird und damit die Möglichkeiten, die Erzählen bietet, künstlich verengt werden. Trotz dieser Kritik ist unzweifelhaft, dass beide Modell äußerst erfolgreich sind. Sie werden kaum noch einen Hollywood-Film finden, der nicht diesen Modellen entspricht. Danach können Sie sogar die Uhr stellen: In fast jedem Film ereignet sich der Plot-Point am Ende des ersten Aktes etwa um die fünfundzwanzigste Minute des Filmes. Das glauben Sie nicht? Probieren Sie es aus, wenn sie das nächste Mal einen entsprechenden Film sehen. Populäre Romane bedienen sich ebenfalls der genannten Muster – wenn auch nicht ganz so präzise. Wenn Sie darüber streiten oder nachdenken, welchen Stellenwert Sie den entsprechenden Modellen beimessen wollten, sollten Sie dabei nicht den Hintergrund Ihrer Arbeit aus den Augen verlieren. Was wollen Sie damit? Wenn Sie vorhaben, einen Roman zu schreiben und in die Fußstapfen von Günter Grass zu treten, ist kritische Distanz zu den Modellen vielleicht angemessen. Wollen Sie aber einen populären, spannenden Unterhaltungsroman schreiben, tun Sie gut daran, sich vergleichsweise eng an die entsprechenden Modelle zu halten. Und geht es darum, Storytelling zu betreiben – und genau das ist ja der Inhalt dieses Buches – ist die Anwendung des Know hows aus dem 3-Akt-Modell und der Heldenreise Pflicht. Denn bei Storytelling steht vor allem im Vordergrund, dass Ihre Geschichten funktionieren. Und genau dazu wurden diese Modelle entwickelt. Ganz am Rande bemerkt ist es zumindest beim Modell der Heldenreise so, dass es auf sehr seriöser wissenschaftlicher Auswertung von Geschichten basiert, die Menschen sich überall auf dem Globus erzählen. Dass sich weltweit eine einheitliche Grundstruktur herausschälen lässt, spricht natürlich dafür, diese Grundstruktur auch bei Geschichten, die Sie neu entwickeln, anzuwenden. Daneben spricht es dafür, dass die entsprechende Grundstruktur bereits im Menschen selbst angelegt ist. Darüberhinaus greift die Kritik an den Schreibmodellen auch zu kurz. Wer sich intensiv insbesondere

Auf den Plot kommt es an: die Struktur von guten Geschichten 135

> mit dem Modell der Heldenreise befasst, erkennt, dass dessen Elemente so vielfältig und flexibel sind und so viele Möglichkeiten bieten, dass die Gefahr einer zu großen Standardisierung gar nicht besteht.

Jetzt zwei Beispiele, die Ihnen das 3-Akt-Modell verdeutlichen.

Beispiel

In „Die drei Tage des Condor" ist Robert Redford die Hauptfigur und arbeitet in einer Lese-Zelle für den amerikanischen Geheimdienst CIA. Die Mitarbeiter dieser Lese-Zelle lesen im Auftrag des CIA Bücher. Am Anfang des Films lernt der Zuschauer Redford bei seiner Arbeit kennen. Er wird fortgeschickt, um Essen für die Kollegen zu holen. Als er zurückkommt, sind alle Kollegen tot. Im Büro hat sich ein Massaker ereignet. Das ist der Plot Point am Ende des ersten Aktes. Jetzt muss Redford kämpfen. Fast den kompletten 2. Akt durch wird er von einem gekauften Mörder verfolgt, der auch ihn umbringen soll. Redford kidnappt Faye Dunaway, was der dramaturgischen Notwendigkeit entspringt, dem Helden einen Dialogpartner zur Seite zu stellen (Monologe funktionieren in einem Film nicht) bleibt aber ansonsten Opfer, das nur auf die jeweilige Situation reagiert. Als ihn schließlich in der Wohnung von Faye Dunaway ein als Postbote verkleideter Mörder angreift dreht er die Situation, ergreift erstmals gegenüber seinen Widersachern die Initiative und greift an. Dieser Wandel vom Opfer zum Angreifer ist der Plot Point am Ende des zweiten Aktes. Von nun an agiert Redford und deckt schließlich auf, dass es eine CIA innerhalb der CIA gibt.

Beispiel 2: Rocky

Beispiel

Im ersten Akt ist Rocky ein heruntergekommener Boxer, der als Schläger für einen Schulfreund ein paar Dollar verdient. Durch Zufall erhält er am Ende des ersten Aktes die Chance, gegen den Weltmeister im Schwergewicht zu kämpfen. Das ist der Plot Point, der den 2. Akt einleitet. In Mittelteil des Films ist Rocky klar, dass er gegen den Weltmeister keine Chance hat. Aber er kann es schaffen, 15 Runden gegen den Champion auf den Beinen zu bleiben – und so einen Achtungserfolg zu erzielen. Dieses Ziel versucht er zu erreichen. Dazu überwindet er die Barrieren seinen Tatenlosigkeit und Faulheit und bringt sich in Form. Der Plot Point am Ende des 2. Aktes ist die Szene, in der Rocky die Stufen zum Museum hinaufläuft und einen Siegestanz zu dem Musiktitel „Gonna Fly Now" aufführt. Rocky ist fit. Er hat getan, was möglich ist und kann nun gegen Apollo Creed antreten. Der 3. Akt schließlich ist die Kampfsequenz, in der Rocky mit bewundernswerter Tapferkeit 15 Runden lang gegen den Champion kämpft.

Der 3. Akt von Rocky ist eine einzige Film-Sequenz. Sie können Filme – genauso wie Romane oder jede andere Form von Geschichte – in Sequenzen und Szenen einteilen. Eine Sequenz ist eine komplette, stimmige Einheit dramatischer Aktion in einer Geschichte. Eine Sequenz besteht aus einer Serie von Szenen, die durch eine Idee zusammengehalten werden und einen Handlungsblock innerhalb der Gesamtgeschichte bilden. Eine Sequenz muss nicht die Länge der Kampfszene in Rocky haben. Wenn Robert Redford in „Die drei Tage des Condor" nach dem Essenholen seine toten Kollegen entdeckt, ist das eine zusammenhängende Sequenz. Wie die Gesamtgeschichte hat auch die Sequenz Anfang, Mitte und Ende. Die Szene ist das kleinste Element in einer Geschichte oder einem Film. Eine Szene kann sehr kurz sein, aber auch länger. Eine Szene kann die Kurzeinstellung eines Autos sein, dass eine Straße entlangfährt, es ist aber auch ein Dialog, der über mehrere Minuten dauert. Erinnern Sie sich daran, was in dem Film „Psycho" in der Dusche passiert? Das ist das beste Beispiel für eine Szene. Wenn im „Krieg der Sterne" Luke Skywalker seiner Vater Darth Vater die Maske abnimmt und sie ein letztes Gespräch führen, ist das eine Szene.

Zu guter Letzt beinhaltet das Konzept von Syd Field noch die Plot Points, von denen Sie zwei schon kennengelernt haben. Generell ist ein Plot Point ein Element in der Geschichte, das dieser eine neue Richtung gibt und sie damit maßgeblich vorantreibt. Die beiden Plot Points am Ende des 1. und 2. Aktes sind wesentlich für die Geschichte. Darüber hinaus kann jede Geschichte, jeder Roman und jedes Drehbuch aber noch sehr viel mehr Plot Points enthalten. Wenn Sie eine Geschichte nach dem 3-Akt-Modell entwickeln, sollten Sie – bevor Sie mit dem Schreiben anfangen – die Plot Points am Ende des 1. und 2. Aktes, den Anfang und den Schluss der Geschichte kennen sowie außerdem die notwendigen Vorarbeiten hinsichtlich der Personen und der Handlung gewissenhaft erledigt haben. Auch wenn Sie von dem entsprechenden Modell nichts halten, ist es in jedem Fall sinnvoll, vor dem Schreiben Anfang und Ende der Geschichte zu kennen und zumindest die Hausaufgaben hinsichtlich Personen und Handlung gemacht zu haben.

Der Monomythos: die Heldenreise

Ein weiteres wichtiges Konzept zum Entwickeln von Geschichten ist das Modell der Heldenreise, das erstmals von Joseph Campbell in seinem Buch „Der Heros in tausend Gestalten" vorgestellt wurde. Christopher Vogler hat das Modell weiterentwickelt und mit seinem Buch „Die Odyssee des Drehbuchschreibers" insbesondere in Hollywood bekannt gemacht. Es gibt heute wohl kaum einen erfolgreichen neueren Film, der nicht auf den Erkenntnissen von Campbell und Vogler basiert. Das Konzept lässt sich nicht weniger gut auf alle anderen Formen von Geschichten anwenden. Campbells Heldenreise steht dabei nicht im Gegensatz zum 3-Akt-Modell von Syd Field. Ganz im Gegenteil. Wenn Sie eine Geschichte entwickeln, können und sollten Sie mit dem Wissen aus beiden Konzepten gleichzeitig arbeiten. Beide Modelle ergänzen sich hervorragend. Joseph Campbell war zunächst einmal einer der bedeutendsten Mythenforscher des 20. Jahrhunderts. Weltweit, in allen Kulturen und auf allen bewohnten Kontinenten, erzählen sich Menschen seit Urzeiten Mythen. Campbell hat diese Mythen analysiert und dabei ein grundlegendes Muster nachgewiesen, die sich in Mythologien rund um den Globus finden lässt. Er bezeichnet es als Monomythos. Dieses Grundmuster finden sich auch in den Mythologien von Völkern, die nachweislich unabhängig voneinander entstanden. Das deutet darauf hin, dass diese Grundstrukturen nicht von Menschen künstlich erschaffen und ausgedacht wurden, sondern sich als Grundstrukturen in der Psyche des Menschen wiederfinden. Zu ähnlichen Erkenntnissen kam der Psychologe Carl Gustav Jung, als er die Archetypen entdeckte. Die Ergebnisse dieser Forschungsarbeit lassen sich für den Entwickler von Geschichten hervorragend mit dem Modell der Heldenreise kombinieren. Neben den universellen Grundstrukturen, die Campbell herausarbeitete, weisen Mythen überall in der Welt lokale Besonderheiten auf. Zwischen beiden Aspekten – der Grundstruktur eines Mythos und der lokal unterschiedlichen Ausgestaltung – ist sorgsam zu unterscheiden. Für den Geschichtenerzähler ist dabei natürlich insbesondere die universelle Grundstruktur, die sich in den Mythologien findet, von Bedeutung. Ganz offensichtlich gibt es ein der menschlichen Psyche innewohnendes Muster, das Menschen Geschichten in einer ganz bestimmten Art und Weise erzählen lässt. Und ganz offensichtlich erlebt ein Zuschauer eine Geschichte dann als Genuss und als befriedigend, wenn sie diesem Muster entspricht. Dafür muss der Geschichtenerzähler das Muster, das Campbell herausgearbeitet hat, überhaupt nicht bewusst kennen, um es anwenden zu können. Er kann es nutzen, weil es auch seiner Psyche innewohnt. Genau auf diese Weise ist der überwältigende Großteil der Geschichten, die Menschen sich jemals ausgedacht haben, entstanden.

Die Grundmuster, die der Mythenforscher herausgefunden hat, dienen aber nicht nur dem Erzählen und Verstehen von Geschichten. Es scheint so zu sein, dass Menschen auch ihre eigene Lebensgeschichte in Form von Geschichten strukturieren und verarbeiten. Campbells Modell eignet sich von daher auch, um in der Psychologie Menschen zu verstehen und zu helfen. Aus diesem Ansatz heraus hat sich eine psychologische Denkrichtung entwickelt, die sehr erfolgreich arbeitet. Auch in der Werbung oder im Management werden Campbells Erkenntnisse erfolgreich umgesetzt. Was hat Joseph Campbell jetzt konkret bei einer Analyse von weltweiten Mythen herausgefunden? Welche Elemente hat der Monomythos? Zunächst einmal ist für diesen charakteristisch, dass sich der Held im Verlauf der Geschichte in zwei Welten – der Alltagwelt und der Welt der Abenteuers bewegt. Zwischen beiden Welten befindet sich eine Schwelle, der der Held sehr bewusst überschreitet. Für den Monomythos skizziert Campbell folgenden Ablauf:

„Der Mythenheld, der von der Hütte oder dem Schloss seines Alltags sich aufmacht, wird zur Schwelle der Abenteuerfahrt gelockt oder getragen, oder er begibt sich freiwillig dorthin. Dort trifft er auf ein Schattenwesen, das den Übergang bewacht. Der Held kann diese Macht besiegen oder beschwichtigen und lebendig ins Königreich der Finsternis eingehen (Bruderkampf, Kampf mit dem Drachen; Opfer, Zauber) oder vom Gegner erschlagen werden und als Toter hinabsteigen (Zerstückelung, Kreuzigung). Dann, jenseits der Schwelle, durchmisst der Held eine Welt fremdartiger und doch seltsam vertrauter Kräfte, von denen einige ihn gefährlich bedrohen (Prüfungen), andere ihm magische Hilfe leisten (Helfer). Wenn er am Nadir des Mythischen Zirkels angekommen ist, hat er ein höchstes Gottesgericht zu bestehen und erhält seine Belohnung. Der Triumph kann sich darstellen als sexuelle Vereinigung mit der göttlichen Weltmutter (heilige Hochzeit), seine Anerkennung durch den Schöpfervater (Versöhnung mit dem Vater), Vergöttlichung des Helden selbst (Apotheose) oder aber, wenn die Mächte ihm feindlich geblieben sind, der Raub des Segens, den zu holen er gekommen war (Brautraub, Feuerraub); seinem Wesen nach ist er eine Ausweitung des Bewusstseins und damit des Seins (Erleuchtung, Verwandlung, Freiheit). Die Schlussarbeit ist die Rückkehr. Wenn die Mächte den Helden gesegnet haben, macht er sich nun unter ihrem Schutz auf (Sendung); wenn nicht, flieht er und wird verfolgt (Flucht in Verwandlungen, Flucht mit Hindernissen). An der Schwelle der Rückkehr müssen die transzendenten Kräfte zurückbleiben; der Held steigt aus dem Reich des Schreckens wieder empor (Rückkehr, Auferstehung). Der Segen, den er bringt, wird der Welt zum Heil (Elixier)." Campbell betont dazu weiter: „Die Variationen, die aus der einfachen Skala des Monomythos gezogen werden, lassen sich nicht annähernd erschöpfend beschreiben. Viele Sagen verbreiten sich über ein oder zwei isolierte Elemente des Gesamtzyklus, etwa das Prüfungsmotiv, das Fluchtmotiv oder die Entführung der Braut, andere verbinden eine Anzahl heterogener Zyklen zu einer Reise, wie etwa die Odyssee. Verschiedene Charaktere oder Episoden können verschmolzen werden, oder ein Einzelelement kann sich verdoppeln oder in zahlreichen Abwandlungen wiedererscheinen."

Joseph Campbell war ein Mythenforscher. Er hat die Mythen dieser Welt analysiert und Gemeinsamkeiten festgehalten. Sein Anliegen war es nicht in erster Linie, modernen Geschichtenerzählern, Autoren und Drehbuchverfassern eine Anleitung zum Entwickeln guter Geschichten an die Hand zu geben. Das ist die Arbeit von Christopher Vogler. Vogler hat die Erkenntnisse von Campbell aufgegriffen, um sie Drehbuchautoren und damit allen anderen modernen Geschichtenerzählern zugänglich zu machen.

Eng angelehnt an Campbell listet Vogler folgende Einzelelemente der Heldenreise auf und teilt diese den 3. Akten zu, wie sie auch Syd Field in seinem Konzept benutzt.

Erster Akt
Gewohnte Welt
Ruf des Abenteuers
Weigerung
Begegnung mit dem Mentor
Überschreiten der ersten Schwelle

Zweiter Akt
Bewährungsproben,
Verbünde, Feinde
Vordringen zur tiefsten Höhle/zum empfindlichsten Kern
Entscheidende Prüfung (Feuerprobe)
Belohnung

Dritter Akt
Rückweg
Auferstehung (Resurrektion)
Rückkehr mit dem Elixier.

Es sei an dieser Stelle noch einmal ausdrücklich erwähnt, dass es sich bei der Reise, die der Held in der Geschichte unternimmt, nicht tatsächlich um eine Reise im wortwörtlichen Sinn handeln muss. Die Abfolge der einzelnen Stufen diese Konzeptes klingt natürlich im ersten Augenblick nach der idealen Anleitung für eine Indiana-Jones-Geschichte, bei der der Held tatsächlich eine Reise unternimmt und schließlich ein gewünschtes Artefakt (Elixier) für sich gewinnt. Das Konzept lässt sich aber genauso für jede andere Form von Geschichte verwenden. Bei der Reise kann es sich auch um den Reise des Helden in das magische Land der Liebe oder in seine innere Welt handeln. Die bestehenden Begriffe für die einzelnen Stationen der Reise sind aber für die meisten Menschen am besten verständlich und lassen sich am flexibelsten auf alle möglichen anderen Reisemöglichkeiten übertragen, wenn sie in den Begriffen einer tatsächlichen Abenteuerreise des Helden benannt sind. Bedenken sollten Sie außerdem, dass es sich bei dem Konzept der Heldenreise um keine dogmatisch anzuwendende Formel handelt. Ein Roman ist nicht deshalb kein guter Roman, weil der Mentor nicht im ersten Akt auftaucht, sondern erst im zweiten – um nur ein Beispiel zu nennen. Bei jeder Geschichte ist letztlich wichtig, dass sie funktioniert, nicht dass sie bestimmte Formen einhält. Sie dürfen das Modell der Heldenreise keineswegs als eine starre Formel verstehen. Das Modell sagt Ihnen nur, wo sich eine Szene üblicherweise befindet, nicht wo sie angesiedelt sein muss. Jedes Element der Heldenreise kann an jedem beliebigen Punkt der Geschichte auftauchen. Sie können auf Elemente verzichten oder sie in großer Zahl wiederholen. Im Film Titanic wimmelt es zum Beispiel nur so von Schwellenhütern, die Türen, Aufzüge und Durchgänge bewachen. So verstanden ist die Heldenreise kein Konzept, dass die kreativen Möglichkeiten eines Autors einschränkt. Sie bietet – ganz im Gegenteil – eine schier unendliche Zahl von Handlungsmöglichkeiten. Die Heldenreise ist auf keinen Fall als diktatorischer Erlass zu verstehen, sondern als ein Orientierungsrahmen, von dem eine ungeheure Inspiration für das Entwickeln und Schreiben von Geschichten ausgeht.

Jetzt zu den einzelnen Stationen der Heldenreise:

Die gewohnte Welt

Die meisten Geschichten zeigen den Helden zunächst in seiner gewohnten Welt. Auf diese Weise entsteht ein Kontrast zu der Welt der Wunder, in die der Held schon bald aufbrechen wird. Nur so kann der Leser oder Zuschauer überhaupt verstehen und nachvollziehen, dass der Held eine Reise in die Welt der Geschichte antritt. Christopher Vogler bringt das auf den Punkt, wenn er schreibt: „Wenn Sie den Fisch, der sein angestammtes Element verlässt, darstellen wollen, dann müssen Sie ihn zunächst einmal in seiner gewohnten Umgebung zeigen. Damit schaffen Sie einen lebhaften Kontrast zu der fremdartigen neuen Welt, in die er bald eintreten wird."

Der Ruf des Abenteuers

In der gewohnten Welt wird der Held mit einem Problem konfrontiert, dass sich nur lösen lässt, wenn er sich auf das Abenteuer der Reise in das unbekannte Land des Hauptteils des Geschichte einlässt. Er hört den Ruf des Abenteuers. Vielleicht ist die Welt des Helden in Gefahr, und er kann sie nur retten, wenn er ein bestimmtes Elixier findet. Im Krieg der Sterne erfolgt der Ruf in Form einer holographischen Nachricht von Prinzessin Leia. Sie ist gefangen bei Darth Vader und muss befreit werden. Der Ruf muss nicht immer spektakulär erfolgen. In einer Detektivgeschichte wird der Held häufig darum gebeten, ein Verbrechen aufzuklären – und vernimmt so den Ruf, der ihn auf die Reise führt. In Rambo ist es die ungerechte Behandlung durch den Sheriff und seine Männer, die schließlich als Ruf wirkt und den Helden dazu veranlasst, aktiv zu werden. Dieser Bestandteil der Geschichte offenbart dem Leser oder Zuschauer gleichzeitig das Ziel, um das es in der weiteren Handlung gehen wird.

Die Weigerung

Hat der Held den Ruf vernommen, wird er meist nicht sofort aktiv und stürzt sich in das Abenteuer. Ganz im Gegenteil. Meist zögert er zunächst – aus welchen Gründen auch immer. Das ist die Phase der Weigerung. Der Held hat sich noch nicht auf das Abenteuer eingelassen. Es bedarf noch eines weiteren Anlasses, um den Helden endgültige zum Eingreifen zu bewegen. Auch im Krieg der Sterne ist Luke Skywalker zunächst nicht bereit, auf die Heldenreise zu gehen. Stattdessen kehrt er zur Farm seines Onkels zurück. Diese aber wurde mittlerweile von den Sturmtruppen des Imperiums angriffen, sein Onkel getötet. Jetzt hat Luke keine Wahl mehr. Der Kampf gegen das Imperium ist für ihn zu einer persönlichen Angelegenheit geworden. Das weitere Abenteuer beginnt.

Der Mentor

Bevor der Held nun die eigentliche Reise antritt, begegnet er häufig einem Mentor. Der Mentor bereitet den Helden auf seine Reise vor, gibt ihm Tipps und stattet ihn vielleicht noch mit notwendigen Geräten oder Waffen aus. Obi Wan ist ein Mentor, wenn er Luke Skywalker das Lichtschwert übergibt, das dieser in den anstehenden Abenteuern noch so oft benutzen muss. In Der weiße Hai ist der ruppige Robert Shaw Mentor für den Helden, denn er weiß alles über Haie und James Bond kann regelmäßig auf die Dienste von Q kurz vor Beginn der Reise zugreifen.

Das Überschreiten der ersten Schwelle

So ausgestattet kann der Held auf die Abenteuerreise gehen – und die Schwelle zur Welt der Wunder überschreiten. Damit geht die Geschichte erst so richtig los. Der Held lässt alles Vorgeplänkel, alle Vorbereitung hinter sich. Er ist jetzt bereit, mit vollem Risiko und Einsatz für das Erreichen seines Zieles zu kämpfen. Betrachtet man das 3-Akt-Modell von Syd Field, passt das gut mit dem Modell von Campbell und Vogler zusammen. Mit dem Überschreiben der Schwelle endet der erste Akt und der zweite beginnt.

Bewährungsproben, Verbündete und Feinde

Nach dem Überschreiten der Schwelle schließt sich eine Phase an, in der der Held ersten Bewährungsproben ausgesetzt ist, in der er Freunde in der neue Welt findet, sich aber auch Feinde macht. In erstaunlich vielen Filmen finden wichtige Ereignisse dieser Phase in einer Kneipe statt. In Western ist der Saloon dafür der klassische Ort. Aber selbst im Krieg der Sterne verschlägt es Luke relativ früh in eine Kneipe. Hier knüpft er das so wichtige Bündnis mit Han Solo und die Feindschaft mit Jabba the Hut nimmt ihren Anfang. Die Phase der Bewährungsproben endet nicht nach der Kneipensequenz, sondern setzt sich später noch weiter fort, etwa wenn Luke lernt, mit verbundenen Augen zu kämpfen. Auch im Herrn der Ringe findet eine wichtige Sequenz, in der Frodo erstmals auf Streicher, den späteren Aragorn trifft, in einer Gaststätte statt. Aber natürlich muss diese Phase der Geschichte nicht zwanghaft in der Gastronomie angesiedelt sein. In zahllosen Geschichten bilden sich Freund- und Feinschaften auch anders – zum Beispiel einfach am Rand des Weges, wie dieses im Zauberer von Oz geschieht, wenn Dorothy den Zinnmann, den feigen Löwen und die Vogelscheuche kennenlernt.

Das Vordringen zur tiefsten Höhle

Im weiteren Verlauf der Geschichte erreicht der Held den gefährlichsten Ort der Handlung, den empfindlichsten Kern, die Höhle, in der der Schatz verborgen ist oder das Hauptquartier des Gegners. Wenn der Held diese Ort betritt, muss er gleichzeitig eine zweite Schwelle überschreiten. Oft legt er kurz zuvor noch eine Rast ein und muss sich dann an einem Wachposten – dem Schwellenhüter – vorbeimogeln oder vorbeikämpfen.

Die entscheidende Prüfung

In der tiefsten Höhle kommt es zur entscheidenden Prüfung des Helden. In einem Kampf auf Leben und Tod muss er sich der feindlichen Macht stellen. Damit verbunden ist ein kritischer Moment, in dem der Leser oder Zuschauer ernsthaft daran zweifelt, ob der Held das Abenteuer übersteht oder ums Leben kommt. Eine beliebte Ausgestaltung dieses Themas ist der Kampf zwischen David und Goliath. Im Krieg der Sterne ist dieses Stadion der Geschichte gekommen, wenn Luke und seine Freunde sich in den Katakomben des Todessterns befinden und in einer gigantischen Abfallmühle drohen, zerquetscht zu werden. In Ein Offizier und Gentleman besteht Zack Mayo die Prüfung, als sein Ausbildungsoffizier ihn extrem schleift, um ihn dazu zu bringen, seine Ausbildung abzubrechen. In Beverly Hills Cop ist dieser Punkt der Geschichte erreicht, als sich Axel Foley in den Händen der Schurken befindet und diese ihm eine Pistole an den Kopf halten. Der Held geht durch diese Prüfung – und hat sich anschließend verändert. Es ist, als ob er – oder ein Teil von ihm – stirbt und er anschließend wiedergeboren wird. Zack Mayo übersteht die Tortour des Schleifens und ist anschließend ein veränderter, gereifter Mensch. Die Schinderei hat ihn dazu gebracht zu erkennen, wie wichtig andere Menschen für ihn sind. Von nun an ist er sehr viel kooperativer. In vielen Geschichten und Filmen hat es für einen kurzen Augenblick wirklich den Eindruck, als sei der Held in dieser Phase gestorben. Im Krieg der Sterne ist die Sequenz im Müllschlucker des Todessternes sehr lang. und beinhaltet mehrere Höhepunkte kurz hintereinander. In einer Szene wird Luke von einem krakenähnlichen Wesen unter die Oberfläche des Abwassers gezogen. Für einen erschreckend langen Augenblick ist er verschwunden und die Zuschauer sehen nur gelegentliche Luftblasen aufsteigen. Das ist ein Punkt, an dem die Zuschauer wirklich befürchten, dass Luke gestorben sein könnte. In einer Liebesgeschichte wird der Held natürlich eher selten mit dem tatsächlichen Tod konfrontiert. Hier ist es die Liebesbeziehung die stirbt, um dann wiedergeboren zu werden. Das Muster lautet hier: Frau trifft Mann – Frau verliert Mann – Frau bekommt Mann. Christopher Vogler bezeichnet den zentrale Prüfung auch als Krise. Sie ist der zentrale Höhepunkt der Geschichte und ereignet sich etwa in der Mitte. Es gibt zwei weitere bedeutende Höhepunkt der Geschichte. Das ist das schon beschriebene Überschreiten der ersten Schwelle (mit deutlich weniger Dramatik) und die Klimax, der letzte und dramatischste Höhepunkt am Ende der Geschichte, der noch erläutert wird. Der Zeitpunkt der zentralen Krise muss nicht in der Mitte der Geschichte sein. In vielen Filmen und Geschichten nimmt die Vorbereitung auf den Konflikt und das Vordringen zur innersten Höhle sehr viel Zeit ein Anspruch und die Konfrontation findet verspätet nach zwei Dritteln oder drei Vierteln der gesamten Geschichte statt. In diesem Fall spricht man von einer verzögerten Krise.

Die Belohnung

Ist die Todesgefahr überstanden, der Feind besiegt, der Kampf geschlagen, kann der Held die Belohnung an sich nehmen. Es gewinnt den Schatz, weswegen er die Reise angetreten hat. Der Schatz kann auch darin bestehen, dass der Held an Reife und Erfahrung gewonnen hat, es zu einem tieferen Verständnis oder zur Versöhnung mit der Gegenseite gekommen ist.

Der Rückweg

Nun muss der Held den Rückweg antreten. Der dritte Akt beginnt. Die Reise ist noch lange nicht zu Ende. In den meisten Geschichten muss der Held erkennen, dass er den Gegner noch nicht endgültig besiegt hat, sondern dieser zurückschlägt und dabei mächtiger ist als zuvor. In die Phase des Rückwegs fallen Verfolgungsfahrten und zahlreiche neue Schwierigkeiten, denen sich der Held stellen muss.

Die Auferstehung

Damit die Geschichte enden kann und Leser oder Zuschauer wirklich zufrieden sind, fehlt noch etwas Wesentliches. Es würde nicht reichen, wenn der Held mit dem gewonnenen Elixier jetzt einfach nach Hause geht und dort das Elixier (oder sein neu gewonnenes Wissen) anwendet und sich und seine Umwelt damit glücklich macht. Damit die Geschichte rundum befriedigt, bedarf es noch einer entscheidenden Prüfung. In der Krise, dem zentralen Konflikt im zweiten Akt hat der Held wichtiges gelernt, eine wesentliche Erfahrung gemacht und sich weiterentwickelt. Jetzt muss er noch beweisen, ob er das Gelernte auch beherrscht und anwenden kann. Und genau dazu bedarf es einer letzten, gefährlichen Prüfung für den Helden, der Klimax, einer erneuten Begegnung mit dem Tod. Der Autor darf bei dieser Konfrontation nicht den Fehler machen, sie nur zu beschreiben. Vielmehr muss die Szene so gestaltet sein, dass der Held durch sein Handeln verdeutlicht, die Lehren aus der entscheidenden Prüfung im zweiten Akt auch wirklich gelernt und verinnerlicht zu haben. Im einfachsten Fall kommt es dabei zu einem erneuten Kampf des Helden mit seinen Widersachern, nur dass der Einsatz hierbei meist noch höher ist als im zentralen Konflikt des zweiten Aktes. In den James-Bond-Filmen steht in der Konfrontation des zweiten Aktes das Leben des Helden auf dem Spiel. In der Klimax dann – wenn James Bond zum Beispiel eine Atombombe entschärft – geht es um das Leben von Millionen Menschen. In diesem Kampf muss der Held den Konflikt aus eigener Kraft und Initiative lösen. Auf keinen Fall darf eine äußere Macht oder höhere Gewalt den Helden retten. Natürlich muss die Klimax nicht immer in Form eines körperlichen Konfliktes stattfinden. Es kann sich auch um einen inneren, seelischen Konflikt handeln. Eine weitere Variante besteht darin, dass der Held sich zwischen verschiedenen Möglichkeiten entscheiden muss. Daraus kann der Zuschauer oder Leser nachvollziehen, ob der Held seine Lektion wirklich gelernt hat. Die Klimax kann sich auch sehr viel komplexer entwickeln und sich in eine körperliche, geistige und emotionale Klimax aufsplitten. Bei sehr komplexen Handlungen ist es auch möglich, dass zusätzlich zur Haupthandlung auch Nebenhandlungen eine eigene Klimax benötigen.

Die Rückkehr mit dem Elixier

Nun kehrt der Helt in seine gewohnte Welt zurück. Dabei bringt er das gewonnene Elixier mit. Bei dem Elixier kann es sich tatsächlich um eine Art von Medizin handeln, die für die Gemeinschaft in der gewohnten Welt wichtig ist oder um einen Schatz. Es kann sich aber auch um zahllose andere Möglichkeiten handeln, wegen derer sich Menschen normalerweise in Abenteuer stürzen und die damit als Motivation und Ziel der Reise für den Leser nachvollziehbar sind. Beispiele: Ruhm, Geld, Macht, Liebe, Glück, Erfolg, Wissen oder Frieden. In manchen Geschichten gewinnen die Helden bei ihrer Reise einen Schatz, der ihnen dann kurz vor dem Ende doch noch verloren geht. Das wahre Elixier, mit dem sie in die gewohnte Welt zurückkehren, kann dann zum Beispiel in den Erkenntnissen liegen, die sie gewonnen haben, in einer Liebe oder der Fähigkeit, nun ein langes, zufriedenes und glückliches Leben führen zu können. Kehrt der Held zum Abschluss der Geschichte in seine gewohnte Welt zurück, hat sich der Kreis der Geschichte geschlossen. Christopher Vogler spricht von einem zirkulären Ende. Diese Form der Geschichte ist am beliebtesten und wird am meisten angewandt. Möglich ist aber auch, das Ende offen zu lassen, was gerne in sehr ernsten Filmen und Geschichten geschieht. Hier bleibt offen, ob der Held in die gewohnte Welt zurückkehrt. Das wirft beim Leser Fragen auf, die ihn zwingen, sich weiter mit der Geschichte zu beschäftigen. Ein solches Ende muss der Autor aber besonders sorgfältig konstruieren. Der Leser sollte auch in einer so endenden Geschichte den Schlussakkord klar vernehmen und kann dann über das offene Ende und die Möglichkeiten, die der Held jetzt vielleicht wahrnehmen könnte, nachdenken. Die Wahl eines offenen Endes darf nicht dazu führen, dass der Leser die Geschichte als insgesamt nicht abgeschlossen empfindet.

> Die Heldenreise – kurz zusammenfasst:
>
> Der Held lebt zunächst in seiner Alltagswelt. Hier erhält er einen Ruf des Abenteuers. Der Held zögert zunächst oder er weigert sich sogar. Doch dann wird er von einem Mentor ermutigt und überschreitet die erste Schwelle in das Land des Abenteuers. Hier erwarten ihn zahlreiche Bewährungsproben. Er gewinnt Verbündete und muss sich mit Feinden auseinandersetzen. Dabei dringt der Held immer tiefer in das neue Land vor. Schließlich erreicht er die tiefste Höhle. Hier muss er eine zweite Schwelle überschreiten, worauf sich die entscheidende Prüfung anschließt, die der Held bestehen muss. Danach kann er die Belohnung an sich nehmen und den Rückweg antreten. Bevor er wieder die Alltagswelt erreicht, ist er noch Verfolgungen ausgesetzt. Anschließend muss er noch die dritte Schwelle überschreiten, erlebt seine Auferstehung und wird von

> dieser Erfahrung grundlegend verändert. In der Alltagswelt kann der Held das gewonnene Elixier nutzbringend verwenden. Das Elixier muss kein Gegenstand oder Schatz sein. Oft handelt es sich auch um Wissen, Kenntnisse oder Erfahrungen, die der Held erworben hat. Der Held kann natürlich auch weiblich sein.

Das unbekannte Land

Die Reise führt den Helden in eine Welt, die sich deutlich von der Alltagswelt unterscheidet. Das kann eine dem Helden unbekannte Landschaft sein, in die er körperlich reist. Es kann sich aber auch genauso um eine innere Landschaft oder um die Reise in eine neue Erfahrungswirklichkeit handeln. In dieser Hinsicht ist das Konzept der Heldenreise sehr vielseitig und wenig dogmatisch. Beispiele:

Beispiel

Der Held ist ein Ritter und lebt in einem Königreich. Der König ist krank. Zusammen mit einigen Gefährten zieht der Ritter los, um in einem fremden Land ein geheimnisvolles Elixier zu finden, von dem es heißt, dass es den König heilen kann. Der Held findet des Elixier in einer Höhle, die von einem Drachen bewacht wird. Er kämpft mit dem Drachen, gewinnt das Elixier und bringt es seinem König, der darauf wieder gesundet.

Bei dem Bespiel handelt es sich – ganz grob verkürzt – um eine Urform des Monomythos, wie sie jeder sicher in Variationen schon in vielen verschiedenen Geschichten kennengelernt hat. Dieselbe Grundstruktur taucht aber auch in folgender Geschichte auf:

Beispiel

Der Held ist ein Junge im Alter von 14 Jahren. Er arbeitet als Aushilfe in einem Antiquariat bei einem alten, verschrobenen Buchhändler. Eines Tages wird der Buchhändler überfallen und schwer verletzt. Die Einbrecher rauben ein seltenes Manuskript, das Hinweise auf den Verbleib eines geheimnisvollen „Verborgenen Buches" enthält, das geheimes Wissen enthalten soll. Die Verbrecher dürfen das Verborgene Buch auf keinen Fall finden. Als der Junge den Antiquar verletzt findet, erläutert der dem Helden, dass er auf Erden als letzter Hüter des Verborgenen Buches fungiert. Um Schlimmstes zu verhindern, muss jemand sofort aufbrechen, und das Buch vor den Verbrechern retten. Diese Aufgabe übernimmt der Junge – der sofort seine gefahrvolle Mission beginnt, das Buch findet, rettet und es schließlich dem Antiquar stolz im Krankenhaus übergibt.

Hier besteht die Heldenreise darin, dass der Junge dem geheimnisvollen Buch nachjagt. Das kann tatsächlich in Form einer Reise geschehen. Das muss es aber nicht. Die Suche kann auch so ablaufen, dass der Held in der Stadt, in der er lebt, nach dem Buch sucht. Bei der Suche tritt er aber in die Parallelwelt der Aufgabe ein, die sich von seiner Alltagswelt deutlich unterscheidet. Das ist die Heldenreise.

Noch ein Beispiel:

Beispiel

Der Held ist 18 Jahre alt und hatte bisher noch keine Freundin. Bei einem Urlaub mit seinen Eltern am Meer lernt er die 35jährige Rosalyn Meyer kennen, die ihn verführt. Beide beginnen eine Affäre, die den ganzen Urlaub über anhält und den jungen Mann dazu bringt, sein Leben, seine Beziehung zu den Eltern und dem anderen Geschlecht grundsätzlich in Frage zu stellen und zu überdenken. Als er schließlich zusammen mit seinen Eltern nach Hause fährt, hat er sich zu einem Mann gewandelt und wird in seinem Leben einiges verändern.

Hier besteht die Reise des Helden in keiner tatsächlichen Fahrt irgendwohin, sondern in einer Reise in das Land der Liebe oder Verführung, wie man es vielleicht bezeichnen könnte. Dass die Geschichte tatsächlich im Urlaub an einem von der Alltagswelt unterschiedlichen Ort stattfindet, ist nicht zwingend notwendig.

Helden und Herolde: Geschichten und Charaktere

In der Welt der Märchen und Mythen haben nicht nur die Heldenerzählungen überall auf der Welt einen ähnlichen Aufbau. In den Geschichten begegnen dem Leser überall auf der Welt auch vergleichbare Charaktere. Mit diesen hat sich auch der schweizer Psychologe Carl Gustav Jung intensiv beschäftigt und sie unter dem Begriff der Archetypen zusammengefasst. Folgend finden Sie eine kurze Vorstellung der wesentlichen Figuren, die Sie in Geschichten finden. Die genannte Beispiele kommen aus bekannten Filmen. Das liegt nicht daran, dass es in der Literatur keine geeigneten Beispiele gibt. Bei Beispielen aus Filmen ist aber sichergestellt, dass die meisten Leser die genannten Figuren kennen. Bei Beispielen aus Büchern ist das sehr viel eingeschränkter der Fall. Die Figur des Luke Skywalker oder Hannibal Lector kennt heute jeder. Bei Figuren wie Tom Builder (Säulen der Erde) oder Simon Mondkalb (Der Drachenbeinthron) ist das schon anders. Wer historische Romane liest, ist nicht unbedingt in Krimi-Figuren bewandert und umgekehrt.

Der Held

Die zentrale Figur einer Geschichte ist natürlich der Held als Protagonist der Geschichte. Er ist die Rolle, mit der sich der Leser, Zuschauer oder Hörer während des Verlaufs der Handlung identifiziert. Durch seine Augen betrachtet der Leser der Geschichte. Dabei muss der Held – wie schon erwähnt – nicht männlich und schon gar nicht fehlerlos sein. Ganz im Gegenteil. Gerade Macken und Schwächen machen den Helden für den Leser interessant. Die Figur des Helden hat viele Spielarten. Der Held kann auch ein Krimineller oder Außenseiter sein.

Der Mentor

Eine weitere wichtige Grundfigur von Geschichten ist der Mentor. Der Mentor ist eine Figur, die dem Helden einen wichtigen Rat gibt, die ihn schützt oder ihm besondere Hilfsmittel oder Gaben verleiht. Im Film-Epos Krieg der Sterne ist Obi Wan Kenobi ein Mentor Luke Skywalkers. Er gibt ihm das Lichtschwert seines Vaters. Der altgediente Polizei-Sergeant, der dem Neulings-Kommissar wichtige Tipps für das Verhalten auf der Straße gibt, ist ein Mentor. Meist trifft der Held auf einen Mentor, kurz bevor er die Schwelle zur Welt des Abenteuers überschreitet.

Der Schwellenhüter

Dabei begegnet er einer weiteren Grundfigur der Geschichte: dem Schwellenhüter. Der Schwellenhüter steht an jeder Pforte zu einer neuen Welt und achtet darauf, dass nur dafür würdige Personen die Schwelle überschreiten können. Weiß man um die Rolle des Schwellenhüters, ist er in der Regel leicht in einer Geschichte zu identifizieren. Der Schwellenhüter ist zum Beispiel ein Handlanger und Türsteher des Mafia-Bosses, der dem Detektiv die Tür öffnet und den dieser passieren muss. Es gibt aber auch Schwellenhüter, die schwer zu identifizieren sind. Wenn im Herrn der Ringe Frodo und Sam in die Burg des Bösen eindringen wollen, stehen Sie vor einer riesigen Mauer und die Aufgabe erscheint aussichtslos. Dann aber marschiert ein Trupp Orks heran. Die Helden gelangen in die Burg, in dem sie sich als Orks tarnen und in der Kolonne mit marschieren. In diesem Fall sind die Orks die Schwellenhüter, mit denen die Helden fertig werden, in dem sie in die Haut ihrer Widersacher schlüpfen.

Der Herold

Eine weitere archetypische Figur in Geschichten ist der Herold. Der Held überbringt in der Geschichte eine oder mehrere wichtige Botschaften. Häufig setzt er damit an entscheidenden Punkten die Handlung in Gang. In der Odyssee hält die Nymphe Calypso Odysseus gefangen – solange, bis die Göttin Athene den Götterboten Hermes beauftragt, Calypso den Befehl von Zeus zu übermitteln, Odysseus freizulassen. Jetzt kommt wieder Bewegung in die Handlung. Anderes Beispiel: Der Held ist ein Ex-Bankräuber mit begnadeten Tresor-Knacker-Fähigkeiten und fest entschlossen, nach seiner Freilassung aus dem Gefängnis nicht wieder kriminell zu werden. Er hält sich mit kleinen Arbeiten finanziell gerade so über Wasser. Da teilt ihm ein Arzt mit, dass eine geliebte Tochter so schwer erkrankt ist, dass sie bald sterben wird – es sein denn, er kann eine extrem teure Operation bezahlen. In diesem Fall ist der Arzt der Herold in der Geschichte.

Der Gestaltwandler

Sind die bisher genannten Figuren vergleichsweise leicht in Geschichten zu identifizieren, ist das beim Gestaltwandler meist etwas schwieriger. Der Gestaltwandler scheint sich – aus dem Blickwinkel des Helden gesehen – im Verlauf der Geschichte ständig zu verändern. Diese Rolle übernehmen häufig Partner des Helden. Es sind Figuren, bei denen der Leser oder Zuschauer nicht weiß, womit er bei ihnen dran ist. Die dramaturgische Funktion besteht darin, die Geschichte mit Elementen des Zweifels zu versehen und so zusätzliche Spannung zu erzeugen. Ein gutes Beispiel ist Michael Douglas in dem Film „Auf der Jagd nach dem grünen Diamanten". Die Figur hilft der Heldin. Aber Kathleen Turner kann sich bis zum Schluss nicht sicher sein, ob sie sich wirklich auf ihn verlassen kann. Sharon Stone in Basic Instinkt ist ebenfalls eine perfekt gespielte Variante des Gestaltwandlers.

Der Schatten

Im Archetypus des Schatten kann der Leser einer Geschichte die Kräfte erleben, die er normalerweise missbilligt. Der Schatten repräsentiert all die Ungeheuer, die wir an uns nicht ausstehen können und normalerweise verdrängen. Die Figuren des Schatten sind die Kräfte der Nacht und des Bösen. In einer Geschichte übernehmen Bösewichte, Feinde und der Antagonist des Helden die Rolle des Schatten. Seine dramaturgische Funktion besteht darin, den Helden herauszufordern und einen würdigen Gegenspieler für ihn abzugeben. In einer Geschichte kann es eine feste Figur geben, die als Schatten fungiert. Aber auch verschiedene Rollen können vorübergehend als Schatten auftreten. Die Figur des Schattens muss nicht ausschließlich böse sein. Die Rolle wirkt sogar deutlich überzeugender, wenn der Böse auch menschliche Züge aufweist oder sein Verhalten für den Leser – nimmt er kurz die Sichtweise des Bösen ein – nachvollziehbar ist. Ein perfekt entwickelter Schatten ist Darth Vader im Krieg der Sterne. Der Schatten muss dabei nicht ausschließlich diese Rolle füllen, sondern kann auch die Maske eines anderen Archetypen tragen. Ein gutes Beispiel dafür ist ein anderer perfekt entwickelter Schatten: Anthony Hopkins als Hannibal im Schweigen der Lämmer. Natürlich verkörpert Hopkins in der Geschichte die Rolle eines Schattens, wie er schattenhafter gar nicht sein könnte. Gleichzeitig hilft er Jodie Foster aber bei der Aufklärung ihres Falles und der Suche nach einem Serienmörder – und übernimmt damit immer wieder auch die Rolle des Mentors.

Der Trickster

Der Trickster ist der Clown oder Kaspar in einer Geschichte. Es ist eine witzige, meist auch findige und ideenreiche Figur. Der Trickster bringt Helden und Leser oder Zuschauer auf den Boden der Tatsachen zurück, wenn er nach dramatischer Handlung einen Scherz macht und zum Lachen provoziert. Er erdet den Helden, stutzt sein Ego auf ein normales Maß zurück und ist ein wesentliches Element, um Sympathie beim Leser für die Geschichte aufzubauen. Natürlich sollte der Leser einer Geschichte vor allem wegen des hauptsächlichen Spannungsbogens (zum Beispiel der Suche nach dem Schatz oder einem Mörder) folgen. Er tut das aber wesentlich lieber, wenn der Trickster immer wieder witzige Situationen schafft und den Helden menschlich erscheinen lässt. Trickster tauchen häufig als Begleiter oder Diener des Helden auf. Im Herrn der Ringe übernehmen zum Beispiel immer wieder Merry und Pippin die Rolle des Tricksters. Auch der Held selbst kann als Trickster auftreten. Beispiele sind die Filme von Charlie Chaplin oder Eddie Murphy in Beverly Hills Cop. Solche komischen Helden bringen meist die Welt um sich herum durcheinander und bewirken dort Veränderungen, während sie selbst sich kaum verändern. Bei „ernsten" Helden ist es ansonsten ganz wesentlich, dass sie sich durch den Verlauf der Handlung verändern und weiterentwickeln.

Ein Held kann auch vorrübergehend zum Trickster werden, etwa dann, wenn er einen Schwellenhüter überlisten oder einen Schatten überwinden will. Das macht einen ganz wichtigen Faktor dieser Rollen deutlich: Bei den Archetypen, die in Geschichten auftauchen, handelt es sich nicht um festgelegte Rollen. Hat man begriffen, welche Rolle Mentor, Schwellenhüter und Trickster in einer Geschichte spielen, erwartet man häufig, die so besetzten Figuren immer wieder in der Geschichte in dieser Rolle wiederzufinden. Taucht eine Figur am Anfang der Geschichte als Mentor auf, erwartet man, dass Sie auch im späteren Verlauf der Handlung immer wieder als Mentor auftritt. Das ist aber nicht zwangsläufig der Fall. Eine Figur kann als Held auftreten, sich dann aber an einen Schwellenhüter in der Rolle des Tricksters vorbeimogeln um anschließend wieder nur Held zu sein. Bei den Archetypen handelt es sich nicht um feste Rollen, sondern um Funktionen. Sie können sich diese Funktionen wie Masken vorstellen, die die Figuren Ihrer Geschichte nach Bedarf anlegen. Ein Charakter kann im Verlauf einer Geschichte die Züge mehrerer Archetypen annehmen. Es kann zum Beispiel zunächst die Maske des Herolds tragen, dann die des Tricksters, des Mentors oder gar die des Schattens.

Zurück zu den Wurzeln: So finden Sie die große Geschichte Ihres Unternehmens

1. April 1976: In Kalifornien gründet Steve Jobs zusammen mit zwei Freunden, Steve Wozniak und Ronald Wayne, eine Firma. Jobs Leidenschaft: Computer. Die Arbeit daran findet teilweise in einer Garage statt. Die Firma ist die Apple Computer Company. Von dem ersten Produkt, einem Heimcomputer mit dem Namen Apple I, stecken einige Exemplare in einem Holzgehäuse. Wenig später folgt der Apple II und die Firma tritt ihren Siegeszug an. Heute ist Steve Jobs einer der bekanntesten Männer der Welt – und ein gutes Beispiel für Storytelling. „Vom Tellerwäscher zum Millionär" ist eine insbesondere in den USA ausgesprochen beliebte Geschichte. Es gibt sie in zahllosen Varianten. Eine davon ist die Geschichte von Steve Jobs und seinen Computern, die bis heute die Menschen fasziniert und nicht unwesentlich zu seinem Erfolg beigetragen hat.

Die Strukturen, nach denen seit Urzeiten Geschichten aufgebaut sind und erzählt werden, mit denen moderne Hollywoodfilme Erfolg haben und gleichzeitig Menschen ihre Lebensgeschichte strukturieren, können Sie auch sehr erfolgreich für Ihre PR-Arbeit nutzen. Im Idealfall erzählen Sie dabei die große Geschichte Ihres Unternehmens, die auf dem Unternehmensmythos fußt. In diesem Fall sollte die gesamte PR-Arbeit ganzheitlich nach dem Mythos ausgerichtet sein, jede Pressemitteilung, jede Äußerung in einem Interview dazu passen. Das ist weitaus einfacher, als es vielleicht im ersten Augenblick klingt. Der Unternehmensmythos ist kein künstliches Konstrukt. Entwickelt ein Unternehmen eine Corporate Identity wird diese von den Mitarbeitern häufig als aufgesetzt empfunden („Die Geschäftsleitung hat uns eine CI aufgepfropft"). Eine solche Corporate Identity ist kraftlos. Sie wird nicht gelebt und beschränkt sich meist auf Briefköpfe, Logo und Broschüren des Unternehmens. Der Unternehmensmythos ist dagegen eine Quelle der Kraft, die das gesamte Unternehmen stärkt, in die gesamte Firma ausstrahlt und jeden Mitarbeiter erreicht und mit seiner Botschaft erfüllt. Der Mythos ist einem Unternehmen niemals künstlich aufgesetzt. Er kann – und ist häufig – verschüttet, wohnt dem Unternehmen oder der Organisation aber immer inne und ist organischer Bestandteil des Unternehmens. Bei einem lebendigen und funktionierenden Unternehmensmythos werden Aussagen in einer Pressekonferenz oder in einem Interview zum Mythos passen, weil die Aussagen des Mythos für jedem Mitarbeiter als ganz natürlich und selbstverständlich verstanden und gelebt werden. Wie aber finden Sie den Mythos Ihres Unternehmens? Das ist in Zeiten, in denen fast jedes Unternehmen mit Worthülsen wie „Qualität ist unsere Devise", „Das Geheimnis unseres Erfolgs ist unser Qualitätsanspruch", „Leistung aus Leidenschaft" oder „Für beständigen unternehmerischen Erfolg braucht man Vertrauen" seine Identität auszudrücken glaubt, nicht einfach. Um zu ihrem Unternehmensmythos zu kommen, müssen Sie zunächst die Leitidee Ihres Unternehmens „ausgraben". In manchen Firmen ist das nicht nötig. Da wird die Leitidee immer noch gelebt. In den meisten Fällen müssen Sie dazu aber tief in die Geschichte Ihres Unternehmens „abtauchen." Meist werden Sie bei der Gründung und den Ideen der oder des Firmengründers fündig. Ein Beispiel dafür ist die Swatch-Uhr, wie im vorgegangenen Kapitel bereits dargelegt. Auch möglich – aber eher selten – entstand die Leitidee später. Ein gutes Beispiel dafür ist der FC St. Pauli. Bis in die 1970er Jahre hinein war der FC St. Pauli ein recht biederer, völlig normaler Fußballverein. Erst als die Alternativszene der Häuserbesetzer in der Hamburger Hafenstraße den Verein für sich entdeckte und die Totenkopffahne ins Stadion trug, entstand die Leitidee des etwas anderen Vereins, der Fußball auch für ein alternatives, politisch links orientiertes Publikum attraktiv machte.

Haben Sie die Leitidee Ihres Unternehmens gefunden, ist das noch nicht der Mythos. Der Mythos ist immer eine Geschichte. Der Mythos entsteht dann, wenn sich Ihr Unternehmen oder Ihre Organisation auf den Weg macht, die Leitidee in der Realität anzuwenden. Einmal angenommen, Ihr Unternehmen hat ein neues, einmaliges Verfahren entwickelt, um Aluminium zu schweißen. Dadurch werden Flugzeuge leichter und die Airlines sparen bei jedem Flug durch reduzierten Kerosinverbrauch Geld und schonen die Umwelt. Dann ist das Ihre Leitidee. Der Unternehmensmythos entsteht, wenn sich Ihr Unternehmen auf den Weg macht, diese Idee in der Welt zu realisieren – und sich dabei allen möglichen Herausforderungen, Krisen und Kämpfen stellen muss. Wenn sich Lancelot und die Ritter der Tafelrunde auf den Weg machen, den Gral zu suchen, ist nicht der Gral der Mythos. Der Mythos erzählt die Geschichte der Suche nach dem Gral. Nicht anders ist es, wenn sich Jason mit seinen Gefährten auf die Suche nach dem goldene Vlies begibt. Wenn Sie den Mythos Ihres Unternehmens herausarbeiten, legen Sie ein sehr wichtiges Wissen frei, aus dem sich für das Unternehmen sehr viel Kraft und Dynamik schöpfen lässt. Im Idealfall sollte die Leitidee nicht nur dazu dienen, Ihrer PR-Arbeit als Basis zu dienen. Im Idealfall fußt die gesamte Corporate Identity eines Unternehmens auf der Leitidee und dem Mythos. So verstanden macht dann auch die Corporate Identity Sinn, ist nicht mehr künstlich und aufgesetzt, sondern wächst organisch aus den Wurzeln des Unternehmens und entfaltet daraus eine ungeheure Kraft. Sinnvoll ist es also in jedem Fall, das Wissen um Leitidee und Mythos nicht nur für die PR-Arbeit, sondern auch für die Entwicklung einer Corporate Identity einzusetzen, von der die Presse- und Öffentlichkeitsarbeit dann integraler Bestandteil ist. Wenn die Installation einer neuen Corporate Identity oder die Veränderung einer bestehenden Corporate Identity aber nicht in Ihrer Macht oder Ihren Händen liegt, und Sie die Geschäftsleitung nicht von entsprechenden – zugegeben sehr aufwändigen Maßnahmen – überzeugen können, sollten Sie Ihr Wissen um Leitidee und Mythos dann zumindest für die Belange der von Ihnen verantworteten PR-Arbeit nutzen. Dabei müssen Sie natürlich immer ein Augenmerk darauf haben, dass keine Konflikte mit einer bestehenden Corporate Identity entstehen. Da die entsprechenden Konzepte der meisten Firmen aber sehr allgemein (und austauschbar) gehalten sind, ist das nicht besonders schwierig.

Um den Unternehmensmythos überzeugend in der Öffentlichkeit zu etablieren, benötigen Sie natürlich ein Team. Jede Heldenreise braucht einen Helden. Und in der Regel reist der Held nicht allein, sondern in einer Gemeinschaft. Im Bestseller Herr der Ringe ist es die Gemeinschaft der Neun, die aufbricht, um den Ring an seinen Bestimmungsort zu bringen. Wenn Sie die Leitidee Ihres Unternehmens gefunden haben und sich über den Mythos im Klaren sind, besteht ihre nächste Aufgabe darin, die Gemeinschaft der Neun Ihres Unternehmens zu etablieren. Das wird in der Regel das gesamten Unternehmen sein, das sich als moderne Heldengemeinschaft auf den Weg macht. Dabei können und sollten Sie aber durchaus flexibel agieren und nicht zu dogmatisch sein. Die Neunergemeinschaft kann das ganze Unternehmen sein. Es kann sich aber genauso um einen Teil Ihrer Firma – oder um beides – handeln. Vielleicht haben Sie Ihr Unternehmen als Gemeinschaft auf der Heldenreise etabliert und führen jetzt ein neues Produktionsverfahren ein oder starten die Forschung an einem bedeutenden Medizinprojekt. Dann kann die entsprechende Abteilung, die daran arbeitet, erneut eine Gemeinschaft sein, die sich auf den schwierigen Weg begibt. In dieser Hinsicht sind Ihrer Kreativität keine Grenzen gesetzt. Dazu kommt, dass Sie die Teams, die sich auf dem Weg befinden, auch nach Zielgruppen differenzieren können. Es können problemlos mehrere Mannschaften Ihres Unternehmens in den Tageszeitungen und der breiten Öffentlichkeit ihren Weg der Heldenreise angetreten haben. Genauso ist es aber auch möglich, dass das Unternehmen als Ganzes in der breiten Öffentlichkeit als Gemeinschaft der Neun wahrgenommen wird, in der Fachpresse zusätzlich aber ein Forschungsteam, das an einem neuen Medikament arbeitet. Wenn die Rede davon ist, dass Sie für die PR-Arbeit einen Helden oder eine Heldengemeinschaft benötigen, ist das natürlich missverständlich. Der Held – also meist Ihr Unternehmen – existiert ja ohnehin. Die Frage ist nur, ob das Unternehmen oder Team in der Öffentlichkeit auch so wahrgenommen wird. Genau darin besteht Ihre Aufgabe, wenn Sie Public Relations nach dem Storytelling-Prinzip machen. Ein gutes Beispiel dafür ist die Fußballmannschaft des SV Werder Bremen. Ganz generell lassen sich die Teams in der Fußballbundesliga geradezu ideal als Gemeinschaften auf der Heldenreise darstellen. Funktioniert die Mannschaft und das Umfeld des Vereins, ist das so naheliegend, dass die entsprechende Wahrnehmung in der Öffentlichkeit auch entsteht, wenn die PR-Verantwortlichen – wie in der Regel der Fall – nicht das Geringste mit Storytelling zu tun haben. Auch das liegt natürlich daran, dass die Öffentlichkeit geradezu ein Bedürfnis danach hat, in der Wirklichkeit die entsprechenden Strukturen der Geschichten wahrzunehmen. Die Mannschaft aus Bremen befand sich in der Saison 2010/11 aber in einer tiefen Krise. Nach Jahren des sportlichen Erfolgs, in denen die Mannschaft Jahr für Jahr eine wichtiger Rolle im Kampf um die Deutsche Meisterschaftschaft spielte und international regelmäßig in der Champions League antrat, musste Werder Bremen 2011 plötzlich gegen den Abstieg kämpfen. Viele Fans nahmen die Mannschaft als Ansammlung einzelner Stars war, nicht mehr als zusammen kämpfendes Team. Dabei hätte gerade der Abstiegskampf ideale Bedingungen geboten, um die Mannschaft als Gemeinschaft auf der Heldenreise zu präsentieren. Das ist die Aufgabe der PR-Verantwortlichen. Wie aber kann man in einem solchen Moment das Bild einer Gemeinschaft, die sich auf dem Weg befindet, entstehen lassen? Ein solches Bild entsteht durch zahlreiche PR-Einzelmaßnahmen, die sich im öffentlichen Bild letztlich zu dem gewünschten Eindruck zusammenfügen. Dabei können alle PR-Instrumente zum Einsatz kommen. Die Auswahl der Themen und der Instrumente ist in jedem Fall individuell. Dabei sind dann Ihr fachliches Know how und Ihre Kreativität gefragt. Die Auswahl der Themen und PR-Instrumente hängt von den Gegebenheiten Ihres Unternehmens, der Branche sowie der Medien und der Öffentlichkeit ab, die Sie ansprechen möchten. Was hätte man im Fall von Werder Bremen machen können, um die Mannschaft wieder stärker als Gemeinschaft in der Öffentlichkeit zu präsentieren? Neben der üblichen, ohnehin ablaufenden Pressearbeit wäre es zum Beispiel möglich gewesen, folgende Informationen in Form von Pressemitteilungen, längeren Artikeln, in Interviews oder am Rande von Pressegesprächen oder auch Pressekonferenzen zu lancieren:

- Wie sich etablierte Spieler bei Alltagsproblemen um Neuzugänge in der Mannschaft kümmern und wie die Spieler solche Probleme in der Freizeit gemeinsam lösen
- Humorvolle Berichte/Infos über Spieler, die in unmittelbarer Nachbarschaft zueinander wohnen
- Infos über Kuriositäten, die Neuzugänge in Bremen erlebt haben
- Was sich in der Kabine nach dem Sieg in einem wichtigen Spiel Kurioses ereignet hat
- Infos über abergläubische Gewohnheiten, mit denen sich einzelne Spieler auf schwierige Begegnungen vorbereiten

Durch solche Maßnahmen bekommt eine Mannschaft ein Gesicht und wird viel stärker zu einem Sympathieträger, mit dem man sich identifizieren kann, als das sonst der Fall wäre. Denken Sie an das Buch oder auch den Film „Herr der Ringe". Die Gemeinschaft der Neun ist nicht gesichtslos. Jedes Mitglied der Heldengemeinschaft ist ein Individuum mit liebenswerten Eigenarten. In der Summe ergibt das eine Gemeinschaft, mit der Leser oder Zuschauer gleichermaßen gerne mitfiebern und sich identifizieren. Denken Sie an Frodo, an Sam, Gandalf, den Zwerg oder den Elfen in der Gemeinschaft. Jeder hat seinen ganz eigenen Charme ist gleichermaßen liebenswert. Und selbst die weniger sympathischen Mitglieder der Gemeinschaft wie Boromir, haben dennoch ihre Aufgabe innerhalb des Teams auf der Reise. Der Aufbau von Sympathie für das Team und seine einzelnen Mitglieder sollte dadurch unterstützt werden, dass Sie den Empfängern der PR deutlich machen, welche besonderen Eigenschaften die einzelnen Mitglieder der Gemeinschaft haben. Im Herrn der Ringe sorgt der Zwerg nicht nur für lustige Momente. Er ist auch ein Axtkämpfer, dem kaum ein Gegner gewachsen ist. Der Elf ist ein gefürchteter und zielsicherer Bogenschütze. Vielleicht hat eine Bundesliga-Mannschaft einen äußerst geschickten Dribbler. Wenn dessen Vater in einem Interview erzählt, dass der Sohn schon als Kind immer dribbeln wollte und solange probiert und geübt hat, bis er jeden Verteidiger ausspielen konnte, bekommen die Fans das Gefühl, einen ganz besonderen Spieler in den Reihen der eigenen Mannschaft zu haben. Wer soll einen solchen Dribbelkönig stoppen? Ein anderer Spieler ist als Verteidiger groß und breit und strahlt eine ungeheure Ruhe aus. Erst kürzlich hat er in der Champions League souverän einen brasilianischen Weltklasse-Stürmer neutralisiert. In einem Interview äußerte sich der gegnerische Stürmer schon fast ehrfurchtsvoll über die Qualitäten seines Gegenübers. Wer soll in der Bundesliga an einem solchen Verteidiger vorbeikommen? Vor den Augen der Fans und Empfänger von PR entsteht so Stück für Stück nicht nur das Bild einer sympathischen Gemeinschaft, sondern auch eines Teams, in dem jedes Mitglied mit ganz besonderen, herausragenden Eigenschaften ausgestattet ist. Die Idee der Heldengemeinschaft ist dabei universell, weil sie in der Psyche des Menschen fest verankert ist. Es spielt keine Rolle, ob es sich bei der Heldengemeinschaft um die Gemeinschaft der Neun im Herrn der Ringe handelt, um ein Fußballteam oder um Ihr Unternehmen, in dem die Führungscrew oder die Mitglieder von Teilgemeinschaften sich auf die Reise machen. Sie vertreten ein Pharmaunternehmen, in dem eine Projektgruppe an einem neuen Medikament gegen die Alzheimer Krankheit arbeitet? Dann ist das Projektteam Ihre Heldengemeinschaft. Sicher gibt es einen Anführer – und jedes Mitglied der Gemeinschaft hat ganz besonderer Qualifikationen, die ihn ein ganz eigenes, herausragend qualifiziertes Mitglied des Teams sein lassen.

> **Begriffswahl**
>
> Die Bezeichnung der Projektgruppe eines Pharmaunternehmens, eines Unternehmens oder einer Organisation als Heldengemeinschaft mag im ersten Moment ungewöhnlich erscheinen. Sie ist aber sinnvoll, weil sich so am einfachsten und klarsten die Bedeutungen aus der Welt der Mythen und des Erzählens von Geschichten auf die Welt der Public Relations übertragen lassen. Damit dient diese Vorgehensweise letztlich der Verständlichkeit. Nicht anders ist es auch im Fachbereich der Psychologie, wo innerhalb des narrativen Ansatzes ebenfalls mit den Begrifflichkeiten aus der Mythologie gearbeitet wird.

Stellen Sie Ihr Team der Öffentlichkeit vor, müssen Sie die unterschiedlichen Zielgruppen berücksichtigen, die Sie auch sonst in der PR-Arbeit differenzieren. Es gibt beispielsweise die interne Zielgruppe der Mitarbeiter, es gibt Kunden, Partner, es gibt die breite Öffentlichkeit, Fachpublikum und noch weitere Zielgruppen. Die unterschiedlichen Zielgruppen sollten Sie dabei teilweise ganz differenziert ansprechen und ihre Gemeinschaft auf die Zielgruppen zugeschnitten vorstellen – ganz so, wie das auch sonst in der PR-Arbeit geschieht. Um die Gemeinschaft der Heldenreise in der Öffentlichkeit zu etablieren, ist anekdotisches Storytelling ein gutes Instrument. Geschichten über Menschen in Ihrem Unternehmen geben der Gemeinschaft, die Sie auf den Weg schicken, sei es nun das Unternehmen oder ein Teilbereich, ein Gesicht und bauen Sympathie auf. Sie können die

Gemeinschaft aber auch mit normalem Storytelling, mit der reinen Präsentation von Fakten, durch die dann im Kopf der Leser langfristig eine Geschichte entsteht, etablieren. Ein Beispiel ist der FC St. Pauli. Wenn in der Zeitung Berichte „Deutschlands verrückteste Tribüne" vorstellen, in der Sportschau der Blick der Zuschauer in die Lounge fällt, in der eine Modelleisenbahn den Gästen ihr Bier bringt, sind das reine Fakten – die aber das Bild einer etwas skurrilen und liebenswerten Gemeinschaft zeichnen. Nicht verschwiegen werden soll, dass der Prozess des Etablieren des Teams zuweilen auch ohne große Installation ganz von allein passiert – was eben auch daran liegt, dass die Bereitschaft der Öffentlichkeit, die Wirklichkeit in entsprechenden Geschichten zu strukturieren, ungeheuer groß ist. Beispiel: Vor einigen Jahren hat der TuS-Heeslingen, ein ländlicher Fußballverein in Norddeutschland, in einer jüngeren Altersgruppe erstmals eine Mädchen-Fußballmannschaft eingerichtet. Die Mädchen konnten sich in der Folgezeit zahlreiche, teilweise überraschende Erfolge erspielen. Die lokale Öffentlichkeit verfolgte die Spiele der Mannschaft begeistert – wobei die Hobby-Pressearbeiter nur kurze, sachlich gehaltene Spielberichte in der lokalen Presse zur Veröffentlichung brachten. Hier drängte sich die Geschichte der Gemeinschaft auf Heldenreise so deutlich auf, dass überhaupt kein bewusste Storytelling nötig war, um diesen Prozess zu forcieren. Einzige, sehr geschickte Maßnahme war, dass in jedem Spielbericht eine andere Spielerin besonders in den Focus gehoben wurde.

Wenn Sie das Team etablieren, ist es wichtig, dass Ihre Zielgruppen Sympathie für die Gemeinschaft empfinden und sich im Idealfall mit der Gemeinschaft identifizieren. Stellen Sie – wie vorgeschlagen – die einzelnen Mitglieder der Gemeinschaft als Individuen mit ihren jeweils besonderen Eigenschaften und besonderen Stärken vor, werden die Leser und sonstigen Empfänger Ihrer PR die Gemeinschaft gleichzeitig sympathisch finden und sich im Verkauf der weiteren Geschichten zunehmend mit den Teammitgliedern und der gesamten Gemeinschaft identifizieren. Eigenschaften, die Mitglieder einer Gemeinschaft für den Leser sympathisch machen, sind zum Beispiel:

- Das Mitglied der Gemeinschaft (der Held) hat Mut
- Der Held hat ein besonders Talent
- Der Held ist klug und einfallsreich
- Der Held ist ein Freigeist und lebt nach seinen eigenen Regeln
- Der Held ist verletzt worden (seelisch oder körperlich)
- Der Held ist gut in dem, was er tut
- Der Held wird von Idealismus geleitet

- Der Held übernimmt Verantwortung und/oder eine Führungsrolle in einer wichtigen Angelegenheit

Ein weiterer wichtiger „Treibstoff", um Lesern Figuren sympathisch zu machen, sind zwei Hilfsmittel, die von professionellen Geschichtenerzählern wie Schriftstellern ganz selbstverständlich genutzt werden, die in den Public Relations, wie sie traditionell ausgeführt werden, aber geradezu Tabuthemen sind: Schwächen und Konflikte. Egal, ob Sie Pressemitteilungen, Anwenderberichte, Unternehmensbroschüren oder Geschäftsberichte lesen: Sie werden in der Regel keine Publikation finden, in der ein Unternehmen offen Schwächen eingesteht oder Konflikt beschreibt. Die vorherrschende Berichterstattungskultur verlangt „starke", souverän agierende Unternehmen und Personen. Gleichzeitig ist eine immer positive Berichterstattung gefragt. Die durchschnittliche Broschüre, der übliche Geschäftsbericht ist eine Aneinanderreihung von positiven Fakten und Beschreibungen. Alles im Unternehmen ist wunderbar, alles, was das Unternehmen anfasst, wird immer schöner und besser. Das bedeutet aber auch: So strukturierte Broschüren und Geschäftsberichte sind langweilig. Sie erzählen keine Geschichte. Das gilt auch für eine so konzipierte Presse- und Öffentlichkeitsarbeit. Schauen Sie sich daraufhin einmal einen beliebigen Geschäftsbericht einer großen Aktiengesellschaft an. Neben dem Zahlenteil gibt es viel Raum, um etwas über das Unternehmen und seine Ziele zu erzählen. Diese Chance wird konsequent ignoriert. Stattdessen erfährt der Leser, wie großartig das Unternehmen gewachsen ist, wie super die Perspektiven der Firma sind, wie fantastisch sich der Markt X entwickelt hat, wie riesig das Potential des Marktes Y ist, wie herausragend die Mitarbeiter ausgebildet sind und – seit einiger Zeit mit wachsender Bedeutung – wie großartig sich das Unternehmen mit ganzheitlicher Sichtweise um Nachhaltigkeit bemüht. Dass es auf dem wichtigen Markt in den USA einen Absatzeinbruch gab, erfährt der Leser eher am Rande und zwangsläufig im Zahlenteil. Dabei lässt sich genau daraus eine Geschichte entwickeln. Vielleicht hat der Einbruch des Verkaufs in den USA das Unternehmen in Wirklichkeit in große Schwierigkeiten gebracht. Statt dieses Problem möglichst zu verschweigen oder nur am Rande verschämt zu erwähnen, liegt genau darin die Chance, aus dem Geschäftsbericht eine wirklich spannende Geschichte zu machen. Wenn das Unternehmen als Gemeinschaft auf dem Weg verstanden wird, dann erlebt es auf seiner Heldenreise ganz selbstverständlich Konflikte. Diese Konflikte machen die Heldenreise für den Leser oder den Adressanten der PR – spannend. Ein solcher Konflikt können zum Beispiel die Probleme auf dem US-amerikanischen Markt sein. Für das Unternehmen ist dieser Markt existenziell wichtig. Eben deshalb war die Krise sehr gefährlich. Zum Glück konnten die Folgen gerade noch durch Kosteneinsparungen in den USA und gleichzeitiges Engagement im bisher unterentwickelten indischen und chinesischen Markt neutralisiert werden, wodurch das Jahr trotzdem positiv abgeschlossen wurde. Im kommenden Jahr, wenn sich der US-Markt erholt hat – wird das Unternehmen aus der Krise deutlich gestärkt hervorgehen. Statt die Krise möglichst zu verschweigen, bietet sie die Möglichkeit aus einem langweiligen Geschäftsbericht eine höchst spannende Lektüre zu machen, die in wesentlichen Elementen der Struktur des Monomythos folgt.

Bislang ist es in der Praxis so, dass Geschäftsberichte zwar extrem teuer produziert, gleichzeitig aber kaum gelesen, sondern allenfalls durchgeblättert werden. Im Prinzip bietet ein Geschäftsbericht das Potential einer herausragenden Visitenkarte für ein Unternehmen. Durch die Anwendung von Storytelling können Sie dieses Potential nutzen. Gleichzeitig dienen Schwächen und Konflikte aber nicht nur dazu, einem Geschäftsbericht oder einer Broschüre einen lesenswerten und wirklich beeindruckenden Aufbau zu geben. Konflikte und Schwächen sind auch ein hervorragendes Mittel, um die Gemeinschaft auf der Heldenreise für den Leser oder Empfänger von PR sympathisch zu machen. Mit einem Helden, der schon übermenschlich strahlend auftritt und sich so auf die Reise begibt, fühlt und fiebert der Leser nicht mit. Ganz anders ist das, wenn der Leser beim Helden Schwächen, Verletzungen wahrnimmt, die er vielleicht auch von sich selber kennt und die er nachvollziehen kann, oder wenn sich der Held in Konflikten bewähren muss.

Tagesgeschäft: die Ableitung von kleinen Geschichten

Juni 2006: Deutschland erlebt ein Sommermärchen. Die deutsche Fußballnationalmannschaft erspielt sich Sieg um Sieg und kommt dem Ziel, dem Gewinn des Weltmeistertitels, Stück für Stück näher. Als Mannschaft verkörpern Spieler und Trainer wie wohl sonst kein Team in Deutschland eine Heldengemeinschaft, die sich auf ihrem Weg befindet. Zahllose Einzelgeschichten ranken sich um dieses Team, werden von den Medien erzählt und tragen im Ergebnis dazu bei, das Gesicht der Gemeinschaft zu formen. Da sind Spieler mit äußerst dynamischem Auftritt auf dem Platz wie Bastian Schweinsteiger oder Lukas Podolski, ein Abwehrriese, an dem kaum jemand vorbeikommt, wie Per Mertesacker, erfahrene Spieler mit Überblick wie Torsten Frings und Michael Ballack und nicht zuletzt zwei Torwarte, die nicht unbedingt dieselbe Wellenlänge zu haben scheinen und doch schließlich, als es darauf ankommt, zueinander finden. Aber dann kommt der 4. Juli und alles scheint zunächst vorbei: Deutschland verliert 0:2 gegen Italien und kann damit nicht mehr Weltmeister werden. Die Enttäuschung ist groß. Aber nur kurz. Denn sofort nach der Niederlage beginnt eine neue Geschichte, gibt den Fans Kraft und zeigt, was mit Storytelling alles möglich ist. Natürlich ist das Ziel der Gemeinschaft, der WM-Titel im eigenen Land, verfehlt. Aber war das wirklich das Endziel der Reise? Die Reise der Helden geht doch weiter – erzählt die neue, erweiterte Geschichte. Das 0:2 wird zu einem zwischenzeitlichen Rückschlag, wie ihn jede Heldengemeinschaft in den Kämpfen, die sie auszufechten hat, irgendwann erleidet. Die zeitliche Perspektive verändert sich schlagartig. Das Team war nicht kurz vor dem Endziel und ist dann gescheitert. Stattdessen steht die Gemeinschaft nun erst am Anfang der Reise – auf dem Weg zur WM 2010. Und plötzlich wird deutlich, wie jung das Team eigentlich ist und viele der einzelnen Spieler, welch großes Potential die Mannschaft für die Zukunft hat. Die ursprüngliche Reise der Gemeinschaft ist noch nicht einmal zu Ende, als schon eine neue Geschichte mit dem 3:1 gegen Portugal im Spiel um Platz verheißungsvoll ihren Ausgang nimmt. Dass sich die Geschichte 2010 in Südafrika ganz ähnlich wiederholt, fällt dabei nur den wenigsten auf. Erneut scheitert die deutsche Mannschaft beim Einzug ins Finale. Erneut wird das Potential des jungen Teams in den

Medien hervorgehoben und deutlich. Wieder ist die Heldengemeinschaft nicht gescheitert, sondern hat nach vielen Erfolgen einfach auch einmal eine Niederlage erlitten. Und damit darf der Zuschauer weitere vier Jahre – und sicher noch länger – mit den Helden auf ihrem Weg mitfiebern.

Haben Sie die große Geschichte Ihres Unternehmens gefunden, setzen Sie diese im Tagesgeschäft der Public Relations um. Dabei kommen die zahlreichen Instrumente der PR-Arbeit zum Einsatz. Sie verschicken Pressemitteilungen, platzieren Anwenderberichte, organisieren Interviews für Mitarbeiter des Unternehmens und die Geschäftsleitung, geben eine Pressekonferenz und veröffentlichen den Geschäftsbericht. Nimmt man einzelne Elemente der Pressearbeit – zum Beispiel eine Pressemitteilung – unterscheidet sich diese auf den ersten Blick nicht von jeder anderen Pressemitteilung. Sie ist journalistisch sauber recherchiert und geschrieben und hält den Aufbau ein, wie er beim Formulieren einer Pressemitteilung üblich ist. Für einen normalen Beobachter ist nicht ersichtlich, dass Ihr Unternehmen PR nach dem Storytelling-Prinzip betreibt. Das ergibt sich erst für den aufmerksamen Beobachter, wenn er die einzelnen Elemente der Pressearbeit wie die Teile eines Puzzles zusammenfügt. Das Storytelling der „großen Geschichte" ergibt sich im Zusammenwirken zahlloser kleiner Maßnahmen der Pressearbeit: den „kleinen Geschichten". Kleinen Geschichten können sein: die ganz normal formulierte Pressemitteilung, Äußerungen in einem Interview, ein ganz normaler Anwenderbericht, ein Anwenderbericht, der anekdotisches Storytelling verwendet, eine Broschüre und vieles andere mehr. Einmal angenommen, Sie vertreten eine Umweltorganisation in Sachen PR. Die „große Geschichte" ist Ihr Kampf für den Erhalt der Umwelt. Dabei stellen sich Ihnen immer wieder mächtige Gegner entgegen, die Sie in zahllosen Kämpfen nach dem Muster David gegen Goliath besiegen müssen. Jede – sachlich und journalistisch sauber geschriebene – Pressemitteilung darüber, dass Sie erneut im Nordmeer einen Walfänger für einen Tag gestoppt haben, ist eine „kleine Geschichte", die einen weiteren Puzzlestein Ihrer „großen Geschichte" bildet. Genauso verhält es sich mit jedem TV-Bericht, der über Ihre Aktionen gemacht wird, mit jedem Interview. Gibt es neue Erkenntnisse der Wissenschaft über eine noch weitreichendere Bedrohung der Wale, die durch ein ganz neues Umweltproblem entsteht, sollten Sie sich dieses Themas annehmen und es mit einer Pressemitteilung bekannt machen. Wenn Ihre Organisation beschließt, auch gegen diese Problem zu kämpfen, waren die Erkenntnisse der Wissenschaft „der Ruf", den Sie zur Ausführung dieses Auftrages erhalten haben. Auch wenn diese Pressemitteilung absolut sachlich geschrieben ist, sauber recherchiert und vom Aufbau dem entspricht, was jeder Journalist von einer Pressemitteilung erwartet, erzählt Sie trotzdem mit den übermittelten Fakten eine „kleine Geschichte" – ganz im Sinne von Joseph Campbells Heldenreise.

Wenn Sie in Ihrem Unternehmen oder Ihrer Organisation eine „große Geschichte" entwickeln und daraus „kleine Geschichten" ableiten, handelt sich das um den Idealfall der Storytelling-PR. Ist das bei Ihnen nicht machbar, bleibt Ihnen immer noch die Möglichkeit, zumindest mittels „kleiner Geschichten" Storytelling-PR für Ihr Unternehmen oder Ihre Organisation zu machen. Beispiel: Sie vertreten eine kleine Fluggesellschaft. Es kommt zu einem schwerwiegenden Zwischenfall beim Start. Zwei Passagiere werden schwer verletzt. Einen Tag nach dem Unglück gibt es keine Fakten zu den Ursachen des Unfallhergangs. Ein TV-Sender macht ein Interview mit einem ehemaligen Mitarbeiter, der vor Jahren gekündigt wurde. Der Ex-Kollege sagt vor laufender Kamera, dass Ihre Airline schon seit Jahren unter extremen Liquiditätsproblemen leidet. Drastische Sparmaßnahmen und Pfusch aus Geldmangel würden zum Alltag gehören. Jetzt müssen Sie schnell handeln. Sie müssen davon ausgehen, dass zahllose Medien genau diese vermeintlichen Informationen aufgreifen und schon in Kürze verbreiten werden. Damit entsteht eine Geschichte – wie sie negativer für Ihr Unternehmen nicht sein könnte. Inhalt: Airline ist unter Kostendruck. Der Rotstift führt zu Pfusch und damit letztlich zum Unglück. Auch ohne festgelegten Unternehmensmythos können und sollten Sie jetzt mit einer „kleinen Geschichte" reagieren. Der Unfall entstand beim Start der Maschine auf der Startbahn. Vielleicht ärgern Sie sich seit Jahren darüber, dass die Piloten immer wieder von Schwierigkeiten mit einem bestimmten Instrument während der Startphase berichten – und der Hersteller trotz wiederholter Meldungen nichts unternimmt. Sie beginnen zu recherchieren, ob dieses Problem auch bei anderen Airlines auftritt – und finden heraus, dass es in den vergangenen zwei Jahren tatsächlich 57 gemeldete Zwischenfälle mit dem Gerät gab. Daraus formulieren Sie eine Pressemitteilung und schicken Sie sofort an alle relevanten Medien heraus. Daraus bildet sich am nächsten Tag eine alternative Geschichte. Inhalt: Schon seit Jahren gab es Probleme mit dem Instrument XY. Dem Hersteller unternahm nichts. Die Folge: ein Unglück. Gleichzeitig sollten Sie zum Beispiel in einem Interview, das Ihr Geschäftsführer gibt, die Vorwürfe des Ex-Mitarbeiters Detail für Detail entkräften.

Zu den „kleinen Geschichten" des Storytellings zählt auch das anekdotische Storytelling, das Sie ebenfalls ohne Einbindung in einen Unternehmensmythos verwenden können. Es ist insbesondere sehr gut geeignet, um Vertrauen in ein

Unternehmen, seine Dienstleistungen und Produkte aufzubauen. Beispiel ist das schon erwähnte Storytelling eines Chemieunternehmens für Anwohner im Viertel am Produktionsstandort.

Nutzen Sie die Möglichkeit nicht, mit „kleinen Geschichten" das Bild ihres Unternehmens in der Öffentlichkeit zu steuern, betreiben Sie trotzdem Storytelling. Geschichten über Ihr Unternehmen werden sich immer entwickeln. Dabei ist es gleichgültig, ob Sie bewusst Storytelling betreiben oder nicht. Ein gutes Beispiel ist der schon erwähnte Fall des Autohauses in Norddeutschland. Der Unterschied zwischen dem bewussten Einsatz von Storytelling und dem Verzicht darauf besteht nicht darin, ob Geschichten in der Öffentlichkeit über ihr Unternehmen entstehen oder nicht. Der Unterschied besteht darin, ob Sie diese Geschichten steuern, oder ob Sie auf diese Einflussmöglichkeit verzichten.

Storytelling in der Praxis

22. Juni 1984: In London startet zum ersten Mal die Maschine einer neu gegründeten Airline zu einem Flug nach New York. Ein Termin, den die Großen der Branche kaum wahrnehmen. Gegründet hat die Fluggesellschaft Richard Branson, ein Paradiesvogel unter den Unternehmern des Landes. Branson arbeitet bisher vor allem im Musikbusiness. Seine neue Fluggesellschaft, Virgin Atlantic, ist schnell erfolgreich. Branson hat ein ausgesprochen gutes Gespür für die Bedürfnisse und Wünsche der Kunden. Jetzt beachten die etablierten Airlines den dynamischen Unternehmer. Es kommt zu einem erbitterten Konkurrenzkampf mit der im Vergleich zu Virgin Atlantic gigantischen Fluggesellschaft British Airways. Der Konflikt zieht sich über viele Jahre hin. Branson gewinnt dabei viele Sympathien, was sich nicht zuletzt in der guten Auslastung seiner Maschinen zeigt. Das liegt auch am Storytelling, das diese Unternehmensgeschichte verkörpert. Denn besser lässt sich eine moderne Version des Kampfes von David gegen Goliath heute nicht erzählen.

„Kleine Geschichten", „große Geschichten", anekdotisches Storytelling und Unternehmensmythos: Die Möglichkeiten des Storytelling in den Public Relations sind vielfältig, die Begriffe komplex und erscheinen im ersten Augenblick vielleicht ungewohnt. Wie lässt sich dieses Modell jetzt in der Praxis anwenden? Einmal angenommen, Sie wechseln den Job und erhalten die Aufgabe, in einem Unternehmen die PR-Arbeit zu leiten und zu organisieren. Sie haben sich mit Storytelling-PR beschäftigt, brennen darauf, Ihre neuen Ideen endlich in der Praxis anzuwenden und haben die Vorzüge des Storytelling ausdrücklich im Vorstellungsgespräch erläutert. Das hat überzeugt. Gerade aus diesem Grund haben Sie den Job bekommen. Bei dem Unternehmen handelt es sich um die (fiktive) Goods-Line GmbH, die im Speditionsgeschäft arbeitet. Goods-Line ist eine Kooperation, der 42 mittelständische deutsche Speditionen angehören. Für den Verbund arbeiten mehr als 8500 Mitarbeiter. Der Umsatz erreicht rund 1,5 Mrd. Euro. Während das eigentliche operative Geschäft von den einzelnen Speditionen des Verbundes abgewickelt wird, kümmert sich eine Kooperationszentrale im norddeutschen Buxtehude um zentrale Aufgaben wie Werbung, EDV-Systeme, Produktentwicklung, Weiterentwicklung des Personals, Werbung, Public Relations und natürlich die Geschäftsleitung der Kooperation. Die Pressearbeit wurde bisher vom Geschäftsführer selbst und seiner Sekretärin ausgeführt. Sie beschränkte sich auf das Nötigste. Die Sekretärin besitzt nach dem Besuch von zwei Wochenend-Fortbildungen zumindest elementare journalistische Kenntnisse und wird Ihnen zugeordnet. Der Bedarf an Presse- und Öffentlichkeitsarbeit hat quantitativ und qualitativ ständig zugenommen. Von Ihrer Einstellung erhofft sich der Geschäftsführer eine Entlastung seines Arbeitsvolumens. Außerdem soll die PR-Arbeit inhaltlich deutlich besser werden. Der Geschäftsführer der GmbH und die Geschäftsführer der Mitgliedsspeditionen des Verbundes wissen, dass dafür beträchtliche finanzielle Mittel investiert werden müssen. Sie haben freie Hand. Allerdings möchte der Geschäftsführer, dass Sie ihm in regelmäßigem Zeitrhythmus messbar den Erfolg oder Misserfolg der Public Relations aufzeigen. Die PR-Arbeit bestand bisher aus folgenden Maßnahmen: Die Kooperation hat in unregelmäßige Abständen, meist alle zwei Monate, wenn ein aktueller Anlass bestand, eine Pressemitteilung herausgeben. Es gibt keinen Bestand an Fotos. Kommt es zu Fotonachfragen von Zeitungen, wird ein Fotograf in Einzelfall beauftragt, was lange dauert und teuer ist. Es gibt eine Homepage, die der EDV-Verantwortliche pflegt und in der neben Basisinformationen zum Unternehmen Pressemitteilungen und Werbematerial wie Produktinformationen einsehbar sind. Daneben bietet die Homepage den Kunden als wichtige und sehr gut genutzte Servicedienstleistung die Möglichkeit, den Lauf ihrer Sendungen online zu verfolgen. Die Fotos für die Homepage wurden von dem Fotografen für viel Geld angefertigt. Immer wieder einmal ist es dem Geschäftsführer in den vergangenen Jahren durch seine persönlichen Kontakte gelungen, in unregelmäßigen Abständen längere Artikel in der Fachpresse zu lancieren. Verfasst wurden diese von Redakteuren der Zeitungen. Auf Anregung eines Industriekunden wurde einmal in der Vergangenheit ein Anwenderbericht in der für den Kunden relevanten Fachpresse veröffentlicht. Dieser Bericht wurde vom PR-Referenten des Kunden in enger Zusammenarbeit mit dem Geschäftsführer verfasst. Aus Ihrer Arbeit in der Vergangenheit kennen Sie einige sehr gute Transportjournalisten, mit denen Sie bereits zusammengearbeitet haben und die Sie als freie Mitarbeiter einsetzen können.

Wie gehen Sie jetzt vor? Zunächst verschaffen Sie sich einen genauen Überblick über das Unternehmen und die bisher geleistete PR-Arbeit, der weit über die bereits vorgestellten Fakten hinaus geht. Sie benötigen alle Informationen, die Sie über das Unternehmen und die Mitgliedsspeditionen bekommen können. Langfristig müssen Sie die Geschäftsführer aller Speditionen der Kooperation kennenlernen. Außerdem brauchen Sie alle Informationen über eine mögliche Corporate

Identity. Dann benötigen Sie alle Pressemitteilungen, Berichte und PR-Materialien, die jemals das Unternehmen verlassen haben und alle Artikel, Berichte und sonstige Veröffentlichungen, die in den Medien über die Speditionskooperation erschienen sind. Dazu gehört nicht nur der Abdruck der eigenen Pressemitteilungen, sondern alles Material, in dem in den Medien Ihr Unternehmen erwähnt wurde. Bei einer Spedition Ihrer Größe liegt es auf der Hand, dass es sehr viele Meldungen und Berichte über Goods-Line gibt, die von den Redakteuren in Eigenregie verfasst wurden.

Lesen Sie das Material, werten Sie es aus und archivieren Sie es gut, denn sie werden immer wieder einmal darauf zugreifen müssen. Gleiches gilt für die Fakten über die Kooperation. Ruft zum Beispiel der Journalist einer Fachzeitung an, um Fragen an Sie zu richten, sollte Ihr Fachwissen so groß sein, dass Sie einen Großteil der Fragen bereits aus dem Stegreif beantworten können. Für alles andere brauchen Sie ein gutes Archiv. Und eine immer aktuelle Liste mit Ansprechpartnern im Unternehmen und in den Mitgliedsspeditionen, die Sie natürlich ebenfalls anlegen müssen. Beschaffen sollten Sie sich außerdem den Presseverteiler, die Auflistung der Adressen, an die bisher Pressemeldungen und -berichte des Unternehmens versandt worden sind.

Ärgernis in der Pressestelle

Es gibt einen Trend in der Pressearbeit unter dem vor allem Fachjournalisten zunehmend leiden. Es geht um die Möglichkeit fachliche Informationen binnen kurzer Zeit von einer Pressestelle zu erhalten. Rief vor vielleicht zehn Jahren ein Fachjournalist in der Pressestelle eines Unternehmens an, um sehr detaillierte Fragen zu klären, hatte er eine gute Chance, seine Fragen auch beantwortet zu bekommen. Beispiel: Der Fachjournalist schreibt einen Artikel über mögliche Sicherheitsprobleme mit dem Seitenruder bei einem Flugzeugmuster wie der Boeing 737 und möchte bei der Airline XY wissen, ob diese Probleme dort bekannt sind und was man darüber denkt. In der Vergangenheit hatte er – mit hoher Wahrscheinlichkeit – einen PR-Menschen am Telefon, der seit Jahrzehnten bei der Airline arbeitet, das Thema bestens kennt und sich aus dem Stegreif qualifiziert dazu äußern konnte. Meist bekam er zum Anschluss des Telefonates noch einen „heißen Tipp" für weitere Recherchen, der sich dann auch als sehr fruchtbar erwies. Es konnte aber sein, dass die Antworten – zumindest am Anfang – in einem etwas knurrigen Ton gegeben wurden, was die fachli-

> che Qualifikation aber nicht im Mindesten beeinträchtigte. Rufen Sie als Journalist heute mit einer solchen Fragestellung bei einer Airline an, werden Sie mit schon fast überschwänglicher Freundlichkeit am Telefon empfangen. Dafür erhalten Sie aber kein Antwort, die Sie fachlich befriedigt. Nicht selten müssen Sie der superfreundlichen Mitarbeiterin am Telefon zunächst noch erklären, dass eine Boeing 737 ein Flugzeug ist, sich in der Flotte ihrer Airline befindet und es sich beim Seitenruder um ein Steuerorgan handelt. Meist verspricht die Mitarbeiterin dann, Ihre Frage weiterzuleiten und stellt einen Rückruf in Aussicht – der aber zu 50 Prozent nicht erfolgt oder – weitere 30 Prozent – Sie viel zu spät erreicht.

Haben Sie sich eingearbeitet und eine gute Faktenbasis über das Unternehmen und die bisherige Pressearbeit verschafft, sollte Ihr Interesse jetzt zunächst dem Unternehmensmythos gelten. Um diesen freizulegen müssen Sie in die Geschichte der Speditionskooperation eintauchen. Was hat die 42 Speditionen vor Jahren dazu bewogen, den Verbund zu gründen? Über die Auskünfte des Geschäftsführers und schriftliches Material hinaus können und sollten Sie mit einigen Geschäftsführern der Mitglieds- und Gründungsspeditionen über das Thema sprechen. Dabei finden Sie Folgendes heraus: Die Speditionsbranche ist geprägt von zahlreichen kleinen und mittelständischen Unternehmen, die von ihren Inhabern geführt werden. Gleichzeitig gibt es einige große Speditionsunternehmen wie Danzas oder Panalpina und so genannte Integrators wie UPS, DHL oder Federal Express. Speditionen organisieren den Gütertransport für ihre Kunden. Dabei schalten Sie vielfach externe Firmen als Subunternehmer ein, nutzen aber – so vorhanden – auch eine eigene Lkw-Flotte für die Transporte. Bei einem von einer Spedition organisierten Transport kann es sein, das ein Teil des Transportes von eigenen Lkw gefahren wird, dass Zollabwicklung, Luft- oder Seetransport und Lkw-Verkehr im Zielland von externen Unternehmen abgewickelt werden. Der Industriekunde hat nur mit der Spedition zu tun, während diese zahllose weitere Transportdienstleister in die Arbeit einbindet. Demgegenüber wickelt ein Integrator wie UPS den Transport in allen Teilelementen in Eigenregie ab. UPS oder Federal Express betreiben zum Beispiel große Flotten von Frachtflugzeugen und große Drehkreuze für den Umschlag von Luftfrachtgütern auf Flughäfen in den USA. Die Integrators haben sich in der Vergangenheit große Marktanteile erobert und treten gegenüber den Industriekunden – den Verladern – sehr dynamisch auf und präsentieren sich mit großem Werbe- und PR-Aufwand, extrem hoher Pünktlichkeit, fortschrittlichsten EDV-

Dienstleistungen und kürzesten Laufzeiten. Es besteht die Gefahr, dass gerade die kleinen und mittelständischen Unternehmen von ihren Kunden, den Verladern, zunehmend als „altbacken", „verstaubt" und „rückständig" empfunden werden. Es fällt den kleinen Speditions-Unternehmen zunehmend schwerer, dem Kunden gegenüber dem dynamischen Auftritt der Integrators ihre Vorteile deutlich zu machen. Dazu gehört ihre Nähe zum Kunden, die genaue Kenntnis seiner Bedürfnisse, das sehr viel umfassendere, weniger standardisierte Dienstleistungsangebot, ihre Improvisationsfähigkeit, Flexibilität und vorzügliche Fachkompetenz, die sich immer wieder gerade bei schwierigen Details und Problemen für den Kunden als vorteilhaft erweist. Um den Status der kleinen und mittelständischen Speditionen zu verbessern, haben sich 42 Unternehmen zur Goods-Line Kooperation zusammengeschlossen. Die Kooperation arbeitet nach wie vor als Spedition – tritt aber nach außen hin wie ein Integrator auf. Die Lkw aller 42 Mitgliedsspeditionen haben ein einheitliches Aussehen erhalten, Werbung und Public Relations erfolgen wie schon erwähnt zentral von der Goods-Line-Zentrale aus. Die Mitgliedsunternehmen treten nach außen als Teil von Goods-Line auf. Darüber hinaus betreiben Sie mit einem Teil der Fahrzeug-Flotte aber auch einen Teilbereich ihres Geschäftes in Eigenregie. Dabei kommen auch Fahrzeuge zum Einsatz, die – wie vor der Gründung von Goods-Line – mit dem alten Speditionslogo und der entsprechenden Lackierung des jeweiligen Unternehmens verkehren. Als Kooperation entwickelt Goods-Line standardisierte Transportdienstleistungs-Produkte, die mit den Angeboten der Integrators vergleichbar sind. Dieser Prozess ist noch nicht abgeschlossen. Insbesondere die Gespräche mit einigen Geschäftsführern von Gründungsspeditionen verdeutlichen immer wieder das Bedürfnis, bei allem Streben nach Dynamik die Bodenständigkeit und Nähe zu den Kunden erhalten zu wollen. Nach Abschluss der Recherchen ergibt sich damit für Sie folgende Leitidee: Auf den Transportmärkten sind fachliches Know how, Flexibilität und Kundennähe Grundfähigkeiten für eine Spedition. Gleichzeitig gewinnen Integrators mit standardisierten Angeboten und dynamischem Auftritt zunehmend an Boden und nehmen klassischen Speditionen Geschäftsanteile weg. Diese können mit dem dynamischen Auftreten der Integrators nicht mithalten und gleichzeitig die Vorteile ihrer Kundennähe nicht mehr ausreichend kommunizieren. Goods-Line will erstmals beide Aspekte „unter einen Hut" bringen. Goods-Line tritt gegenüber den Kunden dynamisch wie ein Integrator auf, ist dabei gleichzeitig aber bodenständig, flexibel und kundennah wie eine klassische Spedition. Goods-Line verbindet damit zum ersten Mal zwei Eigenschaften auf dem deutschen Markt: die Größe, Standardisierung und Dynamik eines Integrators und die Kundenähe und Flexibilität der mittelständischen Speditionen. Goods-Line bietet die Vorteile eines Integrators ohne dabei auf die Vorteile einer mittelständischen Spedition verzichten zu müssen. Das ist die Leitidee der Kooperation. Bemerkenswert dabei ist, dass Sie die Leitideen nur herausgearbeitet und verdeutlicht haben. Die Leitidee war als Grundgedanke schon immer vorhanden und wesentlich für die Gründung der Spedition. So ist es fast immer. Es gibt kaum ein Unternehmen, kaum eine Organisation, an deren Ursprung nicht eine starke Leitidee stand. Machen Sie Public Relations, müssen Sie diese Leitidee oft „ausgraben". Eine Leitidee wird fast nie künstlich entwickelt oder geschaffen. Um aus der Leitidee eine Geschichte zu formen, benötigen Sie jetzt einen Protagonisten. Das ist natürlich die Speditionskooperation. Sie ist die Gemeinschaft der Helden. Mit der Leitidee haben Sie die Aufgabe „ausgegraben", die die Heldengemeinschaft in der Welt zu bewältigen hat. In dem Augenblick, wo sich die Unternehmensgemeinschaft auf den Weg macht, entsteht der Unternehmensmythos, bei dessen Ausgestaltung Sie durch Public Relations entscheidend mitwirken. Die Leitidee hat eine ungeheure Kraft. Sie ist der „Motor" für diesen Prozess. Im Idealfall nutzt das Unternehmen diese Kraft viel weitgehender, zum Beispiel für die Entwicklung einer Corporate Identity, die sich nicht nur auf Briefbögen und in einem Logo wiederfindet, sondern vom ganzen Unternehmen gelebt wird. Dieser Prozess geht aber weit über die eigentlichen PR-Aufgaben hinaus – und wird aus diesem Grund an dieser Stelle ausgeblendet. Nicht ausgeblendet werden soll ein wichtiges Problem, das bei Ihren Recherchen offen zutage getreten ist: die Speditionskooperation hat ein Imageproblem. Um mit den Integrators konkurrieren zu können wurden neue Transportprodukte eingeführt. Dabei handelt es sich um Goods-Line One Day Express und Goods-Line One Day Express 10/12. Für Pakete mit genau definierten Ober- und Untergrenzen – die einen Großteil der Sendungen ausmachen – bietet die Kooperation eine garantierte Auslieferung am nächsten Tag an. Wählt der Kunde den teureren Zusatz 10 oder 12 wird eine Auslieferung bis 10 oder 12 Uhr versprochen. Das Problem: Bei einem erschreckend hohen Anteil der Sendungen hält Goods-Line das Versprechen nicht ein. Das Thema ist in der Branche seit langem bekannt, wird offen diskutiert und hat sich längst bis zu den Kunden herumgesprochen. Teilweise machen sich Kunden und Konkurrenten bereits über das Thema lustig. Spöttisch ist vom Produkt Goods-Line One Day Delay die Rede. Der Spott ist längst bei den eigenen Mitarbeitern angekommen und hat sich bereits in mehreren, äußerst kritischen Artikeln in führenden Fachzeitschriften niedergeschlagen. Der Umschlag der Produkte ist stark eingebrochen. Sie finden heraus, dass dieses Problem ein wichtiger Grund für Ihre Einstellung war. In der bisherigen Pressearbeit bestand die Strategie darin, das Thema zu tabuisieren. Es wurde nicht thematisiert und galt – zumindest nach außen – als nicht vorhanden. Diese Pressearbeit wurde von immer mehr Geschäftsführern der Mitgliedsspeditionen als ungenügend wahrgenommen. Mit einem großen – und letzten Kraftakt – soll jetzt Besserung erreicht werden. Ansonsten steht die gesamte Kooperation in Frage. Parallel dazu gibt es seit längerem große Anstrengungen, das Problem in der Kooperation und in den Mitgliedsunternehmen in den Griff zu bekommen. Die Ursachen sind bereits ermittelt, an den Lösungen wird mit Hochdruck gearbeitet. Verantwortlich für die Verspätungen sind Abstimmungsprobleme zwischen den Partnerunternehmen, von denen naturgemäß jedes seine eigenen gewachsenen Strukturen und Abläufe hat. Läuft eine Sendung zum Beispiel von Hamburg nach Kempten in Bayern, sind mit dem Transport mehrere Partner befasst. Hier haben interne Zeiterfassungen zu lange Standzeiten der Sendungen ergeben. Im Klartext: Die Express-Sendungen stehen im Lager der Empfangsspedition in München herum – zum Beispiel weil die Mitarbeiter erst Speditionsgut der lokalen eigenen Verkehre bearbeiten –, anstatt sofort mit Priorität weiter nach Kempten befördert zu werden. Die Einführung einer einheitlichen so genannten Priority-Line in allen Mitgliedsspeditionen für Express-Sendungen und die entsprechende Schulung der Mitarbeiter sollen Abhilfe schaffen.

Ausgestattet mit diesem Hintergrundwissen, der Leitidee und dem Unternehmensmythos können Sie jetzt die Ziele Ihrer PR-Arbeit definieren. Wo wollen Sie mit Ihren Public Relations hin? Welches Bild sollen Öffentlichkeit und Kunden von Ihrem Unternehmen haben? Das Ziel sollte möglichst konkret sind. Die festgelegten Ziele sollten inhaltlich und zeitlich genau definierte Endpunkte der von Ihnen geplanten Entwicklung sein. Es reicht nicht aus festzulegen, dass das Unternehmen in der Öffentlichkeit „positiver und innovativer" gesehen werden soll. Das ist bei weitem nicht konkret genug. Haben Sie die Leitidee des Unternehmens erarbeitet, gibt diese das Ziel der Public Relations vor. In diesem Fall sollen Öffentlichkeit und Kunden ein Bild von der Speditionskooperation bekommen, wie es bislang die großen Integrators haben. Hinsichtlich wichtiger Attribute wie Dynamik, Weltoffenheit und Kompetenz soll Goods-Line von den Kunden als auf einer Stufe mit Unternehmen wie UPS oder Federal Express stehend wahrgenommen werden. Das verstaubte Image, das vielen Mitgliedsbetrieben und damit der gesamten Kooperation bis heute noch anhaftet, soll endgültig verschwinden. Das gilt natürlich auch für die Imageprobleme, die sich aus den Verzögerungen beim Express-Produkt ergeben haben. Auch wenn der „Staub" verschwindet, wollen Sie den „Stallgeruch" erhalten. Goods-Line soll ein Unternehmen bleiben, dass aufgrund seiner einzigartigen Konstruktion weiterhin im Mittelstand wurzelt, die Sorgen und Nöte der Kunden und Partner versteht. Goods-Line kennt sich weltweit genauso aus wie in der Region. Wenn Sie die Ziele definieren, können Sie diese noch sehr viel präziser ausformulieren – und einen Zeitpunkt für die Realisierung festlegen. Vielleicht bietet sich ein Zeitraum von zwei Jahren an. Am Ende dieser Zeitspanne soll das neue Bild der Speditionskooperation fest in den Köpfen der Bürger und Kunden verankert sein. Um die Realisierung zu überprüfen können Sie Umfragen in Auftrag geben, die den Zustand jetzt und den Zustand nach Ablauf der zwei Jahre hinsichtlich Ihrer Zielsetzung überprüfen. Parallel können Sie ein eigenes System der Erfolgskontrolle aufbauen, das auf der Auswertung der Berichte über Ihr Unternehmen in den Medien fußt. Um ein umfassendes Bild über die Berichterstattung zu bekommen, engagieren Sie so genannte Clipping- oder Ausschnittdienste, die alle Artikel, in denen Ihr Unternehmen oder seine Produkte erwähnt werden, ausschneiden und ihnen zur Verfügung stellen. Damit haben Sie die Möglichkeit, die Berichterstattung nicht nur zu sichten, sondern auch quantitativ und qualitativ auszuwerten. Bei der quantitativen Auswertung zählen Sie schlicht Artikel und Zeilen. Bei der qualitativen Auswertung schaffen Sie zuvor ein System, in dem Sie die Artikel qualitativ bewerten, zum Beispiel mit Zahlenwerten oder Noten. Eine Meldung hat eine geringere Punktzahl als ein Bericht. Ein Interview ist noch höher einzuschätzen. Ein Artikel mit positiven Tenor erhält eine andere Punktzahl als ein Beitrag mit negativem Touch. Auch das Auftauchen bestimmten Bilder und Attribute, die Ihrem Leitbild entsprechen, können Sie zahlenmäßig bewerten, so dass im Endeffekt auch so eine recht gute Erfolgskontrolle der PR-Arbeit möglich wird.

Haben Sie Leitidee, Unternehmensmythos und Ziele festgelegt, sollten Sie die nächsten Schritte über die Zielgruppen und die PR-Instrumente, die Sie einsetzen können, definieren. Wer sind Ihre Zielgruppen bei der Speditionskooperation? Zunächst müssen Sie zwischen internen und externen Zielgruppen unterscheiden. Intern sind die Mitarbeiter Zielgruppe, die Sie mit den Public Relations erreichen können. Neben den wenigen Mitarbeitern in der Kooperationszentrale sind das natürlich die 8000 Mitarbeitern in den Mitgliedsspeditionen. Durch die Organisation des Verbundes habe Sie in diesem Fall eine ganz besondere Aufgabe, die sich von der Arbeit in einem „normalen" Unternehmen unterscheidet. Die Mitarbeiter in den Mitgliedsspeditionen verstehen sich immer noch ganz wesentlich als Mitarbeiter der Spedition XY. Dass diese einem größeren Verbund angehört, ist den Mitarbeitern zwar bekannt, wird aber noch nicht gelebt und hat auch im Bewusstsein der Mitarbeiter keine besonders große Präsenz. Das müssen Sie ändern.

Bei Integrators wie UPS und Federal Express wird das „Unternehmensbewusstsein" sehr intensiv gelebt – bis zu einer einheitlichen Uniform, die die Mitarbeiter tragen. Damit haben Sie gleichzeitig schon ein erstes wichtiges Ziel für Ihre PR-Arbeit festgelegt. Die Zielgruppe Ihrer internen PR können Sie noch weiter unterteilen: in die Zielgruppe der „normalen" Beschäftigten und in die Zielgruppe der Führungskräfte.

Eine Differenzierung ist auch bei der externen Zielgruppe des Verbundes wichtig. Wichtig sind natürlich zunächst einmal die Kunden im weitesten Sinne. Hier können Sie aber weiter unterscheiden zwischen Kunden, die bereits mit Ihnen zusammenarbeiten und möglichen neuen Kunden oder Zielgruppen, die Sie als Kunden akquirieren möchten. Weiter können Sie die Kunden nach Größe, Bedeutung, Wirtschaftszweig und anderen Kriterien weiter differenzieren. Sinnvoll ist es außerdem, nach Verladern – also Industriekunden – und anderen Speditionen zu unterscheiden, die auch Transportaufgaben an Sie weiter vermitteln, genauso wie Ihre Mitgliedsunternehmen für Spezialaufgaben ja auch Subunternehmen und Partner einschalten. Zielgruppen wie Aktionäre spielen im Fall Ihrer Speditionskooperation keine Rolle. Dafür sollten Sie an Nachbarn an den Unternehmensstandorten und an die breite Öffentlichkeit als Zielgruppe denken. Aus dieser werden Sie zwar keine unmittelbaren Aufträge erhalten. Trotzdem sind natürlich auch Geschäftsführer Ihrer Kunden gleichzeitig Privatperson und gehören der ganz normalen Bevölkerung an. Und sollte es einmal dazu kommen, wäre ein generelles schlechtes Image für Ihr Unternehmen in keinem Fall hilfreich für das Geschäft. Die externen Zielgruppen können Sie direkt ansprechen oder indirekt. Eine direkte Ansprache liegt vor, wenn sie mit einem Kunden sprechen oder wenn Sie Kundenvertretern bei einem „Tag der gläsernen Spedition" Ihr Unternehmen präsentieren. Eine indirekte Kommunikation liegt vor, wenn Sie Kunden über eine Zwischenstufe erreichen. Damit sind natürlich nichts anderes als Zeitungen, Zeitschriften oder alle anderen Formen von Medien gemeint, die als Multiplikator und Vermittler der von Ihnen ausgesandten Informationen dienen und diese häufig darüber hinaus verändern und abwandeln. Einfachheitshalber können Sie diese Informationsvermittler ebenfalls als Zielgruppe verstehen, die es anzusprechen gilt. Im Fall der Spedition unterscheiden Sie am besten zwischen den Publikumsmedien und der Fachpresse. Bei der Fachpresse handelt es sich um Fachzeitungen und -zeitschriften. Hier können Sie noch differenzieren zwischen der Fachpresse, die von Speditionen und Transportunternehmen gelesen wird und der Fachpresse der Verlader, die zu Ihrem Kundenkreis gehören. Zu den Publikumsmedien gehören Tageszeitungen, für Sie relevante Zeitschriften, Rundfunksender sowie TV-

Stationen und -Produktionsfirmen, soweit diese für Ihre Kooperation Bedeutung haben. Eine gut geführte Datenbank sollte die Adressen der Zielgruppenmitglieder aufführen, wobei es wichtig ist, auch Ansprechpartner und Maßnahmen, die den jeweiligen Adressaten betreffen, zu notieren.

Im nächsten Schritte führen Sie dann eine Bestandsaufnahmen durch, bei der Sie die bisher verwendeten PR-Instrumente und Zielgruppen Ihrer PR in Beziehung zueinander setzen. Dabei geht es einfach darum, festzustellen, welche Zielgruppe Sie bisher mit welchem PR-Instrument erreicht haben. Auf diesem Weg können Sie sich gleichzeitig schon einmal ein Bild vom Erfolg der jeweiligen Kombinationen machen. Vielleicht stellen Sie fest, dass Pressemitteilungen von der Fachpresse in der Vergangenheit sehr gut mitgenommen wurden, dass es in der Tagespresse in den Jahren zuvor – trotz emsigen Versandes – kaum Veröffentlichungen gab. Bei Ihrer Bestandsaufnahme ergibt sich folgendes Bild:

Verwandte PR-Instrumente:

- Pressemitteilung
- Homepage
- Hintergrundberichte/Anwenderberichte

Angesprochene Zielgruppen:

Interne Zielgruppen	Ansprache mit
Mitarbeiter	–
Führungskräfte	–

Externe Zielgruppen	Ansprache mit
Breite Öffentlichkeit	–
Kunden	–
Publikumsmedien	Pressemitteilungen
Fachpresse Transport	Pressemitteilungen Hintergrundberichte
Fachpresse Industrie	Anwenderbericht

Dazu kam natürlich noch das Instrument der Homepage, das von allen Zielgruppen eingesehen werden kann.

Nach dieser Bestandsaufnahme kommen Sie zu der Ansicht, dass die PR-Maßnahmen nicht ausreichen und dass für die Kommunikation mit den Zielgruppen weit mehr Möglichkeiten bestehen. Um die zu nutzen, sollten Sie überlegen, wie Sie Zielgruppen und Instrumente der Pressearbeit kombinieren möchten. Zunächst wenden Sie sich den internen Zielgruppen zu. Sie hatten festgestellt, dass sich die rund 8000 Mitarbeiter und Führungskräfte in den Mitgliedsspeditionen bisher fast ausschließlich als Mitarbeiter ihrer Heimspeditionen betrachten und kaum die Identifikation mit der großen Kooperation vorhanden ist. Eines der von Ihnen definierten Unter-Ziele war, den Mitarbeitern dieses Gefühl zu vermitteln. Ein Teil dieser Aufgabe fällt darüber hinaus in den Arbeitsbereich der Geschäftsleitung, die zum Beispiel entsprechende einheitliche Arbeitsanweisungen, vielleicht eine einheitliche Kleidung oder Events wie ein alljährliches Fußballturnier aller Speditionsteams und anderes einführen kann. Entsprechende Maßnahmen können Sie anregen. Ein großer Teil dieser Aufgabe fällt in den Bereich der Public Relations – und damit in Ihren direkten Zuständigkeitsbereich. Sie beschließen, für die Mitarbeiter eine Mitarbeiterzeitschrift zu entwickeln, die regelmäßig im Monat erscheint. Die Zeitschrift soll praxisnah über Vorgänge im Verbund berichten. Es sollen Mitarbeiter zu Wort kommen und vorgestellt werden. Dabei soll die Berichterstattung ausdrücklich nicht in Form von Jubelberichten erfolgen, sondern auch kritische Töne ermöglichen. Arbeitstitel: Wir bei Goods-Line. Die Führungskräfte sprechen Sie durch einen regelmäßig erscheinenden Newsletter gesondert an. Der Newsletter enthält Führungsinformationen aus der Branche und dem Speditionsverbund, Insiderwissen und zum Beispiel Personalien, die den Empfängern ein exklusives Wissen vermitteln.

Anschließend wenden Sie sich den externen Zielgruppen zu. Hier sollten Sie zunächst Möglichkeiten der direkten Ansprache nutzen. Eine Möglichkeit: Die Mitgliedsspeditionen veranstalten einmal im Jahr einen Tag der offenen Tür in ihren Heimatgemeinden, bei der die Speditionen insbesondere auch Wert darauf legen, sich als Mitglieder der Kooperation zu präsentieren. Besucher erhalten Gelegenheit, Räumlichkeiten, Hallen, Ausrüstung und Fahrzeuge anzusehen, es gibt kleinere Attraktionen wie Hüpfburgen für Kinder, Bobbycar-Rennen und die Möglichkeit für Schulabsolventen, sich über Berufsmöglichkeiten zu informieren. Eine solche Veranstaltung kann auch in lokale Stadtfeste eingebunden sein. Die wichtige Zielgruppen der Kunden erreichen Sie direkt natürlich schon einmal immer durch Kontakte von Firmenvertretern im aktuellen Tagesgeschäft. Darüber hinaus können sie ausgewählte Kundengruppen aber auch durch spezielle Maßnahmen erreichen. Beispiele: Sie veranstalten jährlich stattfindende „Kamingespräche" und laden dazu wichtige Geschäftsführer ein. Bei Vorträgen gibt es fundierte Informationen, daneben besteht die Möglichkeit zum hochkarätigen Meinungsaustausch. Zur Abschlussveranstaltung – oder einem besonders zelebrierten Abendessen – können Sie auch Vertreter der Fachpresse einladen. Richtig aufgezogen kann eine solche Veranstaltung zu einem großen Renommee bei Kunden und Partnern führen. Viel größere Bedeutung innerhalb Ihrer PR-Maßnahmen wird natürlich die indirekte Kommunikation mit den externen Zielgruppen über die Medien haben. Ein weiteres Instrument, um die Kunden zu erreichen, ist die Homepage. Diese können darüber hinaus alle interessierten Bürger sichten. Je informativer, spannender und auch unterhaltsamer Ihre Homepage ist, umso besser wirbt sie für Ihr Unternehmen. Die Homepage bietet Ihnen den großen Vorteil, direkt mit den Zielgruppen zu kommunizieren. Diese Möglichkeit sollten Sie unbedingt nutzen – und den Lesern nicht nur Werbung und Produktinformationen bieten. Weitere Möglichkeiten der direkten Kommunikation: Ein Newsletter, den Sie Kunden regelmäßig zustellen oder ein Kundenmagazin mit regelmäßiger Erscheinungsweise. Machen Sie auch dabei nicht den Fehler – wie bei der Homepage – ein solches Medium mit vollmundiger Eigenwerbung zu überladen. Ein so gestaltetes Kundenmagazin will niemand lesen. Überprüfen Sie sich daraufhin selbst. Vielleicht sind Sie Kunde der Stadtwerke in Ihrem Heimatort und bekommen regelmäßig ein Magazin der Stadtwerke zugesandt, in dem diese sich – neben einigen sehr allgemein gehaltenen Energiespartipps und Kochrezepten – selbst in höchsten Tönen loben und ab und an Rechtfertigungen für eine Erhöhung der Gaspreise abgeben. Finden Sie ein solches Heft wirklich spannend? Wahrscheinlich nicht. Ganz ähnlich wird es dem Kunden mit ihrem Magazin gehen, wenn Sie es lieblos lobend gestalten und ihm keinen wirklichen Nutzen bieten. Auch gute Unterhaltung ist ein Nutzen. Überlegen Sie einmal: Wer liest Ihr Kundenmagazin? Sehr wahrscheinlich Entscheider in der Industrie. Die meisten haben studiert, arbeiten schon lange in ihrem Beruf und habe große Erfahrung und ein beträchtliches Allgemeinwissen. Da könnte es eine gute Idee sein, das Kundenmagazin als anspruchsvolles, durchaus kritisches Magazin zu konzeptionieren, in dem Themen aus der Verkehrswirtschaft, die über den Tag hinaus Bedeutung haben, von ausgewählten Fachleuten kontrovers diskutiert werden. Beispiele für Themen: „Transportmarkt Indien: Potential ohne Grenzen", „Mit Windkraft zu fernen Zielen: Die Renaissance des Segels im modernen Seeverkehr" oder „Schildbürger in Aktion: Immer mehr Städte mit Umweltzonen."

Ob entsprechende Maßnahmen – wie die Installation einer solchen Kundenzeitschrift – realisierbar sind, hängt natürlich immer auch vom Budget ab, das für

Public Relations vorhanden ist. Vielleicht sind im Fall der beispielhaften Speditionskooperation die entsprechenden Mittel vorhanden. Vielleicht in einem konkreten Fall, in dem Sie PR zu leisten haben, aber nicht. Im letzten Fall kann die Aufzählung solcher Maßnahmen Ihnen trotzdem Beispiele für Ideen dafür liefern, was alles möglich ist. Und statt eines Kundenmagazins lässt sich zumindest ein Newsletter, gut gemacht und per Email versandt, sicher in fast jedem Fall realisieren.

Bei der PR-Arbeit sollten Sie jede Gelegenheit zur direkten Kommunikation mit einer Zielgruppe immer nutzen und immer danach streben, die entsprechenden Möglichkeiten auszubauen. Trotzdem wird ein Großteil Ihrer Public Relations über die Vermittlung der Medien ablaufen. Auch hier können Sie die Kommunikation deutlich ausbauen. Bisher wurde etwa alle zwei Monate eine Pressemitteilung versandt. Das ist schon nicht schlecht, lässt sich aber noch ausbauen. Typisch für den Versand der Pressemitteilungen in der Vergangenheit war, dass dieser undifferenziert an Tageszeitungen genauso wie an die Redaktionen der Fachpresse versandt wurden. Hier lohnt es sich, genau zu unterscheiden. Es mag durchaus Neuigkeiten geben, die beide Zielgruppen interessieren. Ein Beispiel sind die Zahlen des aktuellen Geschäftsjahres. Es gibt aber genauso zahlreiche Berichte und Meldungen, die nur eine der beiden Zielgruppen interessieren. Sie führen ein neues Personalentwicklungskonzept ein? Darüber sollten Sie die Fachpresse informieren. Das gilt genauso für die Einführung neuer Qualitätsstandards. Wenn Sie aber neue Ausbildungsplätze im großen Stil schaffen, ist das sicher auch der Tagespresse einen Bericht wert.

Ein Ausbau der Berichterstattung ist mit Sicherheit auch im Bereich der Hintergrund- und anwenderberichte möglich. Hier hat die Kooperation in der Vergangenheit sehr viele Möglichkeiten verschenkt. Verfolgen Sie die Berichterstattung in den Fachzeitungen des Transportwesens, fällt auf, wie häufig teilweise selbst kleine Unternehmen mit längeren Berichten in den Blättern vorhanden sind. Da sollte es bei Ihnen als Kooperation mit 8000 Mitarbeitern und einem Milliarden-Umsatz doch sicher auch regelmäßig Neues zu berichten geben. Um sich den entsprechenden Platz in den Medien zu sichern, können Sie bei aus Ihrer Sicht interessanten Neuigkeiten, Entwicklungen oder Fakten Redakteure einladen oder nach Absprache auch Hintergrund- oder Anwenderberichte lancieren. In der Vergangenheit hatte sich die Kooperation an die Fachpresse gewandt, als ein neues einheitliches Software-System in allen 42 Speditionen eingeführt wurde. Das war ein guter Anlass für einen längeren Beitrag. Um einen längeren Bericht in der Fachpresse zu lancieren, ist aber gar nicht immer eine so große Investition nötig. Überlegen Sie einmal, wie die Personalentwicklung bei Ihnen in der Kooperation abläuft. Sicher haben die Speditionen nach Gründung des Verbundes weitgehende Personalentwicklungsmaßnahmen für die Mitarbeiter aller Mitgliedsunternehmen eingeführt. Wie sieht die Personalentwicklung in einem so großen Verbund aus? Das ist ein spannendes Thema für die Fachpresse. Vielleicht schreibt der leitende Personalentwickler darüber einen längeren Bericht, den Sie dann redigieren und an die Fachpresse weiterleiten. Vielleicht besteht in der Fachpresse auch Interesse an einem Interview mit diesem Fachmann, das Sie dann vermitteln. An die Möglichkeit, den Medien Interviews zu geben und zu vermitteln, sollten Sie grundsätzlich bei Ihrer Pressearbeit immer denken. Das gilt auch für Hintergrundgespräche oder schlicht die kurze Information über interessante Sachverhalte an bekannte Journalisten per Telefon. In den Bereich der Pressearbeit ganz allgemein gehört dann auch die Anlage eines Fotobestandes mit den unterschiedlichsten Motiven. Es wird immer wieder passieren, dass ein Journalist kurzfristig anruft und nach einem Foto über die Kooperation fragt. Diesen Wunsch sollten Sie schnell und unkompliziert bedienen können. Die Fotos dafür muss kein Profifotograf für viel Geld machen. Die finanziellen Mittel können Sie sich getrost sparen – und lieber in andere Bereiche der Public Relations investieren. Tageszeitungen haben genau wie die Fachpresse keine allzu hohen Qualitätsansprüche an Fotos – weder von Seiten der technischen Qualität noch hinsichtlich des künstlerischen Ausdrucks. Sie brauchen Aufnahmen, die scharf sind und ausreichend belichtet. Sie können entsprechende Fotos mit einer handelsüblichen Spiegelreflexkamera selbst machen oder – wenn Sie überhaupt kein Händchen dafür haben – einen fotografisch versierten Mitarbeiter Ihres Unternehmens damit beauftragen. Wenn Sie einen ambitionierten Hobbyfotografen im Haus kennen, können Sie davon ausgehen, dass die Aufnahmen für die Presse mehr als ausreichen.

Zu guter Letzt können Sie alle für die Kooperation relevanten Medien einmal im Jahr zu einer Pressekonferenz einladen. Bei dieser Veranstaltung stellen Sie das Jahresergebnis vor und kündigen neue Entwicklungen an. Insgesamt ergibt sich in der Verknüpfung der PR-Instrumente und der Zielgruppen damit im Vergleich zum Zustand, bevor Sie Ihre Arbeit aufgenommen haben, folgendes Bild:

Verwandte PR-Instrumente:

- Pressemitteilung
- Homepage
- Hintergrundberichte/Anwenderberichte
- Pressekonferenz

- Interview
- Mitarbeiter-Zeitschrift
- Newsletter für Führungskräfte
- Kunden-Magazin
- Kunden-Newsletter
- Tag der offenen Tür
- Kamingespräche mit ausgewählten Kunden
- Fotobestand

Angesprochene Zielgruppen:

Interne Zielgruppen	Ansprache mit
Mitarbeiter	Mitarbeiter-Zeitschrift
Führungskräfte	Mitarbeiter-Zeitschrift Newsletter

Externe Zielgruppen	Ansprache mit
Breite Öffentlichkeit	Tag der offenen Tür
Kunden	Kunden-Magazin Newsletter Kamingespräch
Publikumsmedien	Pressemitteilungen Hintergrundberichte Pressekonferenz Interview Hintergrundgespräche Fotos
Fachpresse Transport	Pressemitteilungen Hintergrundberichte Anwenderberichte Pressekonferenz Interview Hintergrundgespräche Fotos
Fachpresse Industrie	Pressemitteilungen Hintergrundberichte Anwenderberichte Pressekonferenz Interview Hintergrundgespräche Fotos

Dazu kommt natürlich noch das Instrument der Homepage, das von allen Zielgruppen eingesehen werden kann.

Damit haben Sie wichtige Eckdaten für Ihre PR-Arbeit beisammen. Die Ziele – abgeleitet aus der Leitidee – sind formuliert. Jetzt müssen Sie den Unternehmensmythos „ins Rollen" bringen. Erst damit verankern Sie das Unternehmen als positiv besetzte Gemeinschaft, die ihren Weg hin zu einem für das Gemeinwesen positiven Ziel geht, in den Köpfen der Menschen und Ihrer Zielgruppen. Erst dadurch entsteht die archetypische Geschichte vom Unternehmen auf der Reise, aus der sich Bilder und Gefühle formen, auf deren Basis Öffentlichkeit und Kunden den Weg dieser Gemeinschaft mit Sympathie verfolgen. Im ersten Schritt müssen Sie dabei das Team – Ihre Gemeinschaft der Helden – installieren. Geben Sie Ihrer Speditionskooperation ein Gesicht. Dazu stehen Ihnen alle Instrumente der Pressearbeit zur Verfügung. Die Präsentation Ihrer Helden ist keine einmalige Aktion. Sie schreiben nicht eine Pressemitteilung als Bericht, in der Sie wesentliche Führungskräfte vorstellen, schicken diese an die Redaktionen – und belassen es dabei. Aufgrund mangelnder Aktualität hätte eine solche Pressemitteilung kaum Chancen, überhaupt den Weg in den Druck zu finden. Die Präsentation der einzelnen Mitglieder Ihrer Gemeinschaft ist eine Aufgabe, die Sie immer wieder erledigen werden, immer im Hinterkopf haben sollten, wenn Sie auch am Anfang Ihrer Mission besonders wichtig ist. Denken Sie auch daran, dass sich die Heldenreise nicht nur auf das „Gesamtprojekt Speditionskooperation" bezieht, sondern auch auf kleine Teilprojekte. Beschreitet Ihr Verbund neue Wege bei der Personalpolitik und startet ein Pilotprojekt, schicken Sie gleichzeitig eine neue Heldengemeinschaft auf die Reise, die parallel zur Heldenreise des Unternehmensverbundes ihren Weg durch die Medien nimmt. Konkrete Maßnahmen, um die Gemeinschaft Ihres Unternehmens in der Öffentlichkeit zu etablieren sind zum Beispiel:

- Pressemitteilungen, in denen Sie neue Führungskräfte, Geschäftsführer und ähnliche Personen vorstellen und portraitieren.
- Pressemitteilungen, in denen Sie immer die Chance nutzen, Führungskräften und Mitarbeiter zu Wort kommen zu lassen und zu zitieren.
- Pressekonferenzen, bei denen Sie nicht nur selbst auftreten und der Geschäftsführer spricht, sondern jedes Mal ein besonderer Mitarbeiter des Unternehmens vorgestellt wird und etwas zu einem aktuellen Projekt sagt. Denken Sie an die Pressekonferenzen vor Fußballspielen in der Bundesliga oder der Nationalmannschaft. Häufig bringt der Trainer einen oder zwei Spieler mit, die sich den Fragen der Journalisten stellen.

- Interviews, die Mitarbeiter Ihres Unternehmens Medienvertretern geben.
- Fachartikel, Hintergrundberichte und Anwenderberichte, in denen einzelne Mitarbeiter besondere Erwähnung finden, Probleme lösen oder auch einfach nur zu Wort kommen. Denken Sie an das in diesem Buch schon erwähnte Beispiel des Ingenieursbüros, das einen neuen Klebstoff entwickelt, mit dem Metallwerkstoffe wirksamer als bisher miteinander verbunden können.

In einer Reportage erzählte das kleine Unternehmen davon, wie einige Mitarbeiter den Klebstoff entwickelt haben, wobei deutlich wird, dass eine der größten Schwierigkeiten fehlende finanzielle Ressourcen bei der Entwicklung waren und jeweils pfiffige Ideen für entscheidende Schritte sorgten. Das ist eine Supergeschichte, um einen Teil der Heldengemeinschaft ihres Unternehmen zu etablieren. Eine solche Geschichte eignet sich für die Verwendung in der Fachpresse, sogar in der normalen Publikumspresse und natürlich in den Medien der direkten Kommunikation wie der Mitarbeiterzeitschrift und dem Kundenmagazin. In diesen finden Sie ohnehin optimale Möglichkeiten, die Helden Ihres Teams vorzustellen. In diesen Medien spricht nichts dagegen, das ausführliches Portrait eines altgedienten Lagerchefs oder Ihres EDV-Verantwortlichen zu bringen und spannend zu beschreiben wie er die Probleme bei einem wichtigen Projekt gelöst hat – ein Artikel, der in der Tages- oder Fachpresse nicht so einfach zu platzieren ist.

Denken Sie immer, wenn Sie die Heldengemeinschaft etablieren, insgesamt an das, was Sie im Kapitel über den Aufbau von Helden/Personen in Geschichten gelernt haben. Helden werden dadurch interessant, dass Sie besondere Fähigkeiten haben, besondere Talente, aber auch Schwächen und vieles andere mehr. Denken Sie auch an die Bedeutung von Konflikten. Hatte eine Führungskraft bei der Entwicklung eines neuen Produktes schwierige Konflikte zu lösen, aus denen sie dann gestärkt hervorging, nennen Sie diese. Das ist eine herrliche Geschichte und das beste Hilfsmittel, um eine Figur sympathisch zu machen und der Heldengemeinschaft Leben einzuhauchen. Auf diesem Weg bekommt Ihre Speditionskooperation ein Gesicht, wird von einem anonymen Gebilde zu einer Gemeinschaft von Individuen mit ihren ganz besonderen Stärken und Schwächen. Wenn Ihr Unternehmen sich in einer schwierigen Situation befindet, weil es wirtschaftliche Probleme gibt, sie mit rechtlichen Hemmnissen zu kämpfen haben oder sich die Strukturen des Marktes unvorhersehbar verändern, sollten Sie der Versuchung widerstehen, die Probleme „unter den Teppich zu kehren." Denken Sie daran: Die Gemeinschaft ficht auf ihrer Heldenreise Kämpfe aus. Das gehört dazu – und es führt dazu, dass die Adressaten Ihrer Public Relations Ihren Weg umso interessierter begleiten werden. Erst Konflikte machen aus einer Geschichte eine spannende und lesenswerte Geschichte. Die Leser Ihrer Zielgruppe sind gespannt darauf, wie Ihre Gemeinschaft die Problem löst und letztlich stärker als je zuvor daraus hervorgeht. Konflikte machen aus einer Heldengemeinschaft eine sympathische Heldengemeinschaft.

Ihr Unternehmen ist jetzt als sympathische Gemeinschaft erkennbar und auf dem Weg. Der Reise des Unternehmensmythos hat begonnen. Jetzt ist es Ihre Aufgabe, die „große Geschichte" dieser Reise in der Öffentlichkeit zu gestalten. Das machen Sie, in dem Sie zahllose „kleine Geschichten" erzählen, die sich in der Summe in den Köpfen der Leser fortwährend zur „großen Geschichte" zusammenfügen. Das Ziel Ihrer Reise ist dabei die Verwirklichung der Leitidee. Sie ist die Aufgabe, für die sich Ihre Heldengemeinschaft auf den Weg gemacht hat – genauso wie Frodo im Herrn der Ringe seinen Ring nach Mordor bringen muss, wie Jason sich auf die Suche nach dem Goldenen Vlies begibt und die Ritter der Tafelrunde dem Gral nachjagen. Bis zu einem gewissen Grad kann dieser Prozess auch von alleine laufen, ohne dass Sie ihn durch gezielte PR-Maßnahmen unterstützen. Denken Sie an das schon erwähnte Beispiel der Mädchen-Fußballmannschaft. Hier formte sich die Heldengemeinschaft im Kopf der Leser allein durch die ganz normal formulierten Pressemeldungen. Auch die Frauen-Nationalmannschaft, viele Bundesliga-Vereine oder eine Organisation wie Greenpeace werden auf diese Weise wahrgenommen, ohne dass bewusst Storytelling betrieben wird. Das ein solcher Mechanismus funktioniert, liegt daran, dass – wie ausführlich geschildert – das menschliche Gehirn gar nicht anders kann, als die Fakten der Wirklichkeit in Form dieses archetypischen Geschichtenmusters zu strukturieren. Damit ein solcher Prozess aber überhaupt starten kann, muss für die Öffentlichkeit natürlich eine Heldengemeinschaft erkennbar sein. Deshalb ist es – wie geschildert – Ihre Aufgabe, die Gemeinschaft am Anfang der PR-Arbeit einzuführen und sie für die Zielgruppen zu einer sympathischen Gemeinschaft zu machen. Die Wahrscheinlichkeit, einen solchen Prozess auch ohne bewusstes Storytelling zu initiieren, steigt mit der Sympathie, die die Öffentlichkeit für die Gemeinschaft empfindet. Je sympathischer die Gemeinschaft ist, umso leichter und schneller sind die Leser bereit, die Gemeinschaft als solche zu erkennen und ihr als solcher auf dem Weg zu folgen. Eine Mädchenfußball-Mannschaft hat es da leicht – und ist in Sachen PR in Grunde ein Selbstgänger. Ein Unternehmen hat es sehr viel schwerer und wird meist noch nicht einmal als Heldengemeinschaft wahrgenommen. Eben deshalb haben Sie mit den ersten Schritten des Storytellings die Gemeinschaft eingeführt und daran gearbeitet, sie als sympathisch in der Öffentlichkeit bekannt zu machen. Ist Ihnen das gelungen, werden die Menschen Ihrer Zielgruppe das Team eine Zeitlang auf seinem Weg auch als solches wahrnehmen und wohlwollend begleiten, wenn Sie anschließend nur ganz normale Infotainment-PR machen. Dabei hängt es dann von der Dramatik des Tagesgeschäftes und der Umsetzung in der Pressearbeit ab, inwieweit und wie schnell dieser Prozess wieder verflacht und versandet und die Gemeinschaft ihre erkennbare Struktur wieder für die Beobachter verliert. Machen Sie Storytelling, können Sie die Entwicklung der Geschichte weiterhin verstärken und steuern. Dabei setzen Sie Pressemitteilungen, Anwenderberichte, Interviews und alle anderen Instrumente ein, die Sie auch sonst in der PR-Arbeit nutzen. Jede Pressemitteilung, so sachlich Sie auch geschrieben ist, gibt eine weitere Etappe des Weges wieder, auf dem sich die Gemeinschaft des Unternehmens gerade befindet. Jede Pressemitteilung ist ein kleines Puzzlestück im Gesamtbild des Unternehmens und seiner großen Geschichte. Die Pressemitteilung als solche ist dabei nach allen Regeln des journalistischen Handwerks als Meldung oder Bericht formuliert. In einer Pressemitteilung erzählen Sie nicht die große Geschichte des Unternehmens. Es sind viele sachliche Pressemitteilungen (und natürlich andere PR-Maßnahmen) aneinandergereiht, die in Ihrer Summe die Geschichte des Unternehmensmythos erzählen und ausbauen. Der Unterschied zur Infotainment-PR besteht nicht darin, dass Pressemitteilungen anders geschrieben sind. Der Unterschied besteht in einer anderen, bewusst auf das Storytelling zugeschnittenen Auswahl und Zusammenstellung der Themen, die Sie Ihren Zielgruppen präsentieren.

In der Praxis setzen Sie, wenn Sie Storytelling-PR machen, genau die gleichen Instrumente der PR-Arbeit ein wie ohne Storytelling. Der Unterschied besteht darin, dass Sie den Einsatz nicht nur nach Aktualität und vermeintlicher Bedeutung bestimmen, sondern gleichzeitig darauf achten und Wert legen, dass die Instrumente die Heldenreise unterstützen und entwickeln. Dabei werden Sie vielleicht die eine oder andere Maßnahme der Pressearbeit, die sie bei der Infotainment-PR durchgeführt hätten, fallenlassen – wobei das wahrscheinlich relativ selten der Fall sein wird. Weit häufiger werden Sie aber Pressemitteilungen, Berichte und andere Instrumente für die Vermittlung von Informationen und Sachverhalten nutzen, die Sie im Rahmen des Infotainments überhaupt nicht publiziert hätten. Beispiel: die Bekanntgabe der Ausbildungsproblematik. Ganz konkret setzten Sie bei der Auswahl der Themen im Rahmen der Storytelling-PR auf zwei Ebenen an. Zum einen berücksichtigen Sie bei der Themenfindung und -auswahl Ihr Wissen um Monomythos und Heldenreise. Neben Themen, die Sie auch bei der Infotainment-PR bringen würden, publizieren Sie auch Pressemitteilungen, die ohne diese Know how niemals erschienen wären. Zum anderen richten Sie die Informationen, die Sie herausgeben, auf die Ziele aus, die Sie für Ihre Public Relations formuliert haben.

Wie das konkret aussehen könnte, wird jetzt einmal am Beispiel der Speditionskooperation durchgespielt. Bisher haben Sie Ihr Unternehmen in ersten Schritten als Heldengemeinschaft etabliert und wissen, dass dieses ein Prozess ist, den Sie immer wieder einmal aufgreifen müssen. Jetzt ist es an der Zeit, die Elemente des Heldenmythos, die Sie kennengelernt haben, anzuwenden. Denken Sie beispielsweise an den „Ruf" oder „den Kampf David gegen Goliath". Ergeben sich für Ihr Unternehmen Situationen, auf die ein Element des Monomythos passt, sollten Sie das entsprechend mit einem Instrument der Pressearbeit transportieren. Am Anfang wäre es natürlich ideal wenn es einen „Ruf" gibt, den das Unternehmen hört und mit dem die Heldenreise beginnt. Das aber wird oft nicht einfach zu realisieren sein – zum Beispiel, weil es ein Unternehmen schon seit Jahren gibt. So auch im Fall der Speditionskooperation. Einmal angenommen, Sie haben im Gespräch mit Geschäftsführern der Mitgliedsspeditionen erfahren, dass die Idee zur Gründung der Kooperation auf einem Symposium entstand. Wesentliche Gründungsmitglieder, jeweils Geschäftsführer ihrer eigenen mittelständischen Spedition und seit Jahren miteinander bekannt, waren anwesend. Auf der Veranstaltung wurden die Integrators in vielerlei Hinsicht von verschiedenen Vortragenden aus der Wissenschaft hochgelobt, während andere Redner im Transportwesen bei den Speditionen einen Verlust an lokaler Kompetenz und Nähe zu den Wünschen und Bedürfnissen gerade kleinerer Industriekunden beklagten. Noch während des Symposiums entstand in lockeren Gesprächen die Idee des Zusammenschlusses mittelständischer Speditionen in Form einer Kooperation. Der „Ruf" waren dabei die Vorträge auf dem Symposium. Bei der Gründung wurde versäumt, diese Entstehungsgeschichte in den Medien bekannt zu machen. Statt dessen beschränkte sich die PR-Arbeit darauf, Produkte, Laufzeiten, Kompetenz und wirtschaftliche Kraft der Kooperation hervorzuheben. Wenn Sie jetzt – nach Jahren – eine Geschichte über diese Ereignisse in Form eines Hintergrundberichtes andenken, wird wahrscheinlich jeder Redakteur abwinken, weil ihm der aktuelle Bezug fehlt. Für eine Pressemitteilung gilt das noch mehr. Sie können natürlich trotzdem versuchen, die Geschichte anzubieten – und/oder den Redaktionen einen entsprechenden Bezug schaffen. Das wäre zum Beispiel möglich, wenn sich die Gründung mit einem runden Jubiläum jährt oder die Problematik aktuell wieder von einem Wissenschaftler oder einer Untersuchung aufgegriffen wurde. Andere Möglichkeiten bestehen darin, die Gründe, warum es zur Kooperationsgründung kam, in einem

Interview aufzugreifen und ausführlich zu schildern oder den „Ruf" immer wieder in Form von kleineren „Häppchen" in verschiedenen Hintergrundberichten, Interview oder auf einer Pressekonferenz einfließen zu lassen. Viel einfacher gestaltet sich die Bekanntmachung des „Rufs" in den Medien, auf die Sie unmittelbar Zugriff haben. Sobald Sie sich über die Ziele und Gestaltung der Pressearbeit klar geworden sind, sollten Sie auch schon einen ausführlichen, spannend geschriebenen Artikel darüber, wie es zur Kooperationsgründung kam, in der Mitarbeiter-Zeitschrift und im Kundenmagazin bringen.

Insgesamt gibt es aber keinen Grund, mit den Elementen der Heldenreise von Campbell allzu dogmatisch umzugehen. Die Musterkooperation Goods-Line ist dafür ein gutes Beispiel. Es ist ohne Zweifel gut, wenn Sie die Reise Ihrer Unternehmensgemeinschaft mit einem Bericht darüber, wie das Team den „Ruf" erhalten hat, starten. Ist das nicht möglich, stellt das auch kein Drama dar. Denken Sie flexibel und setzen Sie die Elemente des Monomythos flexibel und spielerisch ein. Genau das machen Geschichtenerzähler und Romanautoren seit Jahrhunderten. Sie müssen nicht das Motiv des Vordringens zur tiefsten Höhle verwenden, wenn das nicht auf die Situation des Unternehmens passt. Sie müssen auch nicht mit der Heldenreise an ein Ende kommen. Greenpeace befindet sich seit vielen Jahren auf der Heldenreise und erlebt wieder und wieder Kämpfe des David-und-Goliath-Musters, ohne dass es den Anhängern der Umweltorganisation langweilig wird. So muss der „Ruf" auch nicht nur am Beginn der Reise ertönen, wenn sich die Gemeinschaft insgesamt auf den Weg begibt. Der Ruf kann auch immer wieder während der Reise zu hören sein oder wenn eine Projektgruppe als neues Unter-Team ins Leben gerufen wird, um ein aktuelles Problem zu lösen. Wichtig ist nur, dass Sie die Chance erkennen, wenn sich in der Unternehmensrealität eine Situation ergibt, in einer Pressemitteilung, Pressekonferenz oder einem Hintergrundbericht ein Ereignis als „Ruf" oder anderes Element der Heldenreise zu präsentieren. Einmal angenommen, die Mitgliedsunternehmen melden zunehmend Probleme bei der Rekrutierung von gutem Lagerpersonal. Es gibt auf dem Markt viel zu wenig Menschen mit entsprechender Ausbildung. Gleichzeitig können angelernte Kräfte die Arbeiten immer seltener leisten, da die Anforderungen auch aufgrund immer komplexerer Lagerhaltungssysteme und EDV-Anwendungen zunehmend anspruchsvoller werden. Dann haben Sie gerade einen „Ruf" gehört, wie er deutlicher nicht sein könnte. Melden Sie ihn den Medien in Form einer Pressemitteilung – die diese aufgrund der Arbeitsmarktproblematik dankbar aufgreifen werden. Wenn die Kooperation anschließend eine Ausbildungsinitiative beschließt, um selbst verstärkt hochqualifizierten Nachwuchs für die Lagerarbeit heranzubilden, startet ein neues Team auf seine Reise, das sie mit den Mittel der Pressearbeit und des Storytellings ebenfalls immer wieder begleiten sollten. Die Bekanntgabe des Ausbildungskonzeptes ist eine gute Gelegenheit für eine Pressekonferenz. Außerdem sollten Sie das Thema natürlich auch ausführlich in der Mitarbeiterzeitschrift und im Kundenmagazin aufgreifen. In Newslettern, wie Sie sie ebenfalls für Führungskräfte und Kunden installiert haben, sind Personalien immer ein besonders wichtiges und spannendes Thema. Zu wissen, wer was möglicherweise im Unternehmen oder in der Branche macht, ist nicht nur unterhaltsam, sondern schafft bei geschäftlichen Terminen auch Gesprächsthemen und ist immer ein Zeichen für das aktuelle Know how eines Gesprächspartners. Ein Newsletter ist deshalb sehr geeignet, um personengebundene Heldenreisen zu installieren.

Neben den Elementen der Heldenreise dürfen Sie natürlich auch die Ziele Ihrer Pressearbeit nicht aus den Augen verlieren. Sie wollen, dass Ihr Unternehmen dynamisch und weltoffen auftritt und gleichzeitig als kompetenter Ansprechpartner gilt, wenn es um die Probleme der Kunden vor Ort in der Region geht. Zeigen Sie in Ihren Pressekonferenzen, in Pressemitteilungen, Anwenderberichten und allen anderen Medien, wie Sie um diese Ziele ringen.

Dazu ist zum Beispiel die Lösung der Probleme mit den Express-Produkten sehr gut geeignet. Statt das Problem – das ohnehin in der Branche bekannt ist – zu ignorieren, können Sie die Arbeit an der Lösung offen kommunizieren. Dadurch erlangen Sie Stück für Stück Ihre Glaubwürdigkeit wieder.

Gleichzeitig zeigen Sie, wie die Kooperation ihre Leitidee lebt, wie sie daran arbeitet, den dynamischen, effizienten Auftritt eines international agierenden Verbundes mit garantierten pünktlichen Auslieferungszeiten zu verbinden mit der Kompetenz der lokal verbundenen, auch an kleinen Kunden interessierten Kooperation. Die Probleme sind ja entstanden, weil Goods-Line sich eben nicht, wie die Integrators, nur auf standardisierte Produkte beschränkt und konzentriert, sondern den Kunden vor Ort in den Regionen darüber hinaus gleichzeitig aus einer Hand eine weit größere Bandbreite speditioneller Dienste anbietet. Denken Sie daran: Gerade Konflikte und Schwierigkeiten sind es und die Art, wie die Kooperation damit umgeht, die Goods-Line für den Leser zu einer sympathischen Gemeinschaft werden lässt.

Sie können und sollten den aktuellen Stand der Entwicklung der Fachpresse gegenüber regelmäßig in Pressemitteilungen dokumentieren, zu dem Thema Hintergrundberichte, Anwenderberichte lancieren und Interviews geben. Haben Sie einen Rückschlag zu verbuchen? Kommunizieren Sie auch diesen genau wie die Erfolgsmeldungen, die es danach wieder geben wird. Gerade das ist ein Thema, das den Kern Ihres Unternehmensmythos ausmacht und in geradezu idealer Weise verdeutlicht, zu welchem Ziel die Gemeinschaft Ihres Unternehmens auf dem Weg ist. Und es versteht sich von selbst, dass Sie sich auch bei der Berichterstattung zu diesem Thema der Elemente der Heldenreise Campells bedienen. Zum Abschluss dieses Kapitels ab Seite 190 einmal eine beispielhafte Auflistung der PR-Maßnahmen, wie sie in der Speditionskooperation aussehen könnten. Dabei ist die spezielle Storytelling-Funktion der Maßnahmen notiert. Darüber hinaus transportieren die einzelnen PR-Instrumente natürlich auch weiterhin – wie gehabt – Informationen an die Öffentlichkeit.

Instrument der PR-Arbeit	Zielgruppe	Inhalt	Storytelling-Funktion
Pressemitteilung	Fachpresse	Ein neuer Leiter der Personalentwicklung tritt seinen Dienst bei Goods-Line an.	• Etablierung der Heldengemeinschaft des Gesamtverbundes • Vorstellung eines Mitgliedes mit seinen besonderen Eigenschaften und Fähigkeiten
Homepage	Diverse	Auch die Homepage verbreitet die Info der Pressemitteilung. Zusätzlich kann der Leser Zusatzinfos zum Thema einsehen. Das gilt im Folgenden für alle Themen in dieser Übersicht und wird nicht mehr jeweils extra erwähnt.	• Etablierung der Heldengemeinschaft des Gesamtverbundes • Vorstellung eines Mitgliedes mit seinen besonderen Eigenschaften und Fähigkeiten
Mitarbeiter-Zeitung	Mitarbeiter	Diverse Themen u.a.: • Wie alles entstand: die Gründung von Goods-Line • Portraits wichtiger Gründungsmitglieder	• Etablierung der Heldengemeinschaft des Gesamtverbundes • Der „Ruf", der einst dazu geführt hat, die Kooperation zu gründen.
Kunden-Magazin	Kunden	Diverse hochkarätige Artikel zu verkehrswirt- und wissenschaftlichen Themen. Dazu unternehmensbezogene Themen wie zum Beispiel: • Wie alles entstand: die Gründung von Goods-Line • Portraits wichtiger Gründungsmitglieder	• Etablierung der Heldengemeinschaft des Gesamtverbundes • Der „Ruf", der einst dazu geführt hat, die Kooperation zu gründen. • Etablierung des Verbundes als Global-Player (Leitidee)
Pressemitteilung	Fachpresse	Neues Personalentwicklungskonzept	Die neue Heldengemeinschaft der Personalentwicklung macht sich auf den Weg.
Interviews	Fachpresse	Vorstellung des neuen Personalentwicklungskonzeptes	Die neue Heldengemeinschaft der Personalentwicklung macht sich auf den Weg.
Newsletter	Eigene Führungskräfte	• Aktuelle News • Info über erneute Probleme bei den One-Day-Expressprodukten, nachdem es eine Weile nach Verbesserungen ausgesehen hatte. • Personalien	Im fremden Land: Gefahren deuten sich an, ein „Ruf" ertönt.

Storytelling in der Praxis

Instrument der PR-Arbeit	Zielgruppe	Inhalt	Storytelling-Funktion
Newsletter	Kunden	• Aktuelle News • Info über erneute Probleme bei den One-Day-Expressprodukten, nachdem es eine Weile nach Verbesserungen ausgesehen hatte. • Personalien	Im fremden Land: Gefahren deuten sich an, ein „Ruf" ertönt.
Pressemitteilung	Fachpresse	Erneute Probleme bei den One-Day-Expressprodukten, nachdem es eine Weile nach Verbesserungen ausgesehen hatte	Im fremden Land: Gefahren deuten sich an, ein „Ruf" ertönt.
Interviews	Fachpresse	Hintergrund der Problematik bei den Expressprodukten	Die Heldengemeinschaft stößt auf einen Konflikt. Was geschieht, was kann getan werden?
Hintergrundbericht	Fachpresse	Wie die Personalentwicklung bei Goods-Line organisiert ist.	• Etablierung der Gemeinschaft des Gesamtverbundes, ein Mitglied wird vorgestellt • Die Gemeinschaft präsentiert sich als dynamisches, weitsichtiges Großunternehmen (Leitidee), das gleichzeitig auf die Belange der Region und der Unternehmen vor Ort eingeht (Leitidee)
Interviews	Fachpresse	Der leitende Personalentwickler zum Thema: Personalentwicklung bei Goods-Line	• Etablierung der Gemeinschaft des Gesamtverbundes, ein Mitglied wird vorgestellt. • Die Gemeinschaft präsentiert sich als dynamisches, weitsichtiges Großunternehmen (Leitidee), das gleichzeitig auf die Belange der Region und der Unternehmen vor Ort eingeht (Leitidee).
Pressemitteilung	Fachpresse Publikumsmedien	Unternehmen von Goods-Line klagen über Mangel an qualifiziertem Lagerpersonal.	Ein „Ruf" ertönt.
Tag der gläsernen Spedition	Öffentlichkeit Publikumsmedien	Die Kooperation und die Mitgliedsunternehmen bekannt machen.	Etablierung der Heldengemeinschaft des Gesamtverbundes

Instrument der PR-Arbeit	Zielgruppe	Inhalt	Storytelling-Funktion
Mitarbeiter-Zeitung	Mitarbeiter	Diverse Themen u.a.: • Vorstellung einiger zentraler Mitarbeiter in der Goods-Line-Zentrale • Portraits von Mitarbeitern, die außergewöhnliche Hobbies haben (Ein Mitarbeiter restauriert und sammelt alte Lkw, ein anderer züchtet Esel, ein anderer ...	Etablierung der Heldengemeinschaft des Gesamtverbundes
Kunden-Magazin	Kunden	Diverse hochkarätige Artikel zu verkehrswirt- und wissenschaftlichen Themen. Dazu unternehmensbezogene Themen wie: • Vorstellung einiger zentraler Mitarbeiter in der Goods-Line-Zentrale • Portrait eines Goods-Line-Mitarbeiters, der Pionierarbeit für den Verbund in Sibirien leistet.	• Etablierung der Heldengemeinschaft des Gesamtverbundes • Etablierung als Global Player (Teil der Leitidee)
Anwenderbericht	Publikumspresse	Von A nach B: Reporter begleiten den ganz konkrete Weg eines Paketes von Unterhaching in eine Kleinstadt, 500 km von Bahia (Brasilien) entfernt.	• Etablierung der Heldengemeinschaft des Unternehmens • Etablierung als Global Player (Teil der Leitidee)
Pressemitteilung	Fachpresse Publikumspresse	Versand von Speditionsaufträgen nur noch auf der Datenautobahn/Verzicht auf Papierverwendung	Die Gemeinschaft auf dem Weg
Newsletter	Eigene Führungskräfte	• Aktuelle News • Infos über neues Konzept der Priority-Line für die Express-Produkte • Infos zu Ausbildungsüberlegungen • Personalien	• Die Express-Gemeinschaft auf ihrem Weg • Etablierung der Gemeinschaft des Gesamtverbundes
Newsletter	Kunden	• Aktuelle News • Infos über neues Konzept der Priority-Line für die Express-Produkte • Info zu Ausbildungsüberlegungen • Personalien	• Die Express-Gemeinschaft auf ihrem Weg • Etablierung der Gemeinschaft des Gesamtverbundes

Storytelling in der Praxis 193

Instrument der PR-Arbeit	Zielgruppe	Inhalt	Storytelling-Funktion
Pressemitteilung	Fachpresse	Konzept der Priority-Line für die Express-Produkte entworfen. Die Einführung ist angelaufen.	• Die Express-Gemeinschaft auf ihrem Weg • Etablierung des Verbundes als Unternehmen, das sich um die Sorgen und Nöte der Kunden kümmert (Teil der Leitidee).
Pressekonferenz	Fachpresse Publikumspresse	• Unternehmer von Goods-Line starten Qualifizierungsoffensive. Ausbildungsplatzkapazität im neuen Ausbildungsberuf zur Lagerfachkraft soll massiv gesteigert werden. • Verantwortliche Führungskraft für die Installation der Ausbildungsplätze stellt sich vor.	Der „Ruf" wurde gehört. Die Ausbildungsplatz-Heldengemeinschaft etabliert sich und macht sich auf den Weg, um den Konflikt anzunehmen und zu lösen.
Pressemitteilung	Fachpresse Publikumsmedien	Unternehmer von Goods-Line starten Qualifizierungsoffensive. Ausbildungsplatzkapazität im neuen Ausbildungsberuf zur Lagerfachkraft soll massiv gesteigert werden.	Der „Ruf" wurde gehört. Die Ausbildungsplatz-Heldengemeinschaft reagiert und macht sich auf den Weg, um den Konflikt anzunehmen und zu lösen.
Newsletter	Eigene Führungskräfte	• Aktuelle News • Personalien • Zahlen des abgelaufenen Geschäftsjahres • Planung von 372 neuen Ausbildungsplätzen	Der „Ruf" wurde gehört. Die Ausbildungsplatz-Heldengemeinschaft reagiert und macht sich auf den Weg, um den Konflikt anzunehmen und zu lösen.
Newsletter	Kunden	• Aktuelle News • Personalien • Zahlen des abgelaufenen Geschäftsjahres	Im fremden Land: Wo steht die Heldengemeinschaft des Gesamtverbundes?
Reportage	Fachpresse	In Form einer Reportage berichtet ein Fachmagazin von der Arbeit an der Problematik bei den Express-Produkten und beleuchtet die Hintergründe des Themas.	• Die Express-Heldengemeinschaft auf ihrem Weg, bei ihren Problemlösungen und „Kämpfen" • Etablierung des Verbundes als Unternehmen, das sich um die Sorgen und Nöte der Kunden kümmert (Teil der Leitidee)
Pressemitteilung	Fachpresse	Ein neuer Leiter des Qualitätsmanagements wurde eingestellt. Kurze Vorstellung der Person und ihrer Qualifikation	• Etablierung der Express-Heldengemeinschaft • Vorstellung eines Mitgliedes mit seinen besonderen Eigenschaften und Fähigkeiten

Instrument der PR-Arbeit	Zielgruppe	Inhalt	Storytelling-Funktion
Pressekonferenz	Fachpresse Publikumsmedien	• Umsatz im abgelaufenen Geschäftsjahr um 7 Prozent gestiegen • Verantwortliche Führungskraft für die Umsetzung der Priority-Line stellt sich vor	• Im fremden Land: Wo steht die Heldengemeinschaft des Gesamtverbundes? • Etablierung der Heldengemeinschaft des Gesamtverbundes
Interviews	Fachpresse Publikumsmedien	Das abgelaufene Geschäftsjahr	Im fremden Land: Wo steht die Heldengemeinschaft?
Hintergrundgespräche	Fachpresse Publikumsmedien	Das abgelaufene Geschäftsjahr	Im fremden Land: Wo steht die Heldengemeinschaft?
Reportage	TV	Für die Sendung mit der Maus begleitet ein Kamerateam den Weg eines Paketes auf seinem Weg von Unterhaching nach Brasilien.	• Etablierung der Heldengemeinschaft des Unternehmens • Etablierung als Global Player (Teil der Leitidee)
Pressemitteilung	Fachpresse Publikumsmedien	Umsatz im abgelaufenen Geschäftsjahr um 7 Prozent gestiegen	Im fremden Land: Wo steht die Heldengemeinschaft des Gesamtverbundes?
Pressemitteilung	Fachpresse	Einführung der Priority-Line zeigt erste Erfolge. Probleme bei der Zustellung der Express-Produkte bereits weitgehend behoben.	• Die Express-Heldengemeinschaft ist auf dem Weg. • Etablierung des Verbundes als Unternehmen, das sich um die Sorgen und Nöte der Kunden kümmert (Teil der Leitidee).
Hintergrundbericht	Publikumspresse Fachpresse	Goods-Line gibt es seit fünf Jahren. Anlass für einen Bericht zum Thema „Wie alles entstand: die Gründung von Goods-Line".	Etablierung der Heldengemeinschaft des Gesamtverbundes
Kamingespräche	Kunden	Das Unternehmen vorstellen, Kontakte knüpfen, das Unternehmen als kompetenten Partner etablieren, Themen, die über das Tagesgeschäft hinausgehen, erörtern.	• Etablierung der Heldengemeinschaft • Präsentation des Unternehmens als Global Player und als Verbund, der nah an den Sorgen und Nöten der Kunden arbeitet (Leitidee).

Storytelling in der Praxis

Instrument der PR-Arbeit	Zielgruppe	Inhalt	Storytelling-Funktion
Mitarbeiter-Zeitung	Mitarbeiter	Diverse Themen u.a.: • Vorstellung weiterer Mitarbeiter aus der Goods-Line-Zentrale • Interview mit dem Personalentwickler • Portraits von Lkw-Fahrern, die seit über 25 Jahren im Dienst sind	Etablierung der Heldengemeinschaft
Kunden-Magazin	Kunden	Diverse hochkarätige Artikel zu verkehrs-, wirt- und wissenschaftlichen Themen. Dazu unternehmensbezogene Themen wie • Vorstellung weiterer Mitarbeiter aus der Goods-Line-Zentrale • Textiltransporte Türkei-Deutschland: ein interessanter Markt mit spannenden Verkehren auf der Straße als Feature	• Etablierung der Heldengemeinschaft • Die Gemeinschaft des Verbundes als Global-Player (Teil der Leitidee)
Pressemitteilung	Fachpresse Publikumsmedien	Goods-Line schafft 372 neue Ausbildungsplätze	Die Ausbildungsplatz-Heldengemeinschaft hat ihre Aufgabe erfüllt und ist zurück. Der Lohn der Heldenreise kommt der Allgemeinheit zugute.
Interviews	Fachpresse und Publikumspresse	Der leitende Personalentwickler zum Thema: Schaffung der 372 neuen Ausbildungsplätze	• Die Ausbildungsplatz-Heldengemeinschaft hat ihre Aufgabe erfüllt und ist zurück. Der Lohn der Heldenreise kommt der Allgemeinheit zugute. Außerdem: • Etablierung der Heldengemeinschaft
Newsletter	Eigene Führungskräfte	• News • Personalien • Probleme bei Express-Produkten sind behoben • Neues System zur Ermittlung von Fehlerkosten	• Die Gemeinschaft hat ein neues Hilfsmittel gewonnen. Damit ist sie für die Herausforderungen auf der Reise in Zukunft noch besser gerüstet • Die Express-Heldengemeinschaft hat ihr Ziel erreicht

Instrument der PR-Arbeit	Zielgruppe	Inhalt	Storytelling-Funktion
Newsletter	Kunden	- News - Personalien - Probleme bei Express-Produkten sind behoben. - Neues System zur Ermittlung von Fehlerkosten	- Die Gemeinschaft hat ein neues Hilfsmittel gewonnen. Damit ist sie für die Herausforderungen auf der Reise in Zukunft noch besser gerüstet. - Die Express-Heldengemeinschaft hat ihr Ziel erreicht.
Pressemitteilung	Fachpresse	Ziel erreicht: Priority-Lines laufen erfolgreich. Probleme bei Express-Produkten sind behoben.	- Die Express-Heldengemeinschaft hat ihr Ziel erreicht. Sie ist zurück. Das, was sie gewonnen hat, kommt nun der Allgemeinheit zugute. - Die Heldengemeinschaft des Verbundes als Unternehmen, das nah am Kunden ist und auf seine Probleme eingeht (Teil der Leitidee)
Newsletter	Eigene Führungskräfte	- Aktuelle News - Info über Einführung einer Garantie bei den Express-Produkten. Der Kunde erhält sein Geld zurück, wenn Sendungen nicht wie versprochen beim Empfänger eintreffen. - Personalien	Die Heldengemeinschaft des Gesamtverbundes ist auf dem Weg und erfüllt ihre Aufgaben.
Newsletter	Kunden	- Aktuelle News - Info über Einführung einer Garantie bei den Express-Produkten. Der Kunde erhält sein Geld zurück, wenn Sendungen nicht wie versprochen beim Empfänger eintreffen. - Personalien	Die Heldengemeinschaft des Gesamtverbundes ist auf dem Weg und erfüllt ihre Aufgaben.
Interviews	Fachpresse	Wie die Probleme bei den Express-Produkten gelöst wurden.	- Die Express-Heldengemeinschaft hat ihr Ziel erreicht. Sie ist zurück. Das, was sie gewonnen hat, kommt nun der Allgemeinheit zugute. - Die Geschichte des Weges dieser Gemeinschaft wird erzählt. - Die Heldengemeinschaft des Verbundes als Unternehmen, das nah am Kunden ist und auf seine Probleme eingeht (Teil der Leitidee).

Storytelling in der Praxis

Instrument der PR-Arbeit	Zielgruppe	Inhalt	Storytelling-Funktion
Pressemitteilung	Fachpresse	Info über Einführung einer Garantie bei den Express-Produkten. Der Kunde erhält sein Geld zurück, wenn Sendungen nicht wie versprochen beim Empfänger eintreffen.	Die Heldengemeinschaft des Gesamtverbundes ist auf dem Weg und erfüllt ihre Aufgaben.
Hintergrundbericht	Fachpresse	Wie zwei Mitgliedsspeditionen mit der neuen Priority-Line arbeiten	• Die Express-Heldengemeinschaft hat ihr Ziel erreicht. Sie ist zurück. Das was sie gewonnen, hat kommt nun der Allgemeinheit zugute. • Die Geschichte der Gemeinschaft wird erzählt.
Pressemitteilung	Fachpresse	Neues System der Ermittlung von Fehlerkosten entwickelt.	Die Gemeinschaft hat ein neues Hilfsmittel gewonnen. Damit ist sie für die Herausforderungen auf der Reise in Zukunft noch besser gerüstet.
Hintergrundbericht	Fachpresse	Das neue System zur Fehlerkosten-Ermittlung	Die Gemeinschaft hat ein neues Hilfsmittel gewonnen. Damit ist sie für die Herausforderungen auf der Reise in Zukunft noch besser gerüstet.
Newsletter	Führungskräfte	Probleme auf dem amerikanischen Kontinent: Die Zollbehörde eines großen Landes erkennt ein bestimmtes Goods-Line-Verfahren nicht an. Goods-Line darf den Markt nicht mehr bedienen.	• Kampf David gegen Goliath • Die Heldengemeinschaft des Verbundes als Global-Player (Teil der Leitidee)
Newsletter	Kunden	Probleme auf dem amerikanischen Kontinent: Die Zollbehörde eines großen Landes erkennt ein bestimmtes Goods-Line-Verfahren nicht an. Goods-Line darf den Markt nicht mehr bedienen.	• Kampf David gegen Goliath • Die Heldengemeinschaft des Verbundes als Global-Player (Teil der Leitidee)
Interviews	Fachpresse	Leiter Qualitätsmanagement: Wie das neue System zur Fehlerkosten-Ermittlung installiert wurde.	• Die Gemeinschaft hat ein neues Hilfsmittel gewonnen. Wie es dazu gekommen ist. Die Geschichte wird erzählt. • Etablierung der Heldengemeinschaft

Instrument der PR-Arbeit	Zielgruppe	Inhalt	Storytelling-Funktion
Pressemitteilung	Fachpresse Publikumspresse	Probleme auf dem amerikanischen Kontinent: Die Zollbehörde eines großen Landes erkennt ein bestimmtes Goods-Line-Verfahren nicht an. Goods-Line darf den Markt nicht mehr bedienen.	• Kampf David gegen Goliath • Die Heldengemeinschaft des Verbundes als Global-Player (Teil der Leitidee)
Pressemitteilung	Fachpresse Publikumspresse	Der für seine Aggressivität bekannte Newsletterdienst Freight-News-Today verbreitet die (falsche) Nachricht, dass für Ihre Probleme mit der Zollbehörde auf dem amerikanischen Kontinent der Einsatz mangelhaft ausgebildeter Hilfskräfte verantwortlich ist und dass Ihr Unternehmen seit Jahren solches Personal einsetzt, um Kosten zu sparen. Mehrere seriöse Journalisten haben bereits angerufen, um Sie dazu zu befragen. Sie reagieren mit einer Pressemitteilung, in der Sie die Aussagen dementieren und sachlich den hohen Qualifikationsstand Ihres Fachpersonals belegen.	–
Pressemitteilung	Fachpresse Publikumspresse	Parallel zur o.g. Pressemitteilung gehen Sie mit einer weiteren Pressemitteilung raus, in der Sie auflisten, dass es in dem betreffenden Land in den vergangenen drei Monaten bereits 57 ähnliche Fälle wie den Ihren gab, wobei einheimische Firmen seltsamerweise nie ein Einfuhrverbot erhielten, Firmen aus Frankreich und Japan aber genauso wie Goods-Line.	Vermittlung von Fakten, durch die sich eine kleine Geschichte formen kann, die alternativ zur kleinen Geschichte des Newsletterdienstes steht.
Hintergrundbericht	Fachpresse Publikumspresse	Probleme auf dem amerikanischen Kontinent: Die Zollbehörde eines großen Landes erkennt ein bestimmtes Goods-Line-Verfahren nicht an. Goods-Line darf den Markt nicht mehr bedienen.	• Kampf David gegen Goliath • Die Heldengemeinschaft des Verbundes als Global-Player (Teil der Leitidee)

Instrument der PR-Arbeit	Zielgruppe	Inhalt	Storytelling-Funktion
Pressemitteilung	Publikumspresse Fachpresse	Goods-Line kann gegenüber der Zollbehörde die Rechtmäßigkeit des angewandten Verfahren belegen. Der Streit ist beigelegt.	• Kampf David gegen Goliath • Die Heldengemeinschaft des Verbundes als Global-Player (Teil der Leitidee)
Pressemitteilung	Fachpresse	Express-Produkte im Aufwind. Umschlagszahlen deutlich gestiegen. Die Auswertung der Umschlagszahlen ergibt außerdem extrem gute Werte bei der Pünktlichkeit.	Die Heldengemeinschaft auf ihrem Weg

Königsdisziplin: Storytelling in der Krise

6. Februar 1996: Auf dem Flughafen von Puerto Plata in der Dominikanischen Republik startet eine Boeing 757 der Fluggesellschaft Birgenair zu ihrem Flug nach Deutschland. An Bord: 13 Besatzungsmitglieder und 176 Passagiere. Um 23.42 Uhr hebt die Maschine ab und startet in den Nachthimmel. Was die Piloten nicht wissen: Eines der Pitotrohre, die sich außen am Rumpf befinden, ist verstopft, weil sich darin – wahrscheinlich aufgrund der langen Parkzeit auf dem Flughafen – die Reste eines Insektennestes befinden. Ein solches Pilotrohr misst den Staudruck der Luft, die am Rumpf des Flugzeuges vorbeiströmt. Damit liefert es die Basisdaten für den linken Flugdatencomputer des Kapitäns und damit auch für die Geschwindigkeitsanzeige, die sich vor diesem im Cockpit befindet. Kurz nach dem Start schalten die Piloten den Autopiloten ein. Das Fatale dabei: Auch dieser erhält seine Basisdaten unter anderem aus dem verstopften Pitotrohr. Wenig später erhalten die Piloten Hinweise und Warnmeldungen auf ihren Bildschirmen. Die Warnung „Rudder Ratio" leuchtet auf. Dieser Hinweis besagt, dass der so genannte Seitenruderbegrenzer arbeitet. Dieser schaltet sich automatisch an, um bei extrem hoher Geschwindigkeit die Ausschläge des Seitenruders (der großen senkrecht stehenden Flosse am Heck der Maschine) zu begrenzen. Diese Warnung besagt also, dass die Maschine zu schnell fliegt. Auch die Warnung „Mach Speed Trim" leuchtet auf und warnt damit ebenfalls vor zu hoher Geschwindigkeit. Gleichzeitig zeigen die Instrumente vor den Piloten unterschiedliche Geschwindigkeiten an. Das Instrument vor dem Copiloten weist eine (zu dieser Zeit richtige) Geschwindigkeit von 200 Knoten aus, das Instrument des Kapitäns zeigt 300 Knoten an. Während die Maschine weiter steigt, versuchen die Piloten fieberhaft die Gründe für die Diskrepanzen herauszufinden. Dabei arbeiten sie unter enormem Zeitdruck, während neue Warnmeldungen im Cockpit auflaufen und ihnen das Handbuch der Maschine auch nicht weiterhilft. Schließlich kommt es zu einigen falschen Handgriffen. Wahrscheinlich schaltet der Copilot seine Instrumente vom rechten auf den linken (und damit falsch arbeitenden) Bordcomputer um und einer der Piloten reduziert den Schub, wohl in der Annahme, das die Maschine tatsächlich zu schnell fliegt. In der Folge wird die Maschine zu langsam, sackt durch, verliert drastisch an Höhe und ist schließlich für die Piloten nicht mehr zu kontrollieren.

In Deutschland schockt der Absturz die Öffentlichkeit. Sofort nach dem Unglück informieren Fernsehen und Radio die Öffentlichkeit, bevor dann die Printmedien folgen. Innerhalb weniger Stunden präsentieren die Medien die Gründe für das Unglück. Während die tatsächliche amtliche und fundierte Ermittlung der Unglücksursachen Monate dauern wird, ist für TV-Stationen und Radiosender sowie die nachfolgenden Zeitungen und Zeitschriften sofort klar: Schuld am Unglück ist die Fluggesellschaft Birgenair. Diese wird sofort als Billigflieger abgestempelt, als Airline, die aus Kostendruck bei der Wartung spart und nur mangelhaft ausgebildete Piloten – natürlich ebenfalls aus Kostengründen – fliegen lässt. Dass die Piloten in Wahrheit sehr erfahren waren (der Kapitän hatte allein über 24 000 Flugstunden) und zudem Schulungen bei renommierten US-Airlines wie United Airlines und Pan Am absolviert hatten, stellte sich erst später heraus und interessierte dann niemanden mehr. Genauso wenig wie die Tatsache, dass eigentlich eine andere Maschine vom Typ Boeing 767 für den Flug vorgesehen war. Hier hatte die Crew einen kleinen technischen Defekt festgestellt. Aus Sicherheitsgründen hatte die Airlines sofort gewissenhaft reagiert, die Planungen geändert und eine andere Maschine für den Flug von Puerto Plata nach Deutschland eingeplant. Zum Einsatz sollte nun die Boeing 757 kommen, die bereits seit zwölf Tagen auf dem Flughafen von Puerto Plata parkte. Auch eine neue Crew wurde gesucht und schließlich in Form von drei Piloten der Airline gefunden, die eigentlich als Passagiere nach Deutschland fliegen sollten und sich bereit erklärt hatten, einzuspringen. Die Konsequenzen der Berichterstattung waren für die Fluggesellschaft Birgenair innerhalb kürzester Zeit verheerend. Das Unternehmen wurde in der Öffentlichkeit gebrandmarkt, lange bevor eine seriöse Untersuchungskommission die Ursachen des Flugzeugunglücks ermittelt hatte, und musste schon bald die Tore schließen. Wie immer hatten die Medien bei ihrer Berichterstattung auch in diesem Fall sofort nach einer Geschichte gesucht – und das aufgrund der Aktualität und des Ausmaßes des Unglücks mit einer geradezu fieberhaften Betriebsamkeit. Gerade das zeichnet das Verhalten der Medien in Krisensituationen aus.

Sind Sie für die Pressearbeit in einem Unternehmen verantwortlich, sollten Sie wissen, was in einem Krisenfall auf Sie zukommen kann. In einer Krise, bei einer Katastrophe, müssen Presse, Funk und Fernsehen ihren Lesern und Zuschauern Geschichten präsentieren, Geschichten, die Ursachen erklären und die Frage „Wie konnte es dazu kommen?" beantworten. Die Suche nach möglichen Geschichten geht meist blitzschnell. Jedes Gerücht, jede Idee wird aufgegriffen. „Belegen" lässt sich in dieser Zeit der Augenzeugenberichte, Mutmaßungen und Vermutungen nahezu alles. Und vermeintliche Experten zum Thema, die auch die absurdesten Überlegungen zur besten Sendezeit im Fernsehen kundtun dürfen, lassen sich immer finden. In der heißen Phase direkt nach einem Unglück, geht es in den Medien nie um die tatsächliche Wahrheitsfindung. Es geht immer nur um die Plausibilität der Geschichten. Was zählt ist ausschließlich, dass eine Geschichte „funktioniert", beim Leser oder Zuschauer ankommt, möglich sein könnte. Was in dieser Phase einer Katastrophe geschieht, ist Storytelling in Reinkultur und in atemberaubendem Tempo. Dazu kommt, bei allem Respekt, dass die fachliche Kompetenz der Redakteure, die als Makler zwischen dem Ereignis, den Experten und dem Zuschauer oder Leser fungieren sollten, in der Regel nicht ausreicht, um als Filter und Anwalt der Leser oder Zuschauer aufzutreten

Dass die Geschichten häufig sogar von einem Tag zum anderen, manchmal innerhalb von Stunden, wechseln, interessiert in einer solchen Situation niemanden, denn „nichts ist so alt wie die Zeitung von gestern", wie eine alte Journalistenweisheit besagt. Es liegt auf der Hand, dass Statements der Pressestelle bei einem Unglücksfall nach dem Motto „Wir wissen noch nichts Genaues. Warten wir doch einfach die Ergebnisse der Unfalluntersuchung ab … Sie können davon ausgehen, dass unsere Airline zu den sichersten in Europa gehört und wir uns stets um die Sicherheit bemühen" nicht dazu angetan sind, die journalistische Suche nach einer Story zu befriedigen. Meist lässt ich unmittelbar nach einem Unglück ein „Flackern" der Geschichten, ein Probieren der Medien feststellen. Zunächst gibt es Thesen, Ansätze von Geschichten, die mal in einem Sender, dann in einem anderen geäußert werden. Es ist wie ein kurzes Testen der Geschichten. Es dauert dann nicht lange, und die Medien „schießen sich" auf eine Geschichte ein. In der Regel ist es einer der zunächst aufflackernden Ansätze, der sich dann schließlich durchsetzt, auf den sich dann alle Zeitungen und Sendeanstalten stürzten. Als 2000 der Airbus A310 der Fluggesellschaft Hapag Lloyd in Wien eine Bruchlandung vollführte, „flackerte" in den Medien kurz eine Geschichte auf, die sich am besten unter folgendem Titel beschreiben lässt: „Airline hat seit langem enormen Kostendruck aufgebaut und gespart wo es nur geht. Jetzt zeigen sich die Konsequenzen." Es war unter anderem dem persönlichen Auftreten des damaligen Pressechefs, der sehr kompetent, überlegt und hanseatisch souverän „rüberkam", zu verdanken, dass sich die Medien auf diese Geschichte nicht weiter einschossen, bleibende Schäden für das Unternehmen ausblieben und sich die Berichterstattung zunehmend auf die Person des Piloten konzentrierte. Das Glück, einen Mann mit solcher Außenwirkung in einem solchen Moment vor die Kameras stellen zu können, hat aber nicht jedes Unternehmen. Beim Birgenairabsturz zum Beispiel wirkten die Auftritte des betroffenen Reiseveranstalters ausgesprochen ungeschickt – obwohl es sich auch bei diesem Mann um einen ausgewiesenen Fachmann und gestandenen Unternehmer handelte.

Do you think safety is expensive? Try an accident! Du glaubst, Sicherheit ist teuer? Dann probiere es mit einem Unfall! So lautet eine der Grundeinstellungen in der Verkehrsfliegerei. Zumindest in Westeuropa und den USA gibt es keine Airline, die nicht nach dieser Maxime handelt. Dieses Motto macht auch deutlich, welche Auswirkungen heute die Berichterstattung über ein Unternehmen in den Medien hat. Bei einer Katastrophe steht schnell die Existenz des gesamten Unternehmens – wie im Fall Birgenair – auf dem Spiel. Dabei müssen Sie sich bewusst machen, dass Sie es im Fall einer Krise in vielen Fällen weniger mit Fakten, dafür umso mehr mit Geschichten auf Basis von Gerüchten und Vermutungen zu tun haben. Was ist zu tun? Kann man da überhaupt im Rahmen der Pressearbeit gegensteuern? Man kann. Und das geht sogar recht gut. Wie? Ganz einfach: Statt den Kopf in den Sand zu stecken oder über die beklagenswerten Auswüchse des Journalismus zu klagen – können Sie auch die beschriebenen Mechanismen für sich und Ihr Unternehmen einsetzen und so den öffentlichen Meinungsbildungsprozess aktiv steuern und mitgestalten. Durch Storytelling. Storytelling ist der Königsweg im PR-Umgang mit der Krise.

Damit Sie Storytelling in einem solchen Fall sinnvoll und erfolgreich einsetzen können, müssen in Ihrem Unternehmen aber zunächst ganz grundsätzliche Vorbereitungen für den Umgang mit einer Krise getroffen worden sein. Erst auf Basis dieses „Fundaments" kommen dann die Vorzüge des Storytellings voll zur Geltung. Diese Vorbereitungen müssen abgeschlossen sein, lange bevor es zu einer Krise kommt. Dazu gehört die Festlegung der Persönlichkeiten, die bei einem Unglück für das Unternehmen in der Öffentlichkeit auftreten. Ein weiterer Punkt ist das Image, das sich Ihr Unternehmen bis zu diesem Zeitpunkt in der öffentlichen Meinung aufbauen konnte. Und dann gehören zum Fundament der Krisenreaktion natürlich die Strukturen und die gesamte Notfallorganisation, mit der Ihr Unternehmen auf die Krise reagiert. Zunächst zu den Persönlichkeiten, die im Notfall für Ihre Organisation sprechen. Hier hängt viel daran, wie souverän und glaubhaft diese bei einem Unglück wirken – siehe Beispiel Hapag Lloyd. Allein deren Charisma, Kompetenz und Glaubwürdigkeit helfen, Vertrauen in der Öffentlichkeit aufzubauen – auch wenn sonst im Fall einer Katastrophe vieles gegen das Unternehmen spricht. Nicht jeder Geschäftsführer oder Pressesprecher, so gut er auch sonst fachlich ist, kommt vor der Kamera gut „rüber". Beispiele für unsicher auftretende Geschäftsführer oder fahrige Vorstandsvorsitzende in der Krise können Sie häufig genug in den laufenden Nachrichten und Magazinsendungen des Fernsehens erleben. Eine souveräne Ausstrahlung ist immens wichtig in einer Krise. Das sollten Sie bedenken, wenn es darum geht, in einer Krisensituationen in Interviews zu agieren. Die entsprechende Ausstrahlung lässt sich nur begrenzt trainieren. Sie lässt sich aber im Vorfeld – dann, wenn noch keine Krise ins Sicht ist – durch Testinterviews vor laufender Kamera – abchecken und feststellen. In einem Dilemma befinden sich natürlich Firmen, deren Geschäftsführer ausgesprochen schlecht vor der Kamera wirken. Zum einen gehört es sich natürlich, dass bei einer schwerwiegenden Krise der Unternehmenschef zumindest bei sehr bedeutsamen Interviews oder Pressekonferenzen vor die Kameras tritt. Zum anderen kann aber ein fahriger oder unsicher wirkender Auftritt Vertrauen in einem geradezu fundamentalem Maße vernichten.

Idealbesetzung für Interviews

Gibt es in Ihrem Unternehmen einen sehr souverän auftretenden und wirkenden Chef mit einer seriösen und Vertrauen aufbauenden Ausstrahlung haben Sie Glück – und die Idealbesetzung für Interviews in der Krise. Was aber, wenn Ihr Geschäftsführer schlecht vor laufender Kamera „rüberkommt"? Das Thema ist heikel. Aber nicht jede Führungskraft ist schließlich ein guter Entertainer. In einem solchen Fall sollten Sie rechtzeitig pragmatisch überlegen, wer das Unternehmen im Krisenfall vertritt. Voraussetzung dafür ist zunächst natürlich, dass Ihr Geschäftsführer seine Fähigkeiten vor laufender Kamera überhaupt realistisch einschätzt. Wirkt er vor laufender Kamera schlecht, ist aber vom Gegenteil überzeugt, werden Sie ihm als Pressesprecher seinen Auftritt im Krisenfall sehr wahrscheinlich nicht nehmen können. Verfügt die entsprechende Persönlichkeit über eine realistische Selbsteinschätzung, gilt es abzuwägen. Sie können die Medienwirksamkeit Ihres Geschäftsführers trainieren und dafür professionelle Hilfe durch ein Coaching in Anspruch nehmen. Das lohnt sich natürlich nur, wenn anschließend eine markante Verbesserung zu erwarten ist. Im anderen Fall sollte eine andere Person die entsprechenden Medienauftritte absolvieren. Nun kommt es natürlich in der Öffentlichkeit nicht gut an, wenn eine nachrangige Person das Unternehmen in der Öffentlichkeit in der Krise vertritt. Deshalb sollte sorgfältig abgewogen werden, wer diese Rolle übernimmt. Ist es ein anderes Mitglied der Geschäftsleitung, geht das völlig in Ordnung. In diesem Fall sollte der Betreffende aber auch schon vor der Krise regelmäßig in die Medienarbeit eingebunden sein. Steht kein weiteres Mitglied der Geschäftslei-

> tung zur Verfügung, kann auch ein sehr gut in den Medien wirkender Pressechef diese Rolle übernehmen. Das ist nicht ideal, aber immer noch besser als die Auftritte eines äußerst schwachen Geschäftsführers. Entscheidet sich ein Unternehmen für diese Lösung, sollte überlegt werden, ob der entsprechende Pressechef nicht auch in der Geschäftsleitung des Unternehmens etabliert wird.

Ein weiterer wichtiger Faktor ist ein in der Öffentlichkeit vorhandenes Image des Unternehmens. Eine Fluggesellschaft wie Birgenair bot sich für Angriffe der Medien hinsichtlich Sicherheit förmlich an. Das Unternehmen war in Deutschland weitgehend unbekannt, ein ausländisches Unternehmen aus der Türkei, das vom Grundimage her Titulierungen als Billigflieger und Airline mit Pfusch bei Wartung und Pilotenausbildung nichts entgegenzusetzen hatte. Ganz anders – nur um ein positives Beispiel zu nennen – ein Unternehmen wie die Lufthansa. Die Fluggesellschaft bemüht sich sehr um die Sicherheit und transportiert das auch noch außen. Es gibt zahllose Privat- und Geschäftsreisende, die extra mit der Lufthansa fliegen, weil sie besonders sicher unterwegs sein wollen. Nicht wenige Passagiere geben der Lufthansa dabei sehr bewusst den Vorzug vor renommierten Unternehmen wie Delta Airlines oder British Airways, die rein faktisch keinen geringeren Sicherheitsstandard als die Lufthansa haben. Bei alle diesen Unternehmen fliegt der Gast hinsichtlich der Sicherheit auch auf dem höchst möglichen Niveau. Die Lufthansa ist ein gutes Beispiel für eine Fluggesellschaft, die nicht nur sehr viel für die Sicherheit tut, sondern dieses Tun auch sehr effektiv in das entsprechende Image integriert hat. Ein solches Image zahlt sich in einer Krise, zum Beispiel bei einem Flugzeugabsturz, aus. Es ist wie ein Guthaben, das ein Unternehmen hat und das zunächst aufgebraucht werden muss, bevor ein „Image-Soll" entsteht. Ein solches Image-Guthaben entsteht aber nicht von heute auf Morgen. Es ist immer das Ergebnis einer sehr langfristig und sorgsam angelegten und durchgeführten Öffentlichkeitsarbeit.

Eine Schlüsselrolle spielt im Fall einer Katastrophe die Frage, ob das davon betroffene Unternehmen Strukturen, Pläne und Grundsätze für eine solche Situation entworfen hat und wie es diese umsetzt. Hier sollte das Unternehmen auf zwei Ebenen reagieren können: mit einer Notfallorganisation und mit einer Kommunikationsstrategie. Die Strukturen auf beiden Ebenen müssen vorbereitet sein und „stehen", lange bevor es zu einem Unglück kommt. Wichtig auch: Sie sollten regelmäßig im Unternehmen trainiert werden. Ein Punkt, der gerne vergessen wird, selbst wenn ein Unternehmen sehr vorausschauend die entsprechenden Strukturen geschaffen hat. Bei den Strukturen, die in einem Notfall nötig sind, unterscheiden sich die Notwendigkeiten natürlich je nach Branche in der ein Unternehmen tätig ist. Fluggesellschaften gehören zu den Unternehmen mit einer besonders hohen Sicherheitskultur, bei denen auch die Vorbereitung auf ein Unglück und die dann zu treffenden Maßnahmen einen sehr großen Stellenwert einnehmen. Sie sind in dieser Hinsicht vorbildlich organisiert. Einen guten ersten Eindruck von dem, was im Fall einer Krise alles zu bedenken und zu berücksichtigen ist, vermitteln deshalb die Maßnahmen, wie sie Fluggesellschaften im Fall eines Absturzes getroffen haben. Viele der Maßnahmen für eine solche Katastrophe lassen sich in ihren Grundzügen auf die Notwendigkeiten anderer Branchen übertragen. Grundsätzlich sollte das Notfallmanagement auf drei Eckpfeilern ruhen:

- Einem Leit-Team als zentraler Stabsabteilung, das alle Entscheidungen nach einer Katastrophe koordiniert.
- Einem Care-Team, das für die Betreuung von Hinterbliebenen, Mitarbeitern und Helfen zuständig ist.
- Einer Kommunikations-Team, das für die Abwicklung der Öffentlichkeitsarbeit zuständig ist.

Während es sich beim Kommunikations-Team in den meisten Fällen um das Personal der Presseabteilung, gegebenenfalls noch um externe Mitarbeiter und Dienstleister aufgestockt, handelt, gehören zum Care- und Leit-Team Mitarbeiter, die ansonsten andere Aufgaben im Unternehmen wahrnehmen. Das Leit-Team muss sofort nach Bekanntwerden einer Katastrophe – gegebenenfalls auch mitten in der Nacht – zusammentreten. Ihm sollten Vertreter aller wichtigen Abteilungen des Unternehmens angehören. Dazu gehört auch zumindest jeweils ein Vertreter des Kommunikations- und des Care-Teams. Bei einer Fluggesellschaft könnten damit dem Leit-Team Mitarbeiter folgender Bereiche angehören:

- Geschäftsleitung. Die für das Leit-Team bestimmte Person ist gleichzeitig Leiter des Teams. Das muss nicht der Vorstandvorsitzende sein.
- Flottenleitung
- Cockpit-Crews
- Kabinenpersonal
- Flight Safety
- Wartung
- Personalabteilung

- Marketing
- Operations
- Rechtsabteilung
- Kommunikation-Team/Vertreter der Kommunikationsabteilung
- Care-Team
- außerdem können einberufen werden Spezialisten, die einen Arbeitsbereich haben, der für das Unglück große Relevanz haben könnten, z. B. der leitende Ingenieur für die Wartung von Triebwerken

Hauptaufgabe des Leit-Teams ist die fortlaufende Beurteilung der jeweiligen Situation und das Treffen der aktuell nötigen Entscheidungen. Als eine der ersten Maßnahmen muss das Leit-Team in enger Abstimmung mit der Unternehmensleitung die Unternehmengrundsätze für das Agieren in der Krise festlegen. Diese Festsetzung sollte in kurzen und prägnanten Feststellungen münden, die für jeden Mitarbeiter, der sie umsetzen muss, griffig und verständlich sind. Diese Grundsätze legen fest, wie sich das Unternehmen während des weiteren Ablaufs der Krise verhalten wird. Als Aschewolken eines Vulkans auf Island Anfang 2010 insbesondere im Luftverkehr über Europa zu massiven Behinderungen führten, war das für den Touristikkonzern TUI eine massive Krise. Überall in Europa saßen Passagiere auf Flughäfen fest und konnten nicht fliegen. Das Unternehmen agierte schnell und präzise. Die Geschäftsleitung legte sofort fest, dass Kulanz in der anstehenden Krise oberste Priorität haben sollte. Weitere Grundsätze:

- Das Unternehmen informiert Gäste, Mitarbeiter und Medien schnell und aktiv.
- Die Kosten für Übernachtungen gestrandeter Passagiere werden übernommen.

Grundsätze wie diese schaffen eine erste grundsätzliche Orientierung, geben allen Beteiligten Sicherheit und schaffen eine Basis, von der aus weitere Maßnahmen dann abgeleitet werden können. Eine solche Orientierung ist insbesondere für das Kommunikations-Team zu einem möglichst frühen Zeitpunkt wichtig.

Das Beispiel zeigt auch, wie praxisnah und konkret Grundsätze in einer Krise sein sollten. Sie beantworten im Grund des Frage: Wie wollen wir in dieser Situation konkret handeln? Daneben zeigt das Beispiel aber auch, wie wenig planbar solche Leitlinien sind. Da niemand wissen konnte, dass es in Island zu einem Vulkanausbruch mit solchen Auswirkungen kommt, konnte natürlich auch niemand im Vorweg entsprechende Leitsätze verfassen. Die entsprechenden Regeln werden deshalb wohl immer unter großem Druck, während eine Krise anläuft, konkret verfasst werden müssen.

Gerade in der ersten Zeit nach einem Unglück ist die größte Aufgabe für ein Unternehmen und damit auch für das Leit-Team die Betreuung der Angehörigen und Hinterbliebenen. Bei einem Flugzeugunglück kommt es sofort nach Bekanntwerden des Unglücks zu einer Fülle von Anrufen bei der betroffenen Airline auf dem Zielflughafen. Außerdem finden sich zahllose Menschen, die ihre Angehörigen abholen möchten, auf dem Flughafen ein. Viele dieser Personen wissen noch nicht einmal, dass ein Unglück geschehen ist oder erfahren erst am Flughafen davon. Dazu kommen dann schnell Schaulustige und zahllose Medienvertreter. Es ist wichtig, Angehörige und Hinterbliebene schnell und effektiv in vom Flughafen abgetrennte Räumlichkeiten umzulenken, wo sie Ruhe finden, von der Presse abgeschirmt sind und angemessen betreut werden können. Das ist die Aufgabe des Care-Teams. Für die unmittelbare Betreuung der Betroffenen sollten Psychologen zur Verfügung stehen.

Für die Anrufe müssen schnellstens Hotlines eingerichtet und bekannt gemacht werden. Das ist eine sehr personalintensive Aufgabe. Dazu kommt die möglichst schnelle Einrichtung einer Homepage. Um einige Zahlen dazu zu nennen: Bei einem Flugzeugabsturz mit einem modernen Großraumflugzeug, bei dem rund 200 Menschen sterben, ist in den ersten drei Tagen mit rund 50 000 Telefonaten zu rechnen – wie entsprechende Fälle in der Vergangenheit eindrucksvoll gezeigt haben. Am hauptsächlich vom Unglück betroffenen Flughafen (das ist meist der Zielairport) ist ein Einsatz von über 100 Care-Helfern nicht zu gering angesetzt. Um diese Zahl dauerhaft zu gewährleisten muss das Unternehmen natürlich weit mehr Care-Helfer ausbilden. Um die optimale Zahl zu ermitteln, nimmt man in der Luftfahrt die größte Passagierzahl, die eine Maschine in der Flotte der Airline befördern kann und verdoppelt diese Zahl. Auf diese Weise lässt sich die Zahl der Care-Helfer brauchbar ermitteln. Kann das größte Flugzeug 400 Passagiere befördern, ist die Ausbildung von 800 Care-Helfern notwendig. Ausbildung bedeutet bei vielen Fluggesellschaften, dass die dafür ausgewählten Mitarbeiter zunächst in zweitägigen Grundkursen auf diese Arbeit vorbereitet werden. Anschließend ist es wichtig, diese Kenntnisse dann regelmäßig immer wieder aufzufrischen. Zum Inhalt der Kurse gehören psychologische Aspekte wie der Umgang mit Traumata, Schockzuständen und die Möglichkeiten der emotionalen Hilfestellung in diesen Fällen. Das entsprechende Wissen wird in der Regel von Fachleuten zum Beispiel aus psychiatrischen Kliniken vermittelt.

> **Vorausschauend planen**
>
> Das Wissen, das den Care-Helfern vermittelt wird, sollte möglich exakt zu den Anforderungen bei einen späteren Notfall passen. International agierende Fluggesellschaften haben zum Beispiel häufig Menschen aus den unterschiedlichsten Kulturkreisen an Bord. Für diese Unternehmen hat es sich als sehr hilfreich erwiesen, wenn die Care-Helfer zusätzlich zu ihrem Grund-Know how ein Basiswissen über den Umgang mit dem Tod und die damit verbundenen Rituale bei den unterschiedlichen Religionen kennen lernen.

Ist Ihr Unternehmen international tätig, müssen Sie gegebenenfalls auch sicherstellen, dass in Ländern, die ebenfalls von einem Unglück betroffen sein können, die Betreuung von Angehörigen und Betroffenen sowie die Kommunikation mit den Medien sichergestellt ist. Geschieht zum Beispiel bei einer Fluggesellschaft ein Absturz beim Flug aus den USA nach Deutschland, werden sich an Bord viele US-amerikanische Staatsbürger befinden und am Abflughafen schon kurz nach dem Unglück viele Betroffene eintreffen. In solchen Fällen ist es sinnvoll, wenn ein Partner vor Ort – zum Beispiel eine befreundete Airline – mit ihrer Infrastruktur wesentliche Teile der nötigen Maßnahmen durchführt. Das ist natürlich im Vorfeld abzuklären.

Desweiteren muss auch Unterstützung für die Helfer fest installiert sein. Sinnvoll: Am Ende eines jeden Krisentages kommen die Mitglieder des Care-Teams in Gruppen zusammen und sprechen über ihre Erfahrungen in Gegenwart eines Psychologen. Es ist sinnvoll, auch Firmenmitarbeitern, die unmittelbar nicht zu den Helfern bei einer Katastrophe gehören, entsprechende Unterstützung anzubieten. Bei Unfällen in der Vergangenheit hat sich gezeigt, dass auch bei dieser Personengruppe Bedarf an einer Aufarbeitung des Geschehens besteht.

Schließlich ist auch die Nachbereitung des Unglücks wichtig. Die Arbeit des Leit-, Kommunikations- und Care-Teams müssen analysiert werden, genauso wie die Anforderungen, mit denen sich die Teams konfrontiert sahen. Daraus sollten dann Verbesserungen für die Zukunft abgeleitet werden. Die bestehenden Notfallpläne sind entsprechend zu aktualisieren. Wichtig ist außerdem, dass der Umgang mit dem Unglück einen bewussten Platz im Unternehmen erhält. Das fängt bei einer Trauerminute für die Opfer des Unglücks an und sollte auch Maßnahmen wie die Schaffung einer Gedenk- oder Erinnerungsstätte beinhalten. Das aber sind Maßnahmen, die auch in den Bereich der Kommunikation des Unglückes gehören, genauso wie natürlich auch jede Hotline, die von Angehörigen während eines Unglücks genutzt wird, streng genommen natürlich nicht nur eine Notfallbetreuungsfunktion, sondern auch eine Kommunikationsfunktion darstellt.

Der Unternehmenskommunikation kommt im Fall einer Katastrophe eine entscheidende Rolle zu. Häufig entscheidet die Kommunikationspolitik und deren Umsetzung innerhalb weniger Tage – manchmal sind es nur Stunden – über den Fortbestand des Unternehmens oder ob ein Unglück gleichzeitig das Ende der Firma einläutet. Ein einziger Fehler kann den guten Ruf eines Unternehmens in Sekunden zerstören. Alle Maßnahmen, die auf Kommunikationsebene zu treffen sind, die Krisen-PR, müssen deshalb schon lange vor einem Unglück geplant und immer wieder durchgesprochen und geübt werden.

Grobe Fehler in der Krisenkommunikation

- Aggressives Auftreten von Mitarbeitern gegenüber Medien
- Pressesprecher oder Geschäftsführer, die sichtlich überfordert Interviews geben. Besonders unglücklich wirken Statements zwischen Tür und Angel.
- Unverständliche, langatmige Pressemitteilungen
- Mangelnde Fürsorge und mangelndes Interesse an den Opfern und deren Angehörigen. Hinsichtlich der Entschädigung von Opfern sollten Sie großzügig denken und handeln. Opferfamilien, die sich von Ihnen billig abgespeist fühlen und von ihrem Leid Abend für Abend zur besten TV-Sendezeit in Talkshows berichten, sind für Ihr Ansehen eine Katastrophe und kommen Sie wahrscheinlich im Endeffekt teurer als großzügige Entschädigungen.
- Zu starke Versachlichung. Grundsätzlich sollte Ihr Unternehmen in einer Krise sachlich und faktenorientiert auftreten. Dabei dürfen Sie aber nicht in das Extrem verfallen und kalt, unmenschlich und technokratisch auftreten. Bleiben Sie sachlich, aber zugleich immer auch menschlich.
- Unpassende „Kleinigkeiten". Beispiele: Bei einem Unfall mit mehreren Toten tritt die Pressesprecherin in knappem Sweatshirt vor die Kamera. Deutlich sichtbar: ein Playboy-Häschen auf der Brust. In einem anderen Unternehmen ist gerade ein Flugzeugabsturz passiert. Anrufende Journalisten hören in der Warteschleife Musik. Der gespielte Titel: „Über den Wolken" von Reinhard Mey. Parallel berichtet die Homepage auch Stunden nach dem Absturz immer noch: „Keine Störungen im Flugnetz vorhanden. Alle Flüge verlaufen zur Zeit reibungslos." Wenig später wird die Liste der Todesopfer auf der

> Homepage veröffentlicht. Wer Sie sichtet, kann sich nicht dem Spruchband entziehen, dass darüber immer noch groß verkündet: „Fliegen – mit uns ein besonderes Erlebnis".

Als erste Maßnahme bei einem Unglück sollten alle Mitarbeiter, die bei der Katastrophe im Bereich der Kommunikation für Aufgaben vorgesehen sind, sofort zusammengerufen werden. Sofern nötig, müssen sich die Personen, die für die Kommunikation mit den Medien am Unglücksort vorgesehen sind, sofort auf den Weg zum Ort des Geschehens machen. Die übrigen treffen sich in einer dafür vorgesehenen Räumlichkeit in der Unternehmenszentrale, in der umgehend die nötigen Strukturen für die Abwicklung der Kommunikation in den nächsten Tagen aufgebaut werden. Es versteht sich von selbst, dass die Mitarbeiter, die vor Ort den Medienvertretern als kompetente Ansprechpartner zur Verfügung stehen, in ständigem Kontakt zu diesem Kommunikationszentrum stehen und – besonders wichtig – in den Informationsfluss eingebunden sind. Für die Arbeit des Kommunikations-Teams ist es wichtig, möglichst schnell Kernbotschaften der Krisenkommunikation festzulegen. Dieses geschieht auf der Basis der bereits aufgestellten Grundsätze. Im Fall des TUI-Beispiels entwickelten die Kommunikationsprofis folgende Kernbotschaften:

- TUI ist kulant und stellt das Wohlbefinden der Gäste in den Vordergrund.
- Das TUI-Krisenmanagement startet die größte Rückholaktion der Firmengeschichte.
- Pauschalreisen bieten in Krisen einen wichtigen Vorteil: Sicherheit

Daneben ist es wichtig, möglichst exakt zu definieren, welche Zielgruppen die Kommunikation erreichen soll. Das TUI-Presseteam definierte vier Zielgruppen:

- Wartende Passagiere in Deutschland
- Gestrandete Urlauber in der Ferne
- Medien
- Mitarbeiter

Daneben wurde festgelegt, auf welchen Wegen sich die jeweiligen Zielgruppen besten erreichen ließen. Das sah im Detail so aus:

- Für Passagiere in Deutschland wurde eine Hotline eingerichtet. Daneben bot die Homepage aktuelle Informationen.
- Gestrandete Urlauber erhielten Informationen über die Reiseleiter der TUI. Diese wurden regelmäßig per Email über Kulanz- und Rückreisemöglichkeiten auf dem Laufenden gehalten.
- Die Medien wurden über Pressemitteilungen informiert. Daneben gab es Zusatz- und Hintergrundinformationen zum Beispiel durch Interviews mit Piloten.
- Die Mitarbeiter erhielten aktuelle Informationen über das Intranet und Newsletter. Am Ende der Krise bedankte sich der Deutschland-Chef mit einem Brief bei den Mitarbeitern.

Für das Kommunikationszentrum empfiehlt sich der Aufbau von Strukturen, die denen einer großer Zeitungsredaktion entsprechen. Alle Informationen, die über die Katastrophe hereinkommen, sollten zunächst an einer zentralen Stelle gesichtet und bewertet werden, bevor die Weiterverteilung erfolgt. Eine solche zentrale Stelle lässt sich am besten als News-Desk bezeichnen. Eine wichtige Aufgabe des News-Desk ist die Einteilung der eingehenden Meldungen und Informationen auf solche mit „passivem" Charakter, die rein informativ sind, und solche mit „aktivem" Charakter, die eine sofortige Reaktion des Unternehmens erfordern. Die entsprechenden Reaktionen – zum Beispiel Pressemitteilungen – werden dann von den dafür zuständigen Mitarbeitern erstellt und über die verschiedenen Kommunikationswege – Email, Fax oder auch Telefon – sofort an Nachrichtenagenturen, Zeitungen, TV-Stationen und andere Empfänger übermittelt. Dabei wird es immer wieder Anfragen geben, die von den Mitarbeitern im Kommunikationsbereich fachlich nicht beantwortet werden können. Hierfür müssen die entsprechenden Fachleute zur Verfügung stehen. Auch das ist im Vorfeld des Unglückes zu klären. Die entsprechenden Personen müssen mitsamt Vertretern benannt werden. Auch sie gehören zu den Mitarbeitern, die sofort nach Bekanntwerden des Unglücks zu alarmieren sind. In manchen Fällen wird es dabei ausreichen, dass diese Fachleute – geschieht das Unglück in der Nacht – zunächst „Stand-by" zu Hause verbleiben, aber erreichbar sind. Die Vergabe eines solchen Status hängt aber vom jeweiligen Einzelfall ab, zum Beispiel davon, ob der betreffende Fachmann auf nur in der Fima vorhandene Daten zugreifen muss oder ob er auch so kompetent sprechen kann. Zentral wichtige Fachleute – bei einer Fluggesellschaft zum Beispiel der Sicherheitspilot oder der Flottenchef – werden ohnehin durch ihre Arbeit im Leit-Team sofort ihre Arbeit in der Unternehmenszentrale aufnehmen. Neben dem

News-Desk benötigt das Kommunikationszentrum auch ein Backoffice für anfallende Übersetzungs- und Sekretariatsaufgaben. Zu den weiteren Aufgaben gehört die interne Kommunikation sowie die Betreuung der Internetseiten.

Basis-Regeln

Während einer Krise überstürzen sich häufig die Ereignisse. Da ist es gut, wenn Sie für Ihr Handeln und Agieren in der PR-Abteilung einige elementare Basis-Regeln formulieren, die all Ihrem weiteren Handeln in einer Krise zugrunde liegen. Folgende Vorschläge dazu – die Sie für Ihr eigenes Unternehmen ergänzen oder verändern können:

- Wir beteiligen uns grundsätzlich nicht an Spekulationen über die Ursachen und die Schuldfrage.
- Wir unterstützen die Aufklärung.
- Wir sind kompetent.
- Wir kooperieren mit allen Beteiligten.
- Während der Krise hat für uns die Fürsorge für die betroffenen Menschen absoluten Vorrang.

Diese Basis-Regeln sind das Fundament Ihrer Krisenkommunikation. Darauf fußen dann die Grundsätze, die Sie im Fall der Fälle krisenspezifisch formulieren sollten – wie es TUI im Beispiel des Vulkanausbruches getan hat.

Bei den genannten Basis-Regeln ist insbesondere der erste Punkt der Auflistung sehr wichtig, nachdem Sie sich an keinerlei Spekulationen beteiligen. Sie sollten sich daran halten, selbst wenn die Ursachen des Unglücks scheinbar ganz klar zu erkennen sind. Es hat schon viele Unglücke gegeben, bei denen das zunächst ebenfalls so aussah, bei denen sich dann zu einem späteren Zeitpunkt aber ganz andere Ursachen herausgestellt haben. In einem solchen Fall wären vorschnelle Statements zur Ursache natürlich sehr peinlich. Dazu kommt, dass ein solches Verhalten schlicht unprofessionell ist. Ereignet sich ein Unglück, geht es bei der Ermittlung der Ursachen im Anschluss daran vor allem darum, die Wiederholung eines solchen Unglücks in Zukunft zu verhindern. Das Prinzip bei der Vorgehensweise ist dabei, zunächst offen für alle Möglichkeiten zu sein – egal wie eindeutig der Fall gelagert zu sein scheint. Im Zuge der Ermittlungen schließt man dann eine mögliche Ursache nach der anderen

> aus, bis schließlich die tatsächliche Ursache – meist sind es mehrere – übrig ist und der Hergang des Unglücks rekonstruiert werden kann. Eine zu frühe Festlegung auf eine Ursache würde diesen Prozess unmöglich machen und dazu führen, dass die tatsächliche Ursache eine Unfalls vielleicht nie gefunden wird. Zu guter Letzt überlagern bei einer Krise die Spekulationen der Medien über Ursachen und Schuldige ohnehin alles andere – die Sorgen der Betroffenen und Angehörigen, das Leid der Verletzten, das Engagement der Retter und Helfer und auch positive Anstrengungen des Unternehmens. Jede Äußerung zu den Spekulationen heizt diese nur noch weiter an. Dabei sollten Sie nicht mitwirken.

Zitierfähige Auskünfte sollten nur von dazu autorisierten Pressesprechern erteilt werden. Die entsprechende Festlegung, wer zu diesem Personenkreis gehört, ist in der Vorbereitung auf eine mögliche Krise zu treffen. Alle anderen Mitarbeiter des Kommunikationsteams haben bei entsprechenden Anfragen von Medienvertretern auf diese Pressesprecher zu verweisen und am besten auch gleich den Kontakt herzustellen. Auch für alle anderen Mitarbeiter des Unternehmens sollte verbindlich die Regel gelten, dass sie keine selbstständigen Gespräche mit Medienvertretern führen. Wird zum Beispiel bei einer Fluggesellschaft eine Stewardess, ein Pilot oder ein Mitarbeiter des Bodenpersonals oder des Care-Teams von Zeitungsreportern zum Unglück befragt, sollten diese auf die Pressestelle verweisen. Das ist generell sinnvoll, in einer Krisensituation aber ein „Muss". Die Festlegung entsprechender Regelungen und Strukturen gehört ebenfalls zu den Vorbereitungen auf eine Krise.

Zusammengefasst ergeben sich damit für das Krisen-Kommunikationszentrum folgende Aufgabenbereiche:

- News-Desk
- Offizielle Pressesprecher für zitierfähige Aussagen
- Verfassen von Pressemitteilungen und anderen Texten für die Medien
- Interne Kommunikation
- Internet-Kommunikation
- Experten im Hintergrund für fachlichen Support
- Backoffice

Sich im Fall einer Krise nicht an Spekulationen zu beteiligen heißt nicht, dass Sie falsche Tatsachenbehauptungen nicht widerlegen dürfen. Ganz im Gegenteil. In diesem Fall müssen und sollten Sie sich wehren. Das tun Sie, im dem Sie die üblichen Instrumente der PR-Arbeit wie Pressemitteilungen, Statements oder eine Pressekonferenz nutzen. Beispiel: Sie vertreten eine Airline und es kommt zu einem Flugzeugabsturz. Im Zuge der Krise berichten Zeitungen davon, dass Ihre Maschine auf den Philippinen bei einem dubiosen Unternehmen gewartet wurden. Tatsächlich lassen Sie Ihre Maschinen nachweisbar bei Lufthansa Technik in Frankfurt warten. In diesem Fall sollten Sie diese Information per Pressemitteilung und während einer Pressekonferenz kommunizieren. Das tun Sie sachlich, ohne Spott, Häme oder Ironie. Je sachlicher und faktenorientierter Sie dabei auftreten, umso überzeugender wirkt die Vermittlung dieser Tatsachen.

Gibt es wichtige Fakten, die bei dem Unglück eine Rolle gespielt haben können, kann es angemessen sein, auch diese bekannt zu machen, ohne diese als ursächlich für das Unglück zu bezeichnen. Etwas schwieriger ist es, wenn Zeitungen plötzlich einen ehemaligen Mitarbeiter zitieren, der davon spricht, dass schon seit Jahren bei Ihnen in der Fluggesellschaft an der Sicherheit gespart wurde. Hier müssen Sie abwägen. Zum einen sind das Spekulationen, die in Richtung Schuldigensuche führen. Und daran sollten Sie sich nicht beteiligen. Zum anderen stellt das Ihre Kompetenz als Unternehmen in Frage. Haben Sie Tatsachen vorzuweisen, die beeindruckend belegen, dass Sie im Gegenteil sehr viel Geld in die Sicherheit investiert haben, sollten Sie diese durchaus nennen. Aber auch hier kommt es auf den richtigen Ton an. Bringen Sie die Informationen sachlich, ohne die Zeitung oder den ehemaligen Mitarbeiter anzugreifen, kann die Vermittlung der Fakten sehr positiv aufgenommen werden. Zum Beispiel in einer Pressekonferenz: „Es gib seit einige Tagen Berichte, nach denen wir …. Dazu ist Folgendes zu sagen: Wir habe vor zwei Jahren als erste Airline in Deutschland das Sicherheitssystem XY eingeführt – auf freiwilliger Basis. Sie wissen sicher, dass Simulatorschulungen für Piloten extrem teuer sind. Der Gesetzgeber schreibt für jeden Piloten zwei Schulungen pro Jahr vor. Bei uns gehen die Piloten viermal pro Jahr in den Simulator. Aus diesen Gründen haben wir im vergangenen Jahr von der Vereinigung Cockpit einen Preis für unser Bemühen um die Sicherheit bekommen." Wenn es in Ihrem Unternehmen keine Fakten gibt, die sich dementsprechend beeindruckend nennen lassen, ist es besser, nicht auf entsprechende Meldungen zu reagieren. Ein bloßes Dementi nach dem Motto „Wir haben seit Jahren höchste Sicherheitsstandards und erfüllen alle gesetzlichen Vorschriften" reizt nur zum Widerspruch und führt zu einer weiteren Verstärkung des Themas.

Das Krisenhandbuch

Leit-Team, Care-Team, Kommunikations-Team und für Zitate autorisierte Pressesprecher: Während einer Krise müssen viele Mitarbeiter Ihres Unternehmens den Platz kennen, von dem aus Sie in der jeweiligen Situation agieren. Für die meisten Helfer ist die Rolle ungewohnt und unterscheidet sich von der Arbeit, die sie normalerweise im Unternehmen verrichten. Dazu kommt, dass gerade in der Anfangszeit eines Krisengeschehens alles besonders schnell gehen muss. Damit es hierbei nicht zu Fehlern und Reibungsverlusten kommt, ist eine gute Vorbereitung auf eine Krise nötig. Wichtiger Bestandteil dabei: das Krisenhandbuch. Im Krisenhandbuch sollten wesentliche Vorgaben für den Umgang mit einer Krise festgelegt sein. Das muss so präzise geschehen, dass keine Missverständnisse möglich sind. Und es sollte so übersichtlich sein, dass nötige Informationen unter Stress und in Eile schnell gefunden werden. In das Krisenhandbuch gehören viele der Punkte, die auch in diesem Kapitel behandelt werden: Das sind zum Beispiel:

- Mitglieder und Leiter des Leit-Teams
- Mitglieder und Leiter des Care-Teams
- Mitglieder und Leiter des Kommunikations-Teams
- Wo treffen sich die Teams/Mitarbeiter beim Eintreten einer Krise?
- Wo arbeiten die Teams während der Krise (z. B. Arbeitszentrum, Ruhebereich)?
- Wo werden Angehörige von Opfern versorgt und von der Presse abgeschirmt (hierbei auch die Zugänge bedenken)?
- Wer informiert die Mitarbeiter, die den Teams angehören, über die Krise?
- Wie ist die Verpflegung der Mitarbeiter in den Teams?
- Wer während der Krise Interviews für das Unternehmen gibt.
- Wer offizieller Ansprechpartner für die Medien ist und zitierfähige Auskünfte geben darf.
- Wer für die Aktualisierung der Homepage zuständig ist.
- Wer den News-Desk besetzt.
- Wer die anderen Positionen in der Pressestelle besetzt.
- Kontaktdaten eventuell wichtiger Fachleute intern und extern
- Kontaktdaten von möglichen externen Helfern/Agenturen
- Wer nimmt Anrufe betroffener und interessierter Bürger entgegen.

Gerade in unautorisierten Äußerungen von Unternehmensmitarbeitern aus den unterschiedlichsten Firmenbereichen finden Journalisten eine unerschöpfliche Fundgrube von möglichen Geschichten über Ablauf und Gründe der Katastrophe. Es braucht sich nur ein kleiner Angestellter beiläufig darüber zu äußern, dass in der Firma seit einigen Jahren immer so viel gespart wird und jetzt sogar der Zuschlag zum Mittagessen reduziert wurde – und schon ist die Saat für eine Geschichte nach dem Motto „Schon seit Jahren gibt es Kostendruck im Unternehmen XY – wahrscheinlich aus Profitgier. Hat das vielleicht zur Katastrophe geführt? Wurde bei der Sicherheit auch gespart?" Erhält ein Reporter einen solchen Hinweis, ist es sehr wahrscheinlich, dass er daraufhin weitere Mitarbeiter durch gezielte Fragen mit dem Thema konfrontiert: „Ein Kollege sagte gerade eben, es wird bei ihnen ohnehin seit einigen Jahren viel gespart. Sogar der Zuschlag für das Mittagessen wurde wohl schon reduziert?" Dabei wird es nicht lange dauern, bis er die Antworten erhält, die einen möglichen Kostendruck bestätigen und damit in sein Raster fallen. Besonders unfair dabei: Erhält der Reporter von einem zweiten Unternehmensmitarbeiter eine gegenteilige Aussage wird ihn das mit großer Sicherheit nicht von seiner nun gefällten These abbringen. Er wird schlicht weitere Mitarbeiter befragen – solange, bis er die Aussage mit dem Kostendruck noch einige Male bestätigt bekommen hat. Und das wird mit Sicherheit passieren, da in einem Unternehmen heute immer an irgendwelchen Stellen gespart wird und die Suche nach Einsparmöglichkeiten zum Alltag gehört. Hat die Firma Pech – was leider in Krisensituationen dann häufig der Fall ist – „springen" sehr schnell andere Medien auf das Thema „auf" und erzählen ebenfalls die Geschichte vom Kostendruck aus Profitgier, wobei immer neue bestätigende Facetten hinzugefügt werden. Dabei werden weitere Mitarbeiter befragt und welche gefunden, die die Geschichte bestätigen. Vielleicht findet ein Magazin gekündigte Angehörige des Unternehmens, die natürlich besonders haarsträubende Geschichten zu erzählen haben und rührige Reporter graben sogar einen Vorfall aus, der sich vor fünf Jahren irgendwo in der Welt ereignet hat und der genau in das gewünschte Raster fällt. Im Fall einer Airline könnte das zum Beispiel sein: Die Fluggesellschaft hat vor fünf Jahren „aus Kostengründen" den Wartungsvertrag mit einem Dienstleister in Japan gekündigt und ist eine Partnerschaft mit einem Wartungsunternehmen in China eingegangen. Die Journalisten, die ich an das „Ausgraben" solcher „Fakten" machen, haben übrigens nicht das Gefühl, etwas Unredliches zu tun. Ganz im Gegenteil: Sie arbeiten im stolzen Bewusstsein, „wichtigen Enthüllungen" auf der Spur zu sein und „ganz große Sauereien" aufzudecken. Dass der neue Wartungspartner Jahre zuvor von den eigenen Ingenieuren unter enormen Kostenaufwand aufgebaut wurde und heute – wie Fachleuten in der Branche wissen – eine höhere Qualität bietet als das teurere Unternehmen in Japan, wird nicht wahrgenommen. Und teilt ein irritierter Ingenieur, den die Journalisten befragen, ihnen diese Information mit, wird sie als „zu tiefgehend und nicht relevant für die Geschichte" abgetan.

Dieser Ablauf ist ein gutes Beispiel für Storytelling – allerdings in einer Form, auf die das Unternehmen keinen Einfluss hat. Es entsteht eine Geschichte. Gerade die Abläufe in Krisensituationen sind ein gutes Beispiel dafür, dass Storytelling völlig unabhängig davon passiert, ob sich das Unternehmen in den Public Relations bewusst dafür entscheidet oder nicht. Storytelling gehört einfach zur Realität in der modernen Medienwelt dazu. Die Frage ist nicht, ob Storytelling stattfindet. Die Frage ist nur, ob das Unternehmen sich entscheidet, bewusst und aktiv an diesem Prozess mitzuwirken. Wie aber können Sie Storytelling in einer Krise in den Public Relations einsetzen? Dazu müssen Sie zunächst die Gegebenheiten, so wie sie sind, bewusst annehmen und akzeptieren. Es ist eine Tatsache, dass sich in einer Krise – und nicht nur dann – Storytelling entwickeln. Es liegt in der Natur des Menschen, dass Geschichten entstehen. Statt diese Tatsache zu ignorieren oder über sie zu klagen, sollten Sie sie bewusst und gezielt für Ihre Kommunikation einsetzen. Sie haben die meisten Fakten über Ihr Unternehmen. Sie kennen sich auch mit Mitbewerbern, mit der Branche, dem Markt und dessen Umfeld weit besser aus als die Journalisten der verschiedensten Medien. Damit haben Sie einen enormen Fundus, um selbst steuernd in den Prozess des Storytelling, der in diesem Augenblick stattfindet, einzugreifen. Dabei ist der Zeitraum unglaublich wichtig. Nach einer Katastrophe gibt es eine kurze Zeitspanne, in der sich mögliche Geschichten herausbilden. Direkt nach einem Unglück entstehen zunächst die widersprüchlichsten Meldungen, wobei immer wieder die verschiedensten Thesen aufflackern. Die Zahl der Thesen zum Hergang und zu den Ursachen verringert sich dann – solange, bis in den Medien eine These übrigbleibt, die von allen Zeitungen, Zeitschriften, TV- und Radiostationen aufgegriffen wird. Wollen Sie selbst mit Storytelling in diesen Prozess steuernd eingreifen, ist die kurze Phase, bevor sich eine Hauptthese etabliert, entscheidend. In dieser Zeit müssen Sie mit Storytelling arbeiten. Nur dann haben Sie die Chance, dass Ihre Geschichten in der Berichterstattung berücksichtigt werden. Haben sich Zeitungen, Zeitschriften und TV-Sender erst auf eine Geschichte „eingeschossen", ist es meist zu spät, wenn auch nicht völlig aussichtslos, noch Einfluss zu nehmen. Je nach Unglück ist die Zeitspanne, in der Sie mit Storytelling etwas bewegen können, unterschiedlich lang. Sie kann nur wenige Stunden dauern, aber auch einen, zwei oder sogar mehrere Tage. Wie Sie dabei im Detail vorgehen, hängt natürlich vom jeweiligen Krisenfall ab. Da Sie gleichzeitig sehr schnell reagieren müssen, werden Sie und die gesamte PR-Abteilung Ihres Unternehmen improvisieren müssen. Dabei ist es sehr hilfreich, wenn Sie verschiedene Szenarien zuvor – in ruhigen Zeiten – durchgespielt haben. Überlegen Sie dabei, was für eine Krise auf Ihr Unternehmen zukommen könnte und entwickeln sich gedanklich entsprechende Szenarien. Überlegen Sie dann im nächsten Schritt, wie sich in einem solchen Fall das Storytelling in den Medien entwickeln und was für Geschichten entstehen könnten. Dabei ist es sehr gut, wenn sich verschiedene Mitarbeiter an einem solchen Szenario beteiligen. Zum einen ist es gut, wenn sich möglichst viele Mitarbeiter auf einen Krisenfall gedanklich vorbereiten. Zum anderen erhöht das die Bandbreite der ausgedachten Szenarien. Haben Sie entsprechende Vorbereitungen getroffen, wird es Ihnen beim Eintreten einer Katastrophe mit Sicherheit leichter fallen, schnell und effektiv mit Storytelling zu reagieren. Es versteht sich von selbst, dass Sie gesteuertes Storytelling niemals als alleiniges PR-Mittel in einer Krise einsetzen. Parallel dazu kommt natürlich immer – wie in diesem Kapitel bereits beschrieben – das ganz normale Instrumentarium der Pressearbeit zum Einsatz.

Wie könnte Storytelling im Krisenfall jetzt konkret aussehen? Einmal angekommen, bei Ihrem Unternehmen handelt es sich um eine Fluggesellschaft und es hat sich zum ersten Mal ein Flugzeugabsturz ereignet. Seit der Katastrophe ist erst kurze Zeit vergangen. Noch haben die Medien keine einheitliche Geschichte gefunden. In den Interviews dominieren Augenzeugen, die von einem „plötzlichen Lichtschein am Himmel", von „einer Explosion über den Köpfen" berichten. Doch schon kommt in den Nachrichten ein „Experte" zu Wort, der vom Kostendruck im Unternehmen redet. Einige Stunden später wird ein ehemaliger Mitarbeiter interviewt, der erzählt, dass für ihn schon seit langem ein Trend zur Billigairline bei Ihrem Unternehmen erkennbar gewesen sei und dass er deshalb aus moralischen Gründen das Unternehmen verlassen habe. Und schließlich gräbt ein Journalist die Verlagerung Ihrer Wartung von Japan nach China aus. Wenn Sie – während die Medienberichterstattung läuft – alle Journalistenanfragen nur abwiegeln und jeden Kommentar verweigern, haben Sie verloren. Die Geschichten in den Medien entwickeln sich ohne Sie – und sehr wahrscheinlich zu Ihrem Nachteil. Wenn Sie nur Infotainment machen, wird es nicht anders sein. Wie groß der Schaden für Ihr Unternehmen ist, wird dann stark davon abhängen, wie gut Ihre PR und das Sicherheitsimage Ihres Unternehmen im Vorfeld waren und wie gut Ihre Notfallmaßnahmen greifen. Wenn diese in diesem Moment nicht funktionieren, auf dem Zielflughafen das Chaos ausbricht und sich weinende Angehörige zuhauf vor laufenden Kameras über Ihre Airline beschweren, dürfte das Ende Ihres Unternehmens nur noch eine Frage der Zeit sein.

Wenn Sie in dieser Zeitspanne Storytelling einsetzen, haben Sie eine gute Chance, den Schaden klein zu halten – vor allem dann, wenn auch die anderen Maßnahmen greifen. Einmal angenommen, es entsteht, wie im Beispiel erwähnt, in den Medien die Geschichte, nach der Sie bei der Wartung durch die Verlagerung nach China gespart haben. Gleichzeitig arbeitet im Unternehmen ein leitenden Mitarbeiter aus dem Bereich Wartung, Sicherheit oder Flotte, der sehr souverän, überzeugend und vertrauensbildend auftritt. Dann sollte dieser bei einer Pressekonferenz mit anwesend sein. Stellen Journalisten kritische Frage nach der Sicherheit – und das werden sie tun – sollte der Pressesprecher diese nicht abwiegeln oder pauschal oberflächlich beantworten („Wir sind seit über 20 Jahren für unser hohes Maß an Sicherheit bekannt. Mehr können wir ihnen zur Zeit nicht sagen."), sondern zur Beantwortung an den Fachmann verweisen („Dazu kann ihnen am besten Dr. Gerhard Rohde etwas sagen. Dr. Rohde leitet unser Wartungszentrum seit nunmehr 20 Jahren. Er hat entscheidend auch unsere Einrichtungen in China aufgebaut, arbeitet seit zehn Jahren in den Sicherheitsgremien der internationalen Luftfahrtorganisation IATA mit und berät die Bundesregierung in Luftfahrtfragen."). Personen, die eine solche Rolle bei einer Krise übernehmen, müssen vorher festgelegt und am besten auch auf diese Rolle vorbereitet werden. Nicht jeder Wartungsingenieur ist mit journalistischen Arbeitsweisen und Fragetechniken vertraut und hat die Geduld, freundlich auch auf naivste journalistische Fragen zu antworten. In dem Moment, in dem Sie einen überzeugenden Fachmann auf diese Weise ins Spiel bringen, betreiben Sie Storytelling. Sie tauschen in den Medien und in der Öffentlichkeit zwei Geschichten und die Bilder, die daraus in den Köpfen der Menschen entstehen, aus. Aus der Geschichte „Profitgier der Airline XY verursacht Absturz" wird die Geschichten „Fürsorgliche Airline hat sich vorbildlich um die Sicherheit bemüht. Trotzdem ist es leider …."

Dieser Austausch der Geschichten, die sich in der Öffentlichkeit sofort nach dem Unglück entwickeln, stellt die wirksamste und effektivste Form der Krisenkommunikation dar, die Sie anwenden können. Dabei ist der Zeitfaktor extrem wichtig. Wollen Sie in einer Krise mit Storytelling reagieren, müssen Sie schnell sein und gleichzeitig ein Ohr für die Geschichten haben, die sich in den Medien in kürzester Zeit herausbilden. Wie schon erwähnt, gibt es nach jedem Unglück eine kurze Phase, in der die unterschiedlichsten Geschichten in den Medien aufflackern, bevor sie wieder verworfen werden und neuen Varianten Platz machen, bis sich dann immer mehr Redaktionen auf eine Geschichten-Variante „einschießen" und diese breitere Akzeptanz findet. Das alles findet in einem Zeitraum statt, in dem es in der Regel kaum tatsächlich verwertbare Fakten über den Unfallhergang gibt. In dieser Zeit kursieren nur Spekulationen und Gerüchte. Wollen Sie mit Storytelling Einfluss nehmen, ist das Timing von entscheidender Wichtigkeit. Im Idealfall können Sie die Entwicklung der Geschichten in diesem Zeitraum des „Nachrichten-Flackerns" beeinflussen, in der Phase bevor sich eine für Sie ungünstige Variante etabliert. Je nach Inhalt der Geschichten ist ein Austausch und damit eine Einflussnahmen Ihrerseits auch später noch möglich, doch wird diese mit zunehmender Zeitdauer und Etablierung einer anderen Variante zunehmend schwieriger.

Bei Flugzeugabstürzen ist es immer so, dass die Gründe für das Unglück in einer monatelangen Untersuchung geklärt werden. Solche Absturzuntersuchungen sind hinsichtlich ihrer Objektivität und Gründlichkeit vorbildlich. Leider scheinen weder Öffentlichkeit noch Medien auf das Ergebnis einer solchen Untersuchung warten zu können. Zeitungen, Zeitschriften und TV-Stationen möchten ihren Lesern und Zuschauern möglichst schon Stunden nach der Katastrophe fertige Unglücksursachen präsentieren. Fast immer ist es so, dass die tatsächlichen Ursachen für ein Unglück, wie sie Monate später im Zuge einer seriösen Ermittlung festgestellt werden, nichts mit dem zu tun haben, was die Medien innerhalb von Stunden „herausfinden" und auf den TV-Stationen hitzig und aufgeregt wenige Stunden nach dem Unglück diskutiert wird.

In der unmittelbaren Zeitspanne nach einem Unglück, in der kaum Fakten vorliegen und die Untersuchung des Unfalls noch nicht einmal begonnen hat, erzählen Presse- und TV-Redaktionen ihren Lesern in großem Ausmaß Geschichten über den Hergang des Unglücks – ganz unabhängig davon, was sich tatsächlich ereignet hat. Dieser Prozess des Storytellings spielt sich natürlich auch ab, wenn das betroffene Unternehmen schweigt. Äußert sich das Unternehmen unglücklich, behandelt es Opfer und Angehörige unwürdig, kann es sehr massiv zur einer negativen Entwicklung des ohnehin ablaufenden Storytellings beitragen. Genauso kann das Unternehmen aber auch positiv Einfluss auf die Entwicklung der Geschichten nehmen. Einmal angenommen, bei dem Unglück handelt es sich um einen Flugzeugabsturz und in den Medien bildet sich eine Geschichte nach folgendem Muster heraus: „Profitgier des Unternehmens führt schließlich in die Katastrophe". Dann ist das nur eine mögliche Geschichte, die zudem mit den tatsächlichen Ursachen, wie sie Monate später herauskommen, sehr wahrscheinlich nichts zu tun hat. Leider ist es eine Geschichtenvariante, die sehr schnell entsteht, wenn in

Deutschland ein Unglück mit Firmenbeteiligung geschieht. Aber es gibt auch andere mögliche Geschichten – genau wie es zu diesem frühen Zeitpunkt alle möglichen Ursachen für das Unglück gibt. Folgend sei einmal aufgelistet, was bei dem Unfall alles eine Rolle gespielt haben könnte.

Verunglückt ist eine Maschine vom Typ XY. Diese wurde von Triebwerke des Herstellers XYZ angetrieben. Während des Unglücks gab es schwere Gewitter im Bereich des Anfluges. Zudem ereignete sich das Unglück während des Landeanfluges auf den Flughafen, eine Flugphase, während der die Kommunikation mit den Fluglotsen eine große Rolle spielt. Im Cockpit vertrauten die Piloten in dieser Flugphase darauf, dass zahllose Bordcomputer und elektronische Anzeigen und Instrumente störungsfrei funktionierten, genauso wie sie auf die korrekte Wartung der Maschine und die reibungslose Funktion zahlloser hydraulischer und mechanischer Systeme vertrauten. Im Luftraum in der Nähe der Unglücksmaschine befanden sich viele andere Flugzeuge, von denen einige aufgrund des Wetters durchstarten mussten. In der Vergangenheit gab es am Zielflughafen schon mehrere Fälle, bei denen Flugzeugbesatzungen durch Laserpointer vom Boden aus während des Landeanfluges geblendet wurden. All diese Faktoren könnten beim Unfallhergang eine Rolle gespielt haben – und noch sehr viel mehr – während die Medien zunehmend Kostendruck und Profitgier der Airline zur Alleinursache erklären. Wenn Sie die Medien rechtzeitig, während sich die Geschichte von der Profitgier noch etabliert und mit anderen Varianten konkurriert, über diese weiteren Möglichkeiten informieren, haben Sie gute Chancen, steuernd auf die Bildung der Geschichten Einfluss zu nehmen. Sie können davon ausgehen, dass die Medienvertreter nicht wissen, dass seit Jahren Piloten mit Laserpointern an dem Airport attackiert werden. Informieren Sie die Redaktionen mit einer sachlichen Information darüber, konkurriert diese bei der Geschichtenbildung plötzlich mit den Aussagen des ehemaligen Mitarbeiters, der vor laufender Kamera über den Kostendruck im Unternehmen klagt. Vielleicht kennen Sie aber auch noch andere Fakten, die den Redaktionen überhaupt nicht bekannt sind. Beispiel: Bereits seit Jahren gibt es überall auf dem Globus Zwischenfälle mit diesem Flugzeugtyp, bei denen die Maschinen plötzlich heftige Rollbewegungen zu einer Seite ausführt. Diese Zwischenfälle traten immer in Zusammenhang mit den extremen Wetterbedingungen eines schweren Gewitters auf, hörten meist genauso schnell wieder auf, wie sie begonnen hatten und konnten bisher nicht geklärt werden. Diese Ereignisse, auf die Sie der Sicherheitspilot hinweist, passen zu den letzten Funksprüchen der Piloten. Ein Blick in die Datenbanken, in denen weltweit die Unfälle und Zwischenfälle für die gängigen Flugzeugtypen akribisch erfasst sind, belegt diese Aussage eindrucksvoll. Es gab in der Vergangenheit 32 Fälle, in denen Maschinen diese Rollbewegungen während schwerer Gewitter zeigten. Das sind Fakten, über die Sie die Redaktionen umgehend informieren sollten. Genauso ist es – um ein weiteres abschließendes Beispiel zu nennen – wenn es in dem betreffenden Land, an dessen Himmel sich das Unglück ereignet hat, schon immer Schwierigkeiten mit den Fluglosten gab, weil diese häufig in der Landessprache mit einheimischen Piloten kommunizierten, statt – wie vorgeschrieben – einheitlich die englische Sprache zu verwenden. In diesem Fall können sich Flugzeugbesatzungen, die nicht die einheimische Sprache beherrschen, kein umfassendes Bild über den Verkehr im Luftraum um sie herum machen. Kritisieren zudem auch noch die internationale Luftfahrtorganisation und Pilotenverbände seit Jahren diese Zustände, sollten Sie darüber die Medien informieren. In beiden Fällen können Sie dadurch einen Austausch der Geschichten bewirken und dazu beitragen, dass sich die Geschichte vom Unfall aus Kostendruck gar nicht erst in den Medien etabliert. Es versteht sich von selbst, dass Sie dabei immer und ausschließlich bei der Wahrheit bleiben. Wenn Sie Storytelling betreiben, dann nur mit nachprüfbar korrekten Fakten, niemals mit Unwahrheiten. Bei der Verbreitung Ihrer Nachrichten sollten Sie die unterschiedlichsten PR-Instrumente, die Ihnen zur Verfügung stehen, nutzen. Dazu gehören Pressemitteilungen genauso wie Interviews und Pressekonferenzen. Gerade wenn Sie in der beschriebenen Art und Weise in der Krise mit Storytelling vorgehen, ist es extrem wichtig, dass alle Maßnahmen und Strategien in der Kommunikationszentrale abgesprochen sind und einheitlich gehandhabt werden. Wird das Storytelling effizient und klug eingesetzt, können Sie damit in der Zeitphase, in der die Redaktionen in Zeitungen, Zeitschriften und TV-Stationen geradezu gierig alle verfügbaren Informationen aufsaugen, den Meinungsbildungsprozess zumindest mit beeinflussen. Sie haben sogar gute Chancen, ihn zu steuern. Bedingung dafür aber ist, das sei an dieser Stelle noch einmal ausdrücklich betont, dass die Basis der Krisenkommunikation funktioniert. Wenn Angehörige von Unfallopfern von Ihnen auf dem Flughafen nicht sorgsam betreut werden, vor laufenden Kameras zusammenbrechen und Ihre Hotlines nicht funktionieren, kann kein noch so gutes Storytelling diese Fehler korrigieren.

Darauf kommt es an: Sofortmaßnahmen-Übersicht

- Präsenz am Krisenort: Am Ort des Unglücks müssen sofort kompetente Ansprechpartner zur Verfügung stehen. Das gilt für zwei Bereiche: für An-

gehörige/Betroffene und für die Medien. Finden sich Betroffene und Medienvertreter auch an anderen Orten ein – zum Beispiel zusätzlich zum Ankunftsflughafen auch am Abflughafen – gilt das auch für diese Orte.
- Sofortige Abschirmung der Betroffenen und Angehörigen vor den Zudringlichkeiten der Medienvertreter
- Sofortige und tatkräftige Betreuung und Unterstützung der Opfer, Angehörigen und Helfer psychologisch, finanziell, organisatorisch, juristisch und medizinisch
- Eine sofort einsetzende externe und interne Kommunikation mit geschultem Personal und gezieltem Storytelling
- Eine Nachsorge der Katastrophe auf allen Ebenen. Dazu gehört die Analyse der Abläufe und der Arbeit der Notfallorganisation, das Gedenken an das Unglück, die weitergehende Unterstützung der Betroffenen und natürlich eine aufarbeitende und berichtende Medienarbeit.

Liste der verwendeten Zitate

1) Littek, Frank: Liberal, weltoffen und dynamisch: Dubai etabliert sich als Drehscheibe des Verkehrs. In: Internationales Verkehrswesen 46 (1994), Deutscher Verkehrsverlag, Hamburg 1994

2) Zitiert nach: ABC des Journalismus, Verlag Ölschläger, München 1988, S. 74

3) Littek, Frank: Private Windkraftwerke: Was es bringt, den Strom selbst zu erzeugen. In: Impulse 4/90, Verlag Gruner & Jahr, Köln 1990

4) Littek, Frank: Mit dem „gelben Hund" ging die Post in die Luft. In: Deutsche Verkehrs-Zeitung 127/92, Deutscher Verkehrs-Verlag, Hamburg 1992

5) Mit Chrome und Charme: Oldtimer-Brummi in Hamburg. In: Deutsche Verkehrs-Zeitung 106/92, Deutscher Verkehrs-Verlag, Hamburg 1992

6) zitiert aus dem Entwurf eines Romans von Frank Littek, bei dem die genannte Passage für dieses Buch abgeändert wurde

7) zitiert aus dem Entwurf eines Roman von Frank Littek

8) Bisher in Gänze unveröffentlichtes Interview. Auszüge davon sind am 25.09.2002 in der Frankfurter Rundschau erschienen.

9) Der Artikel ist 2000 in verschiedenen Fassungen in unterschiedlichen Zeitungen wie zum Beispiel der Frankfurter Rundschau erschienen

Literatur zum Thema Storytelling

Campbell, Joseph: Der Heros in tausend Gestalten, Insel Verlag Frankfurt/Main 1999
Deg, Robert: Basiswissen Public Relations, VS Verlag für Sozialwissenschaften, Wiesbaden 2009
Eliade, Mircea: Geschichte der religiösen Ideen, 4 Bände, Verlag Herder, Freiburg 1978
Field, Syd u. a.: Drehbuchschreiben für Fernsehen und Film, List Verlag, München 1994
Frenzel, Karolina; Müller, Michael; Sottong Hermann: Storytelling, Hanser Verlag, München 2006
Frey, James N.: Wie man einen verdammt guten Roman schreibt, Emons Verlag, Köln 1993
Frey, James N.: Wie man einen verdammt guten Roman schreibt 2, Emons Verlag, Köln 1998
Frey, James N.: The Key, Die Kraft des Mythos, Emons Verlag, Köln 2001
Gesing, Fritz: Kreativ schreiben, DuMont Buchverlag, Köln 1994
Heiser, Albert: Bullshit Bingo, Storytelling für Werbetexte, Creative Game Verlag, Berlin 2009
Herbst, Dieter: Corporate Identity, Cornelsen Verlag, Berlin 2009
Herbst, Dieter: Storytelling, UVK Verlagsgesellschaft, Konstanz 2008
King, Stephen, Das Leben und das Schreiben, Ullstein Verlag, Berlin 2000
Pauli, Knut S.: Leitfaden für die Pressearbeit, DTV, München 1993
Reiners, Ludwig: Stilkunst, Verlag C. H. Beck, München 1991
Rebillot, Paul: Die Heldenreise, Eagle Books, Wasserburg am Inn 2008
Schneider, Wolf: Deutsch für Profis, Goldmann Verlag, Hamburg 1984
Vogler, Christopher: Die Odyssee des Drehbuchschreibers, Zweitausendeins, Frankfurt/Main 2007
Voytilla, Stuart: Myth and the movies, Michael Wiese Productions, Studio City 1999
Zuckerman, Albert: Bestseller, Bastei-Lübbe Verlag, Bergisch Gladbach 2000
Zulauf, Silvia: Unternehmen und Mythos, Gabler Verlag, Wiesbaden 2009

Glossar wichtiger Storytelling-Begriffe

Alltagswelt Die Alltagwelt ist der Ausgangspunkt einer Geschichte. Der Alltagswelt steht das unbekannte Land entgegen, in dem die eigentliche Handlung einer Geschichte spielt. Alltagswelt und unbekanntes Land sind Begriffe, die sich nur auf die dramaturgische Ebene einer Geschichte beziehen. Alltagswelt wie auch unbekanntes Land gehören beide in vielen Romanen und Filmen derselben Realitätsebene an. In Fantasyabenteuern können beide dramaturgischen Ebenen auch auf verschiedenen Realitätsebenen angesiedelt sein.

Antagonist Der Gegenspieler des Protagonisten und damit des Helden

Archetyp Begriff, der von dem schweizer Psychologen C. G. Jung geprägt wurde. Jung hatte herausgefunden, dass es in den Träumen und Mythen der Menschen Charaktere gibt, die beständig wiederkehren. Diese Grundcharaktere bezeichnete er als Archetypen.

Auferstehung Kurz vor Ende der Heldenreise hat der Held noch eine letzte große Prüfung, die Klimax, zu bestehen. Dabei muss er praktisch beweisen, dass er das auf der Reise Gelernte auch praktisch umsetzen kann. Bei dieser Prüfung wird der Held häufig mit dem Tod konfrontiert. Nach bestandener Konfrontation kehrt er wiedergeboren in die Alltagswelt zurück.

Belohnung Auf der Heldenreise gewinnt der Held das Elixier und bringt es in die Alltagwelt. Das ist die Belohnung der Reise und seiner Mühen. Das Elixier und damit die Belohnung muss nicht gegenständlich sein, sondern kann auch zum Beispiel aus gemachten Erfahrungen oder Erkenntnissen bestehen.

Bewährungsprobe Der Held hat auf seiner Reise zahlreiche Bewährungsproben zu bestehen.

Care-Team Im Fall einer Krise sollte sich ein betroffenes Unternehmen sofort um Betroffene und Angehörige kümmern. Damit das effektiv und schnell geschieht, ist der Einsatz eines Care-Teams sinnvoll. Dem Care-Team gehören Mitarbeiter des Unternehmens an, die zuvor auf diese Aufgabe vorbereitet wurden.

Corporate Identity Die Festlegung einheitlicher Grundsätze und des einheitlichen Auftretens eines Unternehmens. Eine Corporate Identity ist kraftvoll, wenn sie auf der Leitidee eines Unternehmens fußt.

David gegen Goliath Bei seiner Reise im unbekannten Land ist der Held zahllosen Gefahren ausgesetzt und muss viele Kämpfe bestehen. Häufig tritt er dabei gegen scheinbar übermächtige Gegner an. Ein beliebtes Muster ist der Kampf David gegen Goliath.

Drei-Akt-Modell Modell für das Verfassen eines Drehbuches oder Romanes, das von Syd Field entwickelt wurde. Nach diesem Konzept hat eine Geschichte einen Anfang, eine Mitte und ein Ende. Damit setzt sie sich aus drei Akten zusammen. Der erste Akt ist die Exposition, der zweite Akt die Konfrontation und der dritte Akt die Auflösung der Geschichte.

Elixier Das Ziel, das der Held auf der Heldenreise gewinnt und zurück in die Alltagswelt bringt.

Feinde Auf seinem Weg muss sich der Held mit zahllosen Feinden und Widersachern auseinandersetzen. Dabei kommt es zu Konflikten, die den Helden auf seiner Reise voranbringen, ihn wachsen lassen und die letztlich die Geschichte zu einer spannenden Geschichte machen.

Gestaltwandler Ein besonders schillernder Archetyp. Bei dem Gestaltwandler handelt es sich um eine Person, die der Held nicht einschätzen kann, weil sie sich im Verlauf der Geschichte ständig verändert.

Geschichte Eine Geschichte ist eine Schilderung von besonderen Ereignissen, an denen ein oder mehrere Protagonisten beteiligt sind.

Geschichte, große Die große Geschichte erzählt den Weg eines Unternehmens bei der Umsetzung seiner Leitidee. Die große Geschichte ist der Unternehmensmythos.

Geschichte, kleine Eine zeitlich begrenzte Maßnahme der PR-Arbeit, bei der gezielt Storytelling eingesetzt wird. Die große Geschichte des Unternehmens wird durch den Einsatz zahlloser kleiner Geschichten entwickelt.

Geschichte, spannende Eine spannende Geschichte ist eine Schilderung von besonderen Ereignissen, an denen ein oder mehrere Protagonisten beteiligt sind und bei der im Handlungsverlauf zumindest ein Konflikt vorkommt.

Herold Ein Archetyp. Der Herold überbringt dem Helden wichtige Nachrichten.

Höhle, tiefste Die tiefste Höhle befindet sich im Zentrum des unbekannten Landes. Hier muss der Held eine entscheidende Prüfung bestehen. Anschließend gewinnt er das Elixier und kann den Rückweg in die Alltagswelt beginnen.

Held Die Hauptperson der Heldenreise

Heldenreise Modell für den Aufbau von Geschichten, das von Joseph Campbell erarbeitet wurde. Nach Campbells Ansicht haben Mythen auf der ganzen Welt einen grundsätzlich vergleichbaren Aufbau. Campbell bezeichnete diesen als Monomythos. Der Monomythos findet sich auch in Romanen und Filmen und scheint in der menschlichen Psyche angelegt zu sein.

Klimax Eine entscheidende Prüfung kurz vor dem Ende der Heldenreise. In der Klimax muss der Held zeigen, dass er das Wissen, das er bisher erworben hat, auch in der Praxis anwenden kann. Nach überstandener Prüfung erreicht der Held auferstanden die Alltagswelt, wo er das Elixier anwenden kann.

Kommunikations-Team Neben dem Leit- und dem Care-Team die dritte organisatorische Säule der wirkungsvollen Reaktion eines Unternehmens auf eine Krise. Aufgabe des Kommunikations-Teams ist der Umgang mit Presse und Öffentlichkeit.

Krise Entscheidende Prüfung in der tiefsten Höhle, die der Held bestehen muss, um das Elixier zu gewinnen.

Krisenhandbuch Im Krisenhandbuch sind wesentliche Festlegungen für die Reaktion eines Unternehmens in einer Krise getroffen. So finden sich im Krisenhandbuch zum Beispiel die Namen und Kontaktdaten der Mitglieder des Leit-, Kommunikations- und Care-Teams sowie Kontaktdaten wichtiger Fachleute sowie räumliche und organisatorische Festlegungen.

Land, unbekanntes Die Welt, in der sich die eigentliche Handlung der Geschichte abspielt. Das unbekannte Land ist von der Alltagwelt durch eine Schwelle getrennt, die der Held überwinden muss, will er das unbekannte Land betreten.

Leitidee Zentrale Idee, die der Arbeit eines Unternehmens zugrunde liegt. Die Leitidee formuliert die eigentliche Aufgabe des Unternehmens. Die Geschichte der Umsetzung der Leitidee ist der Unternehmensmythos. Eine Corporate Identity sollte immer aus der Leitidee eines Unternehmens abgeleitet sein, da sie ansonsten kraftlos bleibt.

Leit-Team Leitungsstab in der PR-Arbeit bei der Krisenkommunikation

Mentor Eine Figur, die dem Helden rät.

Mythos Ein Mythos ist die erzählerische Verknüpfung von Ereignissen mit besonderer Bedeutung, mit positivem Wahrheitsgehalt und großer Beständigkeit.

Monomythos Grundstruktur, die Mythen und Geschichten weltweit zugrunde liegt.

News-Desk Zentrale Stelle in einer Redaktion, in der die eingehenden Informationen bewertet und weiterverteilt werden. In der PR-Arbeit empfiehlt sich die Einrichtung eines News-Desk im Fall der Krisenkommunikation.

Plot Oberbegriff für die Handlung in einem Roman oder einem Drehbuch

Plot Point Von Syd Field geprägter Begriff für einen Wendepunkt in einer Geschichte

Protagonist Eine andere Bezeichnung für den oder die Helden einer Geschichte. Der Protagonist ist der Gute, die Hauptperson in einer Geschichte. Als Heldengemeinschaft kann auch ein Unternehmen oder eine Organisation Protagonist einer Geschichte sein.

Prüfung, entscheidende   In einer Geschichte besteht der Held verschiedene Prüfungen. In der tiefsten Höhle muss er eine entscheidende Prüfung bestehen, um das Elixier zu gewinnen. Eine zweite entscheidende Prüfung wartet auf ihn kurz vor der Rückkehr in die Alltagwelt, wenn er all sein Können aufbieten muss, um einen letzten Angriff der Gegenseite zu parieren.

Rückweg   Nach dem Gewinn des Elixiers macht sich der Held auf den Rückweg in die Alltagwelt.

Ruf   In der Alltagswelt hört der Held den Ruf zur Heldenreise. Bevor er die Reise antritt, kommt es aber meist noch zu seiner Weigerung.

Schatten   Der Schatten ist ein Archetyp und tritt in den meisten Geschichten als Bösewicht auf. Er verkörpert in der Regel die Eigenschaften, die der Leser in der Regel nicht gutheißt und verdrängt und die damit auch im Charakter des Helden keinen Platz haben.

Storytelling   Oberbegriff für die Kunst, Geschichten zu erzählen

Storytelling, anekdotisches   Bei anekdotischem Storytelling ist Protagonist der Geschichte ein Mensch.

Storytelling, gesteuertes   Wenn ein Unternehmen oder eine Organisation bewusst Instrumente der Pressearbeit einsetzt, um in der Öffentlichkeit und den Medien das Entstehen von Geschichten zu steuern.

Storytelling, negatives   Wenn sich durch Storytelling in den Medien oder der Öffentlichkeit eine negative Geschichte herausbildet, ist das negatives Storytelling.

Storytelling, positives   Wenn sich durch Storytelling in den Medien oder der Öffentlichkeit eine positive Geschichte herausbildet, ist das positives Storytelling.

Storytelling, ungesteuertes   In der Öffentlichkeit und den Medien entstehen permanent Geschichte über ein Unternehmen oder eine Organisation. Überlässt das Unternehmen oder die Organisatin die Bildung der Geschichten dem Zufall, handelt es sich um ungesteuertes Storytelling. Das ist heute die Regel.

Schwelle   Auf seinem Weg überschreitet der Held verschiedene Schwellen. Eine wichtige Schwelle befindet sich zwischen der Alltagswelt und dem unbekannten Land. Eine weitere Schwelle ist häufig vor der tiefsten Höhle angesiedelt.

Schwellenhüter   Der Schwellenhüter ist ein Archetyp, der die Schwelle bewacht. Den Schwellenhüter kann nur passieren, wer dessen würdig ist.

Trickster   Ein weiterer Archetyp. Der Trickster ist ein Clown, Witzbold oder Kaspar, der für Humor in der Handlung sorgt und sie auflockert.

Unternehmensmythos   Der Unternehmensmythos ist die große Geschichte des Unternehmens. Er zählt von den Geschehnissen auf dem Weg des Unternehmen bei der Umsetzung der Leitidee.

Verbündete   Helfer und Freunde des Helden

Weigerung   Nachdem der Held den Ruf gehört hat, weigert er sich häufig zunächst, seiner Aufgabe zu folgen und die Heldenreise anzutreten.

Welt, die gewohnte   Die Alltagswelt

Printed by Publishers' Graphics LLC